# 人権を創造する

# 人権を創造する

リン・ハント
松浦義弘 訳

Inventing Human Rights
Lynn Hunt
tr. Yoshihiro Matsuura

岩波書店

INVENTING HUMAN RIGHTS:
A History

by Lynn Hunt



First published 2007 by W. W. Norton & Company, Inc., New York.

This Japanese edition published 2011
by Iwanami Shoten, Publishers, Tokyo
by arrangement with
W. W. Norton & Company, Inc., New York
through Japan UNI Agency, Inc., Tokyo.

姉妹であり、友であり、鼓舞してくれた人である、
リーとジェインに

# 日本語版への序文

たいへん由緒ある出版社である岩波書店とじつに適任で注意深い翻訳者である松浦氏によって自分の著作が日本語に翻訳されるとなれば、だれしも心躍ることでしょう。わたしはこの機会に両者にふかく感謝したいと思います。

わたしがどのようにして人権の起源にかんする著作を書くにいたったのかを知ることは、日本の読者にとって興味あることかもしれません。わたしの問題関心は、フランス革命を研究するなかで最初に生まれた経験的な疑問と理論的な疑問が交錯するなかから成長してきたものでした。『フランス革命における政治、文化、階級』(一九八四年)〔邦訳『フランス革命の政治文化』平凡社、一九八九年〕を準備していたとき、わたしはとくに、フランスの新しい共和国の印章について調べました。共和主義者たちは、新しい権力の表象をどのように選択したのでしょうか。彼らは最初は女性の像、古代ローマ時代から継承され、はつらつとしていますが暴力的なところがほとんどない若い女性として表現された自由の女神に目をとめました。新しい体制では女性が投票することも官職につくこともできなかったのに、彼らはなぜ女性の像を選択したのでしょうか。要するに、わたしは、まさに経験的な疑問によってジェンダーと革命という理論的泥沼にひきずりこまれたのでした。

一九八〇年代と一九九〇年代、フランス革命は、男性の権力にかんする、とりわけ諸革命にかんするフェミニストの論争にとって「ホットスポット」のひとつでした。革命家や政治的急進派――ジャコバン派、ジェファソン派、チャーチスト、共和主義者、社会主義者、ボルシェヴィキ、毛沢東主義者――は、平等がおそらく彼らのもっとも重要な理想であったにもかかわらず、女性の平等を法として制定するのになぜあれほど苦労したのでしょうか。フランスのジャコバン派は、近代のあらゆる革命家の先駆者として、彼らに先立つ王党派よりもさらに女嫌いだったのでしょうか。女性たちは、女性が政治クラブを創設したり、街路に大勢で集まることさえ禁止したジャコバン共和国の時代よりも、王政下のフランスで――その時期には、中流階級の女性がサロンを主催し、王妃が大臣の選択について助言しておりました――より大きな権利を享受していたのでしょうか。印章に刻まれた自由の女神像は、共和主義者が自由・平等・兄弟愛を標榜する新しい政府を女性の排除の上に創設した現実からの、たんなる気晴らしだったのでしょうか。これらは、ジェンダー史家が問おうとしていた疑問でした。『フランス革命の政治文化』においてわたしがおこなった貢献は、女性の表象、より一般的にはシンボルによる表現が、新しい共和国の性格の決定というより広範な政治的問題において、どうしてとりあげられたのかをしめしたことでした。

フランス革命にかんするつぎの著作『フランス革命の家族ロマンス』(一九九二年)(邦訳『フランス革命と家族ロマンス』平凡社、一九九九年)では、わたしは、もっと正面からジェンダーの問題をとりあげようとしました。そのためにわたしは、社会階層分析と象徴分析をむすびつけ、革命家たちは集団としてどのような人たちであり、彼らはどのようにして彼ら自身を表象しようとしたのかを検討した『フランス革命の政治文化』における研究方法を変えたのです。『フランス革命の政治文化』で焦点となっていたのは、男性でした。というのも、投票し、官職につき、さらに印章を選択したり女性の政治クラブを廃止したりすることもふくめて政治的決定をおこなったのは、男性であったからです。それと対照的に、『フランス革命と家族ロマンス』では、ジェンダーの問題が最大の関心事でありました。そのためにわたしは、精神分析学(おもに「家族ロマンス」にかんするフロイトの考え)と小説や絵画・版画にかんする文化的分析をむすびつける研究方法を採用しました。共和国が兄弟愛――フロイトの用語では、父である王を打倒し殺害した兄弟たちの絆――にもとづいていたとすれば、姉妹や妻や母はどこに位置をしめたのかが、そこでの問題でした。この本でわたしは、革命家たちが共和国や革命の性格を考えるさいに、ときには無意識に考えるさいに、女性の役割がいかに根本的であったのかをしめそうとしました。

わたしの議論はフェミニストの争点や時代の関心から生まれたのですが、しかしわたしは、フェミニスト仲間の多くによって支持された立場とはことなる立場をとりました。わたしにとって驚くべきことだったのは、ジャコバン派が女性に政治的権利をあたえることを拒絶したことではなく、むしろ彼らがその問題をともかく議論せざるをえないという気持ちになったことでした。どんな国家が、一八世紀に女性に政治的権利をあたえたでしょうか。あるいはその点で一九世紀はどうだったでしょうか。そんな国家はありませんでした。ジャコバン派は、共和国を樹立するために女性を排除する必要はなかったのです。女性は、もっとも伝統的なヨーロッパの王国からオランダやアメリカの共和国にいたるまで、あらゆる種類の政体によって排除されていたのですから。新しいアメリカ合衆国の共和主義者たちは、その問題は議論に値するとさえ考えませんでした。どこでフェミニズムはおこったのでしょうか。まさにフランス革命においてでした。コンドルセ侯爵とオランプ・ドゥ・グージュは、女性の政治的権利のための議論に人びとの注意をひきつけました。そして彼らの見解の反響は、近代フェミニズムを創始するテキストであるメアリ・ウルストンクラフトの『女性の権利の擁護』(一七九二年)に聞くことができました。フランス革命がなかったならば、理論としてのフェミニズムの発展はまったくなかったことでしょう。

『フランス革命と家族ロマンス』において、わたしは、フランス革命の激烈な急進主義はジェンダー関係にたいする不断の関心がなければ理解することができないと主張しました。社会秩序をひっくり返すために、フランス革命は、政治システムの下に横たわる家族モデルを再構成しなければならなかったのです。王権神授説による王や出自による権利によって支えられた位階秩序は、たんに印刷物の上での雄弁によって置き換えることはできませんでした。したがって母や妻、そして姉妹としての女性たちは、たとえ投票することや官職につくことができなかったとしても、政治の再構築にとってきわめて重要だったのです。共和主義者たちは、自分たちの行動の賭金のすべてを理解していたわけではありませんでしたが、時間がたつにつれて、離婚(結婚が市民間の契約になったとすれば、それは夫婦相互の同意によって破棄されえないでしょうか)、成人年齢、父権といったような、きわめて重要な問題にくりかえし立ち戻ったのでした。

けれどもひとつの単純な事実は、どうしても無視できないものにとどまりました。つまり女性たちは、家族における平等な相続の権利のような多くの新しい市民権を獲得したにもかかわらず、政治的権利を獲得しなかったのです。この事実によってわたしは、もっと一般的な人権の問題に興味をひかれることになりました。なぜ、ある集団はほかの集団よりも前に権利を獲得するのでしょうか。権利は、アメリカやフランスの革命においてなぜあれほどの争点となったのでしょうか。ジェファソンのような奴隷所有者やラファイエットのような貴族が、どうして権利の平等を信奉するようになるなどということがありえたのでしょうか。わたしは、本書につながる研究計画をフランス革命に焦点をおいて始めました。しかし疑問を発すれば発するほど、わたしはいつのまにか時間をさかのぼり、国境をまたいでいました。こうして女性の役割と彼女たちの権利にかんする理論的問題によって、わたしはいくつかの魅力的な経験的な疑問に行き着くことになったのです。なぜ、「人間の権利 droits de l'homme」はフランスの革命家たちが一七八九年にとびついた用語だったのでしょうか。いつ、その用語は一般にもちいられるようになったのでしょうか。長いあいだ位階的で不平等であることが当たり前であった社会において、平等がどうしてあれほど反響をひきおこす観念になったのでしょうか。どのようにして、拷問の除去、残酷刑の緩和、そして奴隷制の廃止が、統治に参加する権利のような政治的・市民的権利のリストに加わったのでしょうか。そして最後に、権利一般の宣言によって、なぜ特定の集団――宗教的少数派、自由黒人、財産のない男性、そして女性でさえ――が、自分自身のために権利を要求するように促されたのでしょうか。

わたしの以前の研究方法上の選択が一九八〇年代の関心(文化史の台頭)と一九九〇年代の関心(フェミニズムの影響)を反映していたように、本書におけるわたしの研究方法も、二一世紀におけるあらたな知的展開のつよい影響のもとで発展いたしました。そのうち最大のものは心脳研究の急増であり、そのために社会科学者や人文科学者は、身体と自己の相互作用にかんする自分たちのモデルを再考するように促されたのです。自己——その対となる意識と同様に、いまだ多くの謎を秘めた対象——は、もはや身体とは別個なものとして究明することはできなくなりました。自己は、たんに脳に位置しているというだけでなく、身体に埋め込まれているのですから。身体のどこかほかのところで生じる感情や情緒もまた、自己や意識にかたちをあたえているのです。そういうわけで、一七六〇年代が「人間の権利」の誕生にとってきわめて重要であったと確認したとき、わたしは、その時期の前後に身体と自己における変化を捜しはじめました。そして小説を読むことやほかの新しい文化的実践(肖像画の増加、黙って音楽を聴くこと、家庭空間にかんする建築の変化、その他の同種の実践)の考えられうる影響をいつしか追跡していました。これらの文化的実践によって、ふつうの人びとが社会的境界をこえて新種の共感を身につけることができるようになり、平等と権利に新しい基礎があたえられることになったのでした。

読者は、このような研究方法が説得的かどうか最終的に判断をくだすことになるでしょう。しかしわたしは、思想史、文化史、政治史、そしてそう、心理学的歴史さえも結びつけて研究することは、たとえ新しい解答ではないにしろ、少なくとも新しい問いを提示するという点で実り多いものとなりうることを示しえたと思っています。本書におけるわたしの主要な目的は、「自明性」の性質を検討することにありました。なにゆえに、自明性という主張が機能するのでしょうか。人権は自明であるとのべることは逆説的かもしれません(もし人権が自明であるなら、なぜ人権は、政治的協議事項をかならずしも決定することにならなかったのでしょうか)。しかしこのことで人権は自明であるという主張がけっして無力になることはないのです。わたしは、読者が、世界を見る方法としての人権の背後になにが存在しているのかを、少なくとも自問するようになることを期待しております。

リン・ハント

二〇一〇年一〇月　ロサンゼルス

# 謝辞

本書を執筆しているあいだ、わたしは、友人、同僚、そしてさまざまなセミナーや講義の参加者から提供された数え切れないほどの示唆から恩恵をこうむりました。わたしからのどんな感謝の表現も、わたしが幸運にも受けた恩義に見合うものとはなりえないでしょう。わたしはただ、彼らの寄与が本書の特定の文章や注に認められることを願っています。インディアナ大学でのパットン講義、ウィスコンシン大学マディソン校でのマール・カーチ講義、そしてヴァージニア大学でのジェイムズ・Ｍ・リチャード講義は、準備段階のわたしの考えを徹底的に検証するためのきわめて貴重な機会を提供してくれました。同様に、カミノ・カレッジ、カールトン・カレッジ、メキシコシティの経済教育研究センター Centro de Investigación y Docencia Económicas、フォーダム大学、ロンドン大学歴史研究所、ルイス・アンド・クラーク・カレッジ、ポモナ・カレッジ、スタンフォード大学、テキサスＡ＆Ｍ大学、パリ大学、アルスター大学コルレイン校、ワシントン大学シアトル校、そしてわたしの本務校であるカリフォルニア大学ロサンゼルス校(ＵＣＬＡ)での聴衆からもすぐれた見識がもたらされました。わたしの研究の大部分のための基金は、ＵＣＬＡの近代ヨーロッパ史ユージン・ウェーバー講座からもたらされました。そしてわたしの研究は、UCLA図書館のじつに並はずれた蔵書によっておおいに助けられました。

たいていの人は、大学教授の優先リストでは研究のあとに教育がつづくと考えます。しかし本書の着想は、学部学生を教育するためにわたしが編集し翻訳した一冊の史料集『フランス革命と人権——史料にもとづく小史』*The French Revolution and Human Rights: A Brief Documentary History* (Boston and New York: Bedford / St. Martin's Press, 1996)からもともと生まれたものでした。全米人文科学基金(National Endowment for the Humanities)からの研究助成金が、この研究計画が完成するのを助けてくれました。本書を執筆する以前に、わたしは短い概要「人権の逆説的起源」"The Paradoxical Origins of Human Rights", in Jeffrey N. Wasserstrom, Lynn Hunt, and Marilyn B. Young, eds., *Human Rights and Revolutions* (Lanham, MD: Rowman & Littlefield, 2000, pp. 3-17)を公表しました。本書第二章における議論のいくつかは、最初はべつのかたちで展開されました(「一八世紀における身体——人権の起源」"Le Corps au XVIIIe siècle: les origines des droits de l'homme", *Diogène*, 203 (July-September 2003): 49-67)。

着想から最終的な完成までの道のりは、すくなくともわたしの場合、長期にわたり、ときとしてつらいものでしたが、親しい友人の助けによってどうにか最後まで歩き通すことができました。ジョイス・アップルビーとスザンヌ・デサンは、本書の最初の三章の初期の草稿を読み、その改善のためにすばらしい提言をしてくれました。W・W・ノートン社のわたしの担当編集者エイミー・チェリーは、多くの著者がただ夢見るだけのような周到な注意を、わたしの文章と論理展開に払ってくれました。またマーガレット・ジェイコブがいなければ、わたしは本書を書くことができなかったことでしょう。

研究と著述にかける彼女自身の意気ごみ、新しい論争的な分野にあえて挑戦しようとする彼女の勇気、そしてとくに、すばらしくおいしい食事を用意するためにすべてをわきにおくことができる彼女の能力によって、わたしは頑張りつづけることができたのです。彼女は、わたしがどれほど彼女のおかげをこうむっているか知っています。そして、わたしの父は本書を執筆中に亡くなりました。しかしわたしは、まだ父の励ましと支援のことばを聞くことができます。わたしは本書を、たとえ不十分であろうとも、長年にわたってわたしたちが共有してきたことすべての返礼として、わたしの姉妹リーとジェインに捧げます。彼女たちは、権利、闘争の決意、そして愛について最初のレッスンをわたしにしてくれたのです。

目次

＊ 本文中の〔 〕は原著者による注記、［ ］は訳者による注記である。

# 序　章——「われわれはこれらの真理を自明なものと考える」

偉大なことは、ときには、せかされて書き換えることから誕生する。一七七六年六月なかばに書きはじめられたアメリカ独立宣言の最初の草案において、トマス・ジェファソンはつぎのように書いた。「われわれはこれらの真理を神聖で否定できないものと考える。つまり、あらゆる人間は平等に、かつ他に依存しないものとして創造されていること、そしてこの平等な創造から固有の譲渡しえない権利が生じ、その権利には生命と自由の維持、幸福の追求がふくまれること、がそれである」。ジェファソンの文章は、おもに彼自身が修正を加えたおかげで、ぎくしゃくしたところがすぐに取り除かれ、より明確で、より心にひびく語調で語りかけるものになった。「われわれはこれらの真理を自明なものと考える。つまり、あらゆる人間は平等に創造されていること、彼らはその創造主によっていくつかの譲渡しえない権利をあたえられていること、そしてこれらの権利には生命、自由、そして幸福の追求がふくまれていること、がそれである」。ジェファソンは、この一文をもって、政治的不満にか

んする一八世紀の典型的な文書を、人権にかんする永続的な宣言に変えたのだった。(1)

一三年後、フランス人たちが自分たちの権利の声明を作成することを考えはじめたとき、ジェファソンはパリにいた。一七八九年一月――バスチーユ監獄の陥落の数カ月前――に、ジェファソンの友人で、アメリカ独立戦争の復員軍人であったラファイエット侯爵は、おそらくジェファソンの助けをかりて、フランス人の宣言を起草した。七月一四日にバスチーユ監獄が陥落し、フランス革命が本格的にはじまると、公式の宣言への要求にはずみがついた。ラファイエットの最善の努力にもかかわらず、ジェファソンがアメリカ議会のためにおこなったこととはちがって、その文書はひとりの人間の手によって作成されたものではなかった。八月二〇日、新しい国民議会が、四〇人の議員からなる鈍重な委員会によって起草された二四カ条について議論を開始した。六日間の喧噪にみちた論議と際限のない修正のあと、フランスの議員たちは一七カ条を承認したのみだった。彼ら議員たちは、うち続く論戦によって消耗し、ほかの切迫した問題にたち戻る必要があって、一七八九年八月二六日に投票して、草案にかんする論議を中断し、すでに承認されていた条項を「人間と市民の権利の宣言」(いわゆる「人権宣言」)として暫定的に採択したのだった。

この文書は、じつにあわてふためいてこしらえられたわりには、その広がりと簡明さにおいてすばらしいものだった。国王や貴族や教会に一度たりとも言及せずに、その文書は「人間の生得の、譲渡しえない神聖な権利」はあらゆる統治の基礎であると宣言した。そして主権を国王ではなく国民に帰属させ、だれもが法の前では平等だと宣言し、こうして才能や功績に社会的地位を開放し、生まれにもとづくあらゆる特権を暗黙のうちに除去した。とはいえ、個別のいかなる保障よりも印象的なのは、なされた要求の普遍性だった。「人間」「あらゆる人間」「すべての人間」「すべての市民」「それぞれの市民」「社会」そして「あらゆる社会」への言及は、フランス国民だけに言及することを小さくみせた。

その結果として、この宣言の公布はただちに権利の問題にかんする賛否両論を世界中で刺激した。一七八九年一一月四日にロンドンでおこなわれた説教において、ベンジャミン・フランクリンの友人でイギリスの政体をたびたび批判していたリチャード・プライスは、新しい人間の権利にひどく感激することになった。「わたしは生きながらえて、人間の権利がこれまでよりもいっそう良く理解されるのを、そして自由の観念を失っていたようにみえた諸国民が自由を熱望するのを、目にしている」。フランス人の「哲学的な抽象概念」にたいするプライスの素朴な熱狂に憤慨して、よく知られた随筆家でイギリス下院議員であったエドマンド・バークは、怒りに満ちた応答をいっきに書きあげた。彼のパンフレット『フランス革命の省察』(一七九〇年)は、ただちに保守主義の創始を画するテキストとして認められた。「われわれはルソーへの改宗者ではない」とバークははげしく論じた。「われわれは自分たちがなにも発見していないことを知っているし、道徳においては新発見などありえないと思っている。……われわれは、博物館の剝製の鳥のように、もみ殻やぼろ切れや、人間の権利についてインクのシミがついたくだらない紙くずをつめこむために、内臓をぬかれ羽を胴体にくくりつけられる目にはいまだあってていないのだ」。プライスとバークは、アメリカ革命については意見が一致していた。つまり彼らはどちらもそれを支持したのだ。しかしフランス革命は賭金を途方もなく上げた。そしてすぐに戦陣が張られた。フランス革命は理性にもとづく自由の新しい時代の幕開けだったのだろうか、あるいは無政府状態と暴力への情け容赦ない転落の始まりだったのだろうか[2]。

フランス革命によってひきおこされた論争にもかかわらず、「人間と市民の権利の宣言」は、ほぼ二世紀のあいだ、普遍的な人権への約束を具現化した。一九四八年に、国際連合が「世界人権宣言」を採択したとき、第一条は「すべての人間は、生まれながらにして自由であり、尊厳と権利において平等である」と書かれていた。一七八九年に、「人間と市民の権利の宣言」の第一条はすでに、「人間は自由かつ権利において平等なものとして生まれ、そうありつづける」と宣言していた。言葉づかいの修正は意味を持っていたが、それらふたつの文書のあいだの共鳴は明白である。

それらの文書の最初期の状況は、その後の成り行きについて意味のあることをかならずしもわたしたちに語ってくれない。ジェファソンのおおざっぱな草案が、彼自身や「五人委員会」〔委員はジェファソン、フランクリンのほか、ジョン・アダムズ、ロジャー・シャーマン、ロバート・R・リヴィングストン〕、そしてアメリカ議会によって八六回の修正をこうむったことは、じっさいに重要なのだろうか。ジェファソンとアダムズはあきらかにそう考えていた。というのも、彼らは、その長い波乱に富む人生の最後の一〇年間である一八二〇年代になっても、だれがどの修正に寄与したのかについてまだ議論していたからである。それにもかかわらず、アメリカ独立宣言は基本法としての地位をなんら有していなかった。それはたんに意図を宣言したものであり、それから一五年後の一七九一年に、アメリカ合衆国は〔独立宣言とは〕まったくことなる「権利の章典」を最終的に承認したのだった。フランスの「人間と市民の権利の宣言」は個人の自由を保護することを主張していたが、権利を抑圧する(恐怖政治として知られている)政府の出現をさまたげなかった。そしてその後のフランスの憲法も——たくさんの憲法があった――〔一七八九年の人権宣言とは〕ことなる宣言を案出したり、宣言がまったくないものもあったのである。

さらにいっそう厄介なのは、一八世紀後半に権利はあらゆる人間に共通のものだとじつに大胆に宣言した人びとが、それほど普遍的なものを考えていたわけではないことが判明したことであった。子どもたちや精神病患者や囚人、あるいは外国人は、政治過程に全面的には参加することができないし、それにふさわしくないと彼らが考えたとしても、わたしたちは驚かない。わたしたちも現在そう考えるからである。しかし彼らはまた、財産のない人びと、奴隷、自由黒人、場合によっては宗教的少数派、そしていつでもどこでも女性たちを、排除したのだ。近年、「あらゆる人間」にかんするこれらの制限がおおくの論評をまねいており、研究者のなかには、それらの宣言なるものが現実に人間を解放する意味をもっていたのかどうか疑問視する人さえいる。そしてそれらの宣言の創始者や創案者、そして宣言者は、あらゆる人間が権利においてほんとうに平等だと考えることができなかったがゆえに、エリート主義者、人種主義者、女性蔑視主義者と断罪されてきたのである。

わたしたちは、一八世紀の人びとによってもうけられた権利にかんするこうした制限を忘れるべきではない。しかしわたしたち自身の相対的な「前進」を自画自賛してそこでとどまるとすれば、肝心な点を見逃すことになる。いったいどうして、奴隷制と服従関係、そしてあきらかに生まれながらの屈従に基礎をおく社会に生きていたこれらの人びとが、彼らとはまったくことなる人びとを、場合によっては女性をも、平等だと想像するようになったのだろうか。どのようにして、権利の平等など思いもかけない社会において、権利の平等が「自明の」真理となったのだろうか。奴隷所有者であるジエファソンや貴族であるラファイエットのような人びとが、あらゆる人間の自明で譲渡し得ない権利について語ることができたというのは驚くべきことである。もしわたしたちがどうしてこのようなことがおこったのかを理解できるならば、こんにち人権がわたしたちにとって意味することをもっと良く理解できるであろう。

## 自明であること self-evidence のパラドクス

一八世紀のふたつの宣言は、言葉づかいの違いにもかかわらず、どちらも自明であるという主張にもとづいていた。「われわれはこれらの真理を自明のものと考える」とジェファソンが書いたとき、彼はそのことを明白なものとした。フランスの宣言は「人権にかんする無知、無視あるいは軽蔑が公衆の不幸と政府の腐敗の唯一の原因である」と断定的にのべた。この点にかんしては、一九四八年まであまり変わらなかった。たしかに、国際連合の宣言はより法律を尊重する語調をとっていた。つまり「人類という家族 human family のあらゆる構成員の固有の尊厳と平等で譲渡しえない権利とを承認することは、世界における自由と正義と平和の基礎であるがゆえに」と。しかしこれもまた自明であることの主張であった。というのも、「であるがゆえに whereas」は、文字どおり、「それは事実であるがゆえに it being the fact that」を意味するからである。いいかえるならば、「であるがゆえに」は、所与の自明な事柄であることを主張するためのたんに法律尊重主義的な言い方なのである。

現在でさえ人権にとってきわめて重要なこの自明性の主張は、ひとつのパラドクスをもたらす。つまり、もし権利の平等がそれほど自明であるなら、いったいなぜこの主張がなされねばならなかったのか、そしてなぜその主張がある特定の時代と場所においてのみなされたのか、ということがそれである。人権が普遍的に認められていないなら、どのようにして人権はあらゆる人間にあてはまるものとなりうるのだろうか。わたしたちは、「われわれはだれもがわれわれになぜと問わないという条件においてのみ権利について同意する」という、一九四八年の〔世界人権宣言の〕創案者たちによってあたえられた説明に満足したままでいいのだろうか。ジェファソンが彼のことばによって何を意図していたかについて、研究者たちが二〇〇年以上ものあいだ論議しているというのに、人権は「自明」となりうるのだろうか。ジェファソンが自分の考えを説明する必要をまったく感じなかったのだから、論争は永遠につづくだろう。五人委員会やアメリカ議会のだれもが、ジェファソンの予備的な草案を広範囲にわたって修正したにもかかわらず、〔権利の自明性にかんする〕彼の主張については修正しようとはしなかった。彼らはあきらかに彼の主張に同意していたのである。さらにいうなら、ジェファソンが自分の考えを説明していたなら、その主張の自明性は消え失せていただろう。議論を必要とする主張は自明ではないからである(3)。

わたしは、自明性の主張は人権の歴史にとってきわめて重要だと思っており、本書も、この主張が一八世紀末にどうしてあれほど説得力のあるものになるにいたったのかを説明することにむけられている。幸いにも、その主張はまた、きわめて拡散した歴史となりがちな歴史に焦点をあたえることにもなる。人権は現在ではいたるところで問題になっているので、〔その歴史も〕おなじように包括的な歴史であることが求められよう。個人についてのギリシア人の考え方、法律と権利にかんするローマ人の観念、霊魂にかんするキリスト教の教義……恐れなければならないのは、人権の歴史が西洋文明の歴史、あるいは現在ではときとして世界全体の歴史とさえなってしまうことである。古代バビロニア、ヒンドゥー教、仏教、イスラム教もすべて、〔人権の歴史に〕それぞれ寄与していないだろうか。わたしたちは、いったいどのように一八世紀末において人権の主張がとつぜん結晶化したことを説明すればよいのだろうか。

人権は、三つの連動する性質を要請する。つまり、人権は生得的なもの(人間に固有のもの)であり、平等(あらゆる人間にとって同じもの)であり、普遍的(どこでも適用可能)でなければならないのだ。権利が人権になるためには、あらゆる人間が世界のどこでもその権利を平等に、しかも彼らが人間であるという理由のみで、享受しなければならないのである。権利の平等性や普遍性よりも権利の生得性を受け入れるほうがより容易であることが〔歴史的には〕判明している。わたしたちはさまざまなかたちで、権利の平等性と普遍性への要求が何を意味するのかという問題といまだに格闘しているのである。人間は何歳で完全な政治参加への権利を獲得すればよいのか。移民たち――市民でない人びと――は〔市民と〕権利を共有するのか、さらにどの権利を共有するのだろうか。

しかし、生得性や平等性、そして普遍性を受け入れたとしても、まだ十分ではない。人権は政治的内実を獲得するときにのみ、はじめて意味あるものとなるのである。それは自然状態における人間の権利ではなく、社会における人間の権利である。それは、たんに神の権利に対立するものとしての人権とか、動物の権利に対立するものとしての人権ではなく、人間それぞれにたいする人間の権利なのである。それゆえに人権は、(たとえ「神聖な」と呼ばれることがあるにしろ)世俗的な政治世界において保障される権利であり、その権利をもつ人びとの側からの積極的な参加を要請する権利なのだ。

権利の平等性と普遍性、そして生得性は、一七七六年のアメリカ独立宣言と一七八九年のフランス人権宣言においてはじめて単刀直入な政治的表現を獲得した。一六八九年のイギリスの権利の章典は、イギリス法によって確立され、イギリスの歴史に由来する「古来の権利と自由」に言及するいっぽうで、権利の平等性や普遍性、あるいは生得性を言明しなかった。対照的に、アメリカ独立宣言は、「あらゆる人間は平等に創造され」、人間はすべて「譲渡しえない権利」を有していることを強調した。同様に、フランスの「人間と市民の権利の宣言」は、「人間は自由かつ権利において平等なものとして生まれ、そうありつづける」ことを宣言した。フランス人でもなく、白人でもなく、カトリック教徒でもなく、「人間」であり、それは当時も現在とおなじく、たんに男性だけでなく人間、つまり人類の構成員を意味していた。いいかえるなら、一六八九年から一七七六年にいたるまでのどこかの時点で、特定の国民——たとえば、自由の身に生まれたイギリス人——の権利ときわめてしばしばみなされていた権利が、フランス人たちが droits de l'homme、すなわち「人間の権利」と呼んだ普遍的で生得的な権利としての人権に、変容したのだった(4)。

## 人権と「人間の権利」

用語の歴史にすこし踏み込めば、人権の出現の時期をつきとめる手助けとなるだろう。一八世紀の人びとは、「人権」という表現をあまり使用しなかった。しかも彼らがその用語を使用したときは、通例わたしたちが意図するものとは違うものを意味していた。たとえばジェファソンは、一七八九年以前に「生得の権利 natural rights」についてじつにしばしば語っていた。しかし彼は、一七八九年以後にはじめて「人間の権利」という用語を使用しはじめたのである。彼が「人権」という用語をもちいたときには、自然権や人間の権利よりもより受動的でより非政治的なものを意味していた。たとえば彼は、一八〇六年に奴隷貿易の害悪に言及するなかでその用語を使用した。

同胞市民たちよ、諸君が、アフリカの罪なき住民たちにたいしてあまりにも長いあいだつづけられ、わが国の道義と名望と最善の利害が長いあいだ禁止しようとしてきた人権侵害から、合衆国の市民たちを退かせるための権限を憲法のなかに挿入する時期が近いことにかんして、諸君にお祝いのことばをのべる。

ジェファソンは、アフリカ人が人権を享受することを主張しながらも、自国におけるアフリカ系アメリカ人奴隷にとっての含意をなんら引き出すことがなかった。ジェファソンの定義では、人権はアフリカ人に――ましてやアフリカ系アメリカ人に――自分自身のために行動することを可能にさせるものではなかったのである。(5)

一八世紀のあいだ、英語でもフランス語でも、「人権 human rights」「人類の権利 rights of mankind」「人間の権利 rights of humanity」はいずれもあまりにも漠然としすぎていて、そのまま政治的にもちいることはできなかった。それらの用語は、言論の自由や政治に参加する権利のような政治にかかわる権利を指すよりもむしろ、存在の連鎖の一方にある神と他方にある動物とから人間を区別するものを指していたのである。そういうわけで、「人間の権利 rights of humanity」のもっとも初期の用例(一七三四年)のひとつにおいて、辛辣な文学批評家で自身カトリックの聖職者であったニコラ・ラングレ＝デュフレノワは、「あらゆる「人間の権利」を完全に放棄し、動物のように草を食べ、真っ裸で走りまわる六世紀の無類の修道士たち」を諷刺した。おなじく、ヴォルテールも一七五六年に、ペルシア人たちがもっともすばらしく「退屈しのぎ」ができたために、ペルシアは「人間の権利 rights of humanity」をもっとも享受できる君主制であると皮肉をこめてしめすことができた。「人権」という用語は一七六三年にはじめてフランス語のなかに出現し、「生得の権利 natural right」のようなものを意味しえたが、しかしそれは、広範な影響力をもったヴォルテールの著作『寛容論』のなかで彼によって用いられたにもかかわらず、受け入れられなかったのである(6)。

一八世紀をとおして英語の話し手は「生得の権利 natural rights」あるいはただたんに「権利 rights」をこのんで使用しつづけたいっぽう、フランス人は一七六〇年代にひとつの新しい表現をつくりだした。「人間の権利 droits de l'homme」がそれである。「生得の権利 natural right(s)」や「自然法 natural law」(droit naturel はフランス語では両方の意味をもつ)は、それに比して何百年もさかのぼりうるより長い歴史をもっているが、しかしおそらくその結果として「生得の権利 natural right(s)」は、あまりにも多くの意味をもっていた。それはときとして、伝統的秩序においてのみ意味があることを意味した。そんなわけで、たとえばルイ一四世治下の絶対王政の代弁者であったボシュエ司教は、「彼[キリスト]はみずからの生得の権利によって天国に入った」というように、イエス・キリストが天国に入ることを叙述するときにのみ「生得の権利」をもちいたのである(7)。

「人間の権利 droits de l'homme」は、ジャン＝ジャック・ルソーが一七六二年に刊行した『社会契約論』に登場して以後、フランス語において流布しはじめた。もっともルソーはその用語になんら定義をあたえなかったし、またルソーは、その用語を「人間の権利 droits de l'humanité」や「市民の権利 droits du citoyen」、そして「主権の権利 droits de la souveraineté」とともに使用した――このためにその用語は流布したのかもしれない――のであるが。理由はともかく、地下出版の新聞によれば、一七六三年六月までに、「人間の権利」はごくあたりまえの用語となっていた。

コメディ・フランセーズの役者たちは、本日はじめて、われわれが以前語った『マンコ』〔ペルーのインカ帝国についての劇〕を演じた。それは構成が最悪の悲劇のひとつである。その劇においては、とても美しいものとなりえた野蛮人の役がある。つまり彼は、『人間不平等起源論』や『エミール』や『社会契約論』のあちこちに書かれており、王や自由や人間の権利についてわれわれが読んだことがあるすべてのことを、詩のかたちで朗読して聞かせるのである。

その劇はじっさいには「人間の権利」という表現をそのままもちいているのではなく、むしろそれと関連する表現である「われわれ人間の権利」をもちいているが、その用語はあきらかに知識人がもちいるようになったのであり、じっさいルソーの作品と直接にむすびつけられた。ドルバック男爵やレイナルやメルシエのようなルソー以外の啓蒙運動の作家もまた、一七七〇年代と一七八〇年代にその用語を身につけた(8)。

一七八九年以前には、「人間の権利」は英語にはほとんど影響をあたえなかった。しかしアメリカ独立革命はフランス啓蒙運動の闘士であるコンドルセ侯爵をうながして、「人間の権利」を定義する最初の一歩を踏み出させた。彼にとっても「人間の権利」は、人身の保護、財産の保護、偏見のない公正な裁判、そして法を制定する過程に寄与する権利をふくんでいた。一七八六年の論文『アメリカ独立革命のヨーロッパへの影響について』において、コンドルセは人間の権利をアメリカ独立革命と明白に関連づけた。「人間の権利が尊重されている偉大な人民の光景は、風土や慣習や法律の違いにもかかわらず、他のあらゆる人民にとっても有用である」と。アメリカ独立宣言はまさに、「きわめて神聖であるとともにきわめて長いあいだ忘れられていたこれらの権利の簡潔で崇高な提示」にほかならないと宣言した。一七八九年一月にはエマニュエル＝ジョゼフ・シエイエスが、彼の煽動的で反貴族的なパンフレット『第三身分とはなにか』においてその表現をもちいた。一七八九年一月のラファイエットによる権利の宣言の草案は、「人間の権利」に明白に言及した。一七八九年はじめのコンドルセ自身の草案もそうであった。一七八九年春以後——つまり七月一四日のバスチーユ監獄の陥落以前でさえも——「人間の権利」の宣言の必要性について語ることは、フランスの政治サークルに浸透したのである(9)。

人権という用語が一八世紀後半に出現したとき、最初はこれらの権利にかんして明白な定義がほとんどなかった。ルソーは「人間の権利」という用語を使ったとき、なんら説明をしなかった。イギリスの法律家ウィリアム・ブラックストーンは、それらを「人間の生得の自由 the natural liberty of mankind」、つまり「自由な行為者《フリー・エージェント》と考えられ、善と悪を区別する識別力を付与されている人間の絶対的な権利」と定義した。フランスで一七七〇年代と一七八〇年代にその表現をもちいた人びとの多くは、物議をかもす啓蒙運動を象徴する人物であるドルバックやミラボーのように、あたかも人間の権利は明白で、正当化とか定義はなんら必要がないかのように、その権利に言及した。たとえば、ドルバックは、もし人間が死をより恐れなくなれば、「人間の権利はより大胆に守られることだろう」と主張した。ミラボーは、「人間の権利についてまったく考えをもっていないがゆえに、品性も情熱もない」彼の迫害者たちを弾劾した。だれもが、一七七六年(ジョージ・メーソンのヴァージニア権利宣言の年)以前には、それらの権利の正確なリストを提示しなかったのである。(10)

人権のこうしたあいまいさは、フランスのカルヴァン派の牧師ジャン゠ポール・ラボ・サン゠テチエンヌの注意をひいた。彼は、自分のようなプロテスタントのために提案された寛容令がもつ限界について不平を訴えるために、一七八七年にフランス国王に手紙を書いた。人間の権利に好意的な感情の高まりによってはげまされて、ラボは、「われわれは今日生得の権利とはなにかを知っています。そしてその権利は、プロテスタントにあたえられる王令よりもはるかに多くのものを人びとにあたえることはたしかです。……世界中できわめてよく知られている人間の権利を明白にくつがえす法律は、もはや容認できない時代がやってきたのです」とつよく主張したのである。それらの権利は「よく知られて」いたかもしれない。しかしそれでも、ラボ自身、カトリックの国王がカルヴァン派の公的礼拝の権利を公式に認可することはできないだろうと認めていた。(11)要するに、すべては「もはや容認できない」ものとはなにかという解釈にかかっていたのである。これは今でもそうである。

## どのようにして権利は自明となったのか

人権の定義、いやそれどころかその存在そのものが理性とおなじく感情に依拠しているために、人権をはっきりと説明することは困難である。人権の自明性の主張は究極的には感情にうったえる力にかかっており、その主張がそれぞれの人の心の琴線にふれれば説得力のあるものとなるのだ。さらに、人権の侵害によって恐怖を感じたときに人権が論争の的になることを、わたしたちはたいてい確信している。ラボ・サン゠テチエンヌは、「もはや容認できない」ものにかんする暗黙の知識に訴えることができることを知っていた。一七七五年に、フランス啓蒙運動の影響力のある作家ドゥニ・ディドロは droit naturel〔生得の権利／自然法〕について、「この用語の使用はきわめてありふれているので、その問題は自分には明白にわかっていると心のなかで確信しないような人はほとんどいない。この内面の感情は、哲学者にも、まったく物事を考えない人間にも共通である」と書いていた。ディドロは、当時のほかの作家と同様に、生得の権利／自然法の意味について漠然とした指摘しかしていなかった。すなわち、「人間として、わたしは人間の権利以外にほんとうに譲渡しえない生得の権利はない」と彼は結論づけたのである。しかし彼は、人権のもっとも重要な性質を的確に指摘していた。つまり、人権はある程度ひろく共有された「内面の感情」を必要とするということを、である。(12)

厳格なスイスの自然法哲学者ジャン゠ジャック・ビュルラマキでさえ、自由は各人の内面の感情によってのみその存在が証明されうるのだと主張した。「感情によるそのような証明はあらゆる異議を超越しており、もっとも深く根ざした確信をうみだすのだ」。人権は、たんに文書において明確にのべられた教義ではない。それは、ほかの人びとにたいする気持ち、すなわち、人間とはどのようなものなのかとか、人間はどうやって世俗世界で善悪を知るのかといったことについての一連の確信にもとづいているのである。人権がほんとうに「自明」となるためには、哲学的観念や法律的伝統や革命政治がこの種の内面の感情的参照点をもつことが必要だった。そしてディドロが主張したように、これらの感情は、それについて書いた哲学者だけでなく、多くの人びとによって感じられねばならなかったのである。[13]

　自由や権利といった観念の支えとなっていたのは、個人の自律性にかんする一連の仮定だった。人権を享受するためには、人間が独自の道徳的判断を行使しうる別個の個人として認知されなければならなかった。つまりブラックストーンがのべたように、人間の権利は「自由な行為者《フリー・エージェント》と考えられ、善と悪を区別する識別力を付与されている」個人に付随するものだったのである。しかしこれらの自律的な個人がそのような独自の道徳的判断に基礎をおく政治的共同体のメンバーとなるためには、他者に共感することができなければならなかった。だれもが根本的におなじだと考えられてはじめて、だれもが権利をもつことになるのだ。平等は、たんに抽象的概念とか政治的スローガンではなかった。それは、まがりなりにも内面化されねばならなかったのである。

　わたしたちは、人権にくわえて人間の自律性や平等という観念をあたりまえのことと考えるが、それらは一八世紀になってはじめて影響力を増したのである。現代の道徳哲学者J・B・シュニーウィンドは、彼が「自律性の創造」と呼ぶものをあきらかにした。彼は、「一八世紀末までに出現したこの新しい見方は、平均的な個人はみな自己統制《セルフガヴァナンス》という倫理＝道徳をともにひとしく生きることができるという確信を軸としていた」と力説している。そのような「平均的な個人」の背後には、長期の闘争の歴史が横たわっている。一八世紀には、いやそれどころか現在にいたるまで、あらゆる「人びと」がひとしく道徳上の自律性をもちえるとは想像されてはいなかった。それには、関連するが別個のふたつの資質が必要とされた。すなわち、理性的に考えるための能力と自分で決定するための自立が、それであった。個人が道徳的に自律的であるためには、両方の資質がなければならなかったのだ。子どもや精神病患者は理性的に考えるために必要な能力を欠いていたが、しかしいつかその能力を獲得したり再獲得したりするかもしれない。子どもとおなじように、奴隷、召使い、無産者、そして女性は、完全に自律的であるために要請される地位の独立を欠いていた。子どもも召使いも無産者も、そしておそらく奴隷でさえも、成長することによって、奉公をやめることによって、所有権を買うことによって、あるいは自由を買うことによって、いつか自律的になるかもしれない。しかし女性だけは、これらの選択肢のどれをももっていないようにみえた。つまり女性は、本質的に父親か夫に依存するものと定められていたのである。普遍的で平等で生得的な人権の提唱者は、あるカテゴリーの人びとをそれらの権利を行使することから排除したが、その理由はまず第一に、これらの人びとが道徳的自律性をけっして完全にはもちえないとみなされたからであった(14)。

しかしそれでも、共感というあたらしく発見された力は、きわめて長期にわたって維持されてきた偏見にたいしてさえ有効にはたらきえた。一七九一年にフランス政府は、ユダヤ人に相等しい権利をみとめた。一七九二年には財産のない人びとにさえ参政権があたえられた。そして一七九四年には、フランス政府は公式に奴隷制を廃止したのである。自律性も共感も固定したものではなかった。つまり、それらは習得されうる技能であり、権利にたいする制約が「容認しうる」かどうかについては異議をとなえることができたし、じっさい異議がとなえられたのである。権利の感情的基盤が部分的にはさまざまな権利の宣言におうじて変化しつづけるために、権利はきっぱりとは定義されえない。だれが権利を享受し、なにがその権利なのか、についてのわたしたちの感覚がたえず変化するために、権利は異議申し立てにたいしてひらかれつづけるのだ。人権の革命は、当然のことながら、継続しておこなわれるものなのである。

自律性や共感は、たんに観念ではなく文化的実践であり、それゆえ文字どおり身体的に表現されるものである。つまり、感情的次元はもちろん、身体的次元ももっているのだ。個人の自律性は、人間の身体の分離と神聖性の感覚の増大によって条件づけられている。つまり、あなたの身体はあなたのものであり、わたしの身体はわたしのものであって、お互いの身体のあいだの境界をわたしたちはともに尊重しなくてはならないのだ。また共感は、ほかの人びともわたしたちと同じように感じ考えるのであり、わたしたちの内面の感情は根本的に似ているということを承認することにかかっている。自律的であるためには、人間は正当に分離されていなければならず、この人間の分離は守られなくてはならないのだ。しかしこの身体の分離に権利がともなうためには、人間の個我がもっと感情的なかたちで評価されなくてはならない。人権は、自己の制御《セルフポゼッション》のみならず、ほかの人びともすべてひとしく自己制御されているということが承認されることにも依拠しているのである。後者の発展が不完全であるからこそあらゆる権利の不平等がうみだされるのであり、そのことが、あらゆる歴史をとおしてわたしたちの関心をつよくひきつけるのである。

自律性と共感は、一八世紀に無から突如としてあらわれたのではなく、遠く離れたルーツをもっていた。数世紀の長期間にわたって、個人は共同体の錯綜した関係から身をひきはなしはじめ、法的にも心理学的にもしだいに独立の行為者となっていった。そして身体の完結性にたいするより大きな尊重と個々人の身体のあいだのより明白な境界線が、身体のさまざまな機能にかんする恥じらいの限界点のたえざる高まりと、身体にかかわるエチケットの感覚の高まりによって、うみだされた。時代を下るにつれて、人びとはひとりで、あるいは配偶者とのみ寝るようになった。彼らは食べるために用具をもちい、食べ物を床に落とすことや身体の排泄物を衣類でふくといった以前は許容されていたふるまいを不快と思いはじめた。キリスト教の霊魂からプロテスタントの良心、さらに一八世紀の感受性をめぐる概念にいたるまでの心の内面性と深さをめぐる概念のたえざる進展は、自我を新しい内容で満たした。これらのプロセスすべては長期間にわたって生じたものであった。

しかし一八世紀の後半にこれらの実践が飛躍的に進展した。父親の子どもたちにたいする絶対的権威が疑問視されるようになった。観衆がだまって演劇を観たり、音楽を聴いたりしはじめた。肖像画や風俗画が、アカデミー絵画の巨大な神話・歴史画の支配に異議をとなえた。小説や新聞が激増し、ふつうの生活をめぐる話が広汎な読者に近づきうるものとなった。司法手続きの一部としての拷問と身体刑のもっとも極端な形態がともに許容しえないものと考えられるようになった。これらの変化のすべてが、ほかの人びととの共感の可能性にくわえて、個人の身体の分離と自己制御の感覚に寄与したのである。

以下の章で描きだされる身体の完結性と共感する個我という概念は、人権の歴史とよく似た歴史をもっており、この人権の歴史にそれらの概念はきわめて緊密に関連しているのである。すなわち、一八世紀なかばにさまざまな見方の変化がとつぜん生じたようにみえる。たとえば、拷問を考えてみよう。一七〇〇年から一七五〇年にかけて、フランス語におけるtorture(責め苦、拷問)という語の用例のほとんどは、作家が適切な表現を見いだすまでに味わう困難に関連していた。たとえば、一七二四年にマリヴォーは「考察を引き出すために自分の知力を悩ますこと」に言及した。拷問、すなわち、罪の自白や共犯者の名前を引きだすために法的に認められた拷問は、モンテスキューが『法の精神』(一七四八年)でその慣行を非難して以後に、主要な問題となったのである。モンテスキューは、もっとも影響力をもった一節で、「きわめておおくの賢人と天才がこの慣行[司法手続きとしての拷問]にたいして反対論をすでに書いているので、わたしは彼らにつづいてあえて発言するつもりはない」と強調する。それから彼は、やや謎めいたかたちでさらにこう付け加えている。「拷問は専制政体にふさわしい、なぜならそこでは、恐怖を吹き込むあらゆるものがなによりも政体の原動力の構成要素となるからだ、とわたしはいおうとしていた。また、ギリシア人やローマ人のもとでの奴隷は……と、わたしはいおうとしていた。だがわたしには、わたしのこの発言に反対して叫ぶ自然の声が聞こえる」。ここでもまた自明であること——「叫ぶ自然の声」——が議論の基礎を提供している。モンテスキューのあと、ヴォルテールや他の多くの思想家、とくにイタリア人のベッカリーアが、この運動にくわわることになる。一七八〇年代までには、拷問と身体刑という野蛮な形態の廃止は、新しい人権理論において本質的な条項となっていたのである。(15)

他の人びとの身体と個我にたいする反応における変化は、政治権力のあらたな世俗的基礎づけのための重要な支えを提供した。ジェファソンは「彼らの創造主」が人間に権利を付与したと書いたが、この創造主の役割はそこで終わった。統治はもはや神を、ましてや神の意志にかんする教会の解釈を当てにすることはなかった。「これらの権利を保障するために人間が協力して政府が組織される」のであり、それらの政府は、その権力を「被治者の同意」から引き出しているのだ、とジェファソンはのべた。同様に、一七八九年のフランスの宣言は、「あらゆる政治的結合の目的は、人間の生得の消滅することのない権利を保持することにあり」、「あらゆる主権の根源は、本質的に国民にある」と主張していた。この見方においては、政治権力は、個人のもっとも内奥の性質と同意をとおして共同体を創造する個人の能力とに由来した。政治学者や歴史家はさまざまな角度から政治権力にかんするこの考え方を検討してきたが、しかし彼らはそれを可能とした身体と個我にかんする見方に、ほとんど関心を払ってこなかったのである(16)。

本書でのわたしの議論は、公共の展覧会において絵を鑑賞することから、愛や結婚をめぐる大人気の書簡体小説を読むことにいたるまで、あらたな種類の経験の影響を重視することになろう。そのような経験が自律性と共感という実践を広げることに貢献したのである。政治学者のベネディクト・アンダーソンは、ナショナリズムが興隆するために必要な「想像された共同体」を新聞と小説がうみだした、と主張した。「想像された共感 imagined empathy」と呼びうるものが、ナショナリズムよりむしろ人権の基礎づけとして寄与したのである。それは、こしらえられたものという意味においてではなく、共感は信念の飛躍を必要とするという意味において、つまり、他の人もあなたとおなじようなものだと想像するという意味において、想像されたものだ。拷問にかんする記述は、苦痛にかんする新しい見方をとおしてこの想像された共感をうみだした。小説は、内的な自己についての新しい感覚を誘発することによってそれを生成した。それらはみなそれぞれの流儀で、自分の直接の家族や宗教的結びつき、あるいは国民さえもこえて、より大きな普遍的価値と折り合える自律的で共感しあう個人にもとづく共同体という観念を強化したのである(17)。

こうした新しい文化的経験が一八世紀の人びとに、ましてや権利にかんする彼らの考え方にあたえた影響を証明したり、さらには測定したりするための容易な、あるいは明白な方法はまったく存在しない。読書やテレビを見ることにたいする現代の反応をめぐる科学研究は、かなり困難であることがわかっているが、しかしつねに変化する研究方針を適用しうる生きた対象が存在するという利点をもっている。しかも神経科学者や認知心理学者は、生物学上の脳を心理学的な結果に、そして最終的には社会的・文化的結果にさえ関連づけるという点で、ある程度進歩をとげつつある。たとえば彼らは、物語をつくる能力は生物学上の脳に拠点があり、自己のどのような観念の発達にとっても重要であることをしめした。ある種の脳の障害は物語の理解に影響するのであり、自閉症のような病気は、共感能力――他の人びともあなた自身とおなじ心をもっているということを認識する能力――が生物学的基礎をもっていることをしめしているのである。とはいえ、これらの研究はたいてい、この関連づけの片方だけを、つまり生物学的側面だけをあつかっている。ほとんどの精神医学者、そして神経科学者の何人かさえも、脳は社会的・文化的諸力によって影響されることを認めるであろうが、この相互作用を研究することはさらに困難であった。じっさい、自我そのものは厳密に検討することがきわめて困難であることが判明している。わたしたちは、自分が自我を獲得する経験をもっていることを知っている。しかし神経科学者はその経験の場を特定することに成功していないし、ましてやその場がいかに機能しているのかを説明することに成功していないのである。[18]

神経科学や精神医学や心理学が自我の性質についていまだはっきりわからないのであれば、歴史家たちがその問題にまったく近寄らないできたことは、おそらく驚くべきことではない。自我はある程度まで社会的・文化的ファクターによってかたちづくられる、すなわち、自我は一〇世紀にはそれが今日わたしたちにとって意味するものとはことなるものを意味していた、とたいていの歴史家は十中八九信じているだろう。それにもかかわらず、一連の経験としての個のあり方の歴史についてはほとんど知られていない。研究者たちは、理論としての個人主義や自律性の誕生については長々と書いてきた。しかし、自我そのものが時代をとおしてどう変化したのかについては、はるかに書かれることが少なかった。自我の意味が時代をとおして変化することにかんしては、わたしはほかの歴史家たちと意見が一致している。そしてわたしは、その経験——ただたんにその観念ではなく——は、ある人びとにとっては一八世紀に決定的なかたちで変化したのだと信じている。

わたしの議論は、拷問にかんする記述や書簡体小説を読むことで身体的影響が生じ、この身体的影響が脳の変化につながり、社会的・政治的生活の組織化にかんする新しい考え方として表出されるという考え方に立っている。新しいかたちで読むこと(そして見ることと聞くこと)が新しい個人的経験(共感)をうみだし、それが今度は新しい社会的・政治的観念(人権)を可能にしたのである。本書でわたしは、このプロセスがどのようなものであったのかを解明しようと思う。わたし自身がたずさわっている歴史学という学問は、あらゆる形態の心理学的議論を長いあいだ軽蔑してきたために——わたしたち歴史家はしばしば心理学的還元主義について語ったが、社会学的ないしは文化的還元主義についてはけっして語ることはなかった——、自己の内部でなにが進行しているかを説明することに依拠する議論の可能性を、たいてい見逃してきたのだ。

わたしは、個人の心の内部で進行することにあらためて関心を集中するつもりである。個人の心は、世界の変革をもたらす社会的・政治的変化にかんする説明をもとめるには、あまりにもあたりまえの場のようにみえるかもしれない。しかし個人の心——大思想家や大作家以外の人びとの心——は、人文学や社会科学の最近の研究においては驚くほど見過ごされてきた。社会的・文化的コンテクストに関心が集中してきたのであり、このコンテクストを個人の心がどのようなかたちで理解し、作りなおすのか、ということにかんしては関心が払われてこなかったのである。社会的・政治的変化——今回のばあいは人権——は、多くの個人が同様の経験をもったために生じたのである。その変化は、彼らがすべておなじ社会的コンテクストに生きていたから生じたのではなく、彼らどうしの相互の影響をとおして、そして読むことや見ることと彼らとの相互作用をとおして、彼らが現実に新しい社会的コンテクストを創造したために生じたのであった。要するに、わたしは、歴史的変化のどのような説明もつまるところ個人の心の変化を説明しなくてはならない、とつよく主張しようと思っているのである。人権が自明となるためには、ふつうの人びとが新しいかたちの感情に由来する新しい理解を獲得しなくてはならなかったのだ。

# 第一章

## 「感情の噴出」

### ——小説を読むことと平等を想像すること

"TORRENTS OF EMOTION"

『社会契約論』出版の一年前、ルソーはベストセラー小説『ジュリまたは新エロイーズ』(一七六一年)によって国際的な関心をひいた。現代の読者は書簡体、つまり手紙形式の小説はときとして展開が耐えがたいほど遅いと思うかもしれないが、一八世紀の読者は心の底から反応したのである。〔『新エロイーズ』という〕副題が読者の期待を刺激した。というのも、エロイーズとアベラールの悲運な愛にかんする中世の物語はよく知られていたからだ。一二世紀の哲学者でカトリックの聖職者であったピエール・アベラールは、自分の生徒であるエロイーズを誘惑し、彼女の叔父のせいで去勢という高い代償を払った。永遠に引き離されたこのふたりの恋人は、こうして何世紀にもわたって読者を虜にする親密な手紙をやりとりした。ルソーがその時代におこなった〔中世の物語の〕諷刺的な模倣は、はじめはきわめてことなる方向に向かうようにみえた。新しいエロイーズであるジュリもまた自分の家庭教師と恋におちるが、しかし彼女は、権威主義的な父の要求を満足させるために無一文のサン＝プルーをあきらめ、かつて父の命をすくった年長のロシアの兵士ヴォルマールと結婚する。彼女が自分の幼い息子を溺死からすくったあとで死ぬとき、彼女はサン＝プルーにたいする恋情を克服するだけでなく、彼をたんに友人として愛することも学んだようにみえる。ルソーは、父や配偶者の権威に彼女が従属することをほめたたえようとしたのだろうか。あるいは、彼女が自分自身の欲望の犠牲になったことを悲劇として描こうと意図したのだろうか。

ルソーの小説の筋は、曖昧なところがあるとはいえ、それだけではその読者によって経験された感情の爆発をほとんど説明することができない。読者がひどく感動したのは、その小説の登場人物、とくにジュリと自分とを熱烈に同一視したためだった。ルソーはすでに国際的な名声を獲得していたので、彼の小説の出版がさし迫っているというニュースは、彼が小説の一部をさまざまな友人に読み聞かせていたという理由もあって、野火のように広まった。ヴォルテールはその小説を「このみすぼらしい駄作」と嘲笑したが、『百科全書』のディドロの共同編纂者であるジャン・ル・ロン・ダランベールはルソーに手紙を書いて、その本を「むさぼり読んだ」ことを伝えている。彼はルソーに、「あまりにも感情や熱情について語られているが、ほとんどそれらについて実体験として知られていない国」ではばげしい非難がおこることを予期しておくようにと警告した。『ジュルナル・デ・サヴァン』は、その小説が欠点をもっており、いくつか長たらしい文章さえあると認めたが、しかし、冷淡な人びとだけが「これほど魂を力ずくで奪いとり、これほど専制的に、これほど暴虐的に、かくも悲痛な涙をひきだす感情の奔流」に抵抗することができるのである、と結論づけた(1)。

宮廷人、聖職者、軍隊の将校、そしてありとあらゆるふつうの人びとがルソーに手紙を書いて、

「焼き尽くす火」のような彼らの感情、彼らの「感動につぐ感動、感情の激変につぐ激変」を記した。ある読者は、ジュリの死を嘆いたのではなく、むしろ「動物のように金切り声を発し、吠えていた」とくわしく語った(図1)。ルソー宛のこれらの手紙にかんして二〇世紀のある注釈者が指摘しているように、一八世紀の読者はルソーの小説を楽しんで読んだのではなく、むしろ「熱狂し、興奮し、痙攣し、泣きじゃくりながら」読んだのだった。フランス語の原著が出てから二カ月以内に英語の翻訳があらわれ、一七六一年から一八〇〇年のあいだに一〇の英語版の出版がつづいた。おなじ期間にフランス語で一一五の版が刊行され、フランス語を読む国際的な公衆の貪欲な欲求に応えた(2)。

『ジュリ』を読むことは、その読者が新しいかたちの共感に慣れ親しむ可能性をひらいた。ルソーは「人間の権利」という用語を流通させたが、人権は彼の小説の主題とはとてもいえない。それは、熱情や愛や徳を中心テーマとしているからである。それにもかかわらず、『ジュリ』は、読者に登場人物とのきわめて熱情のこもった同一視をうながし、そうすることによって、読者が階級や性や国境をこえて共感することを可能にした。一八世紀の読者は、彼ら以前の人びとと同じように、自分に近い人びとやきわめて明白に自分と似た人びと——直接の家族や親類、教区の人びと、一般的に社会的に同等のなじみの人びと——に共感した。しかし一八世紀の人びとは、よりひろく定義された境界をこえて共感することを学ばなければならなかった。アレクシス・ドゥ・トクヴィルは、デュシャトレ夫人についてヴォルテールの秘書が語った話を詳述している。彼女は、「従者が男であるということが証明された事実だとは考えなかったために」、自分の召使いの前で服を脱ぐことをためらわなかったというのである。人権は、従者もまた男であるとみなされたときにのみ意味をもちえたのである(3)。

**図 1**　死の床にあるジュリ

この場面は，『ジュリまたは新エロイーズ』のほかのどんな場面よりも悲痛をかきたてた．著名な画家ジャン゠ミシェル・モローの素描をもとにしたニコラ・ドゥロネによるこの銅版画は，1782 年版の『ルソー全集』第 3 巻に掲載された．UCLA チャールズ・E. ヤング研究図書館蔵．

## 小説と共感

『ジュリ』のような小説は、その読者をひきこんで平凡な登場人物との同一視をうながした。そしてこの登場人物は、とうぜん読者が個人的に知らない人物だった。読者は、物語の形式そのもののはたらきのおかげで、登場人物、とくに女や男の主人公に共感した。いいかえるならば、書簡体小説は、小説の上での手紙のやりとりをとおして読者にまさに新しい心理状態を教え、その過程で新しい社会的・政治的秩序のための基礎をすえたのだった。小説は、中産階級のジュリや、パミラ――サミュエル・リチャードソンの同名の小説のヒロイン――のような召使いさえをも、パミラの雇用主であり誘惑者となるB氏のような金持ちと同等の者に、さらにはよりすぐれた者にさえした。小説は、あらゆる人間はその内面の感情のゆえに根本的に似ているのだということを強調した。そして多くの小説は、とりわけ自律への欲求をひろく人びとに知らせた。このようにして、小説を読むことは、物語に感情的に引き込まれることをつうじて平等と共感の感覚をうみだしたのである。心理的な同一化をもたらす一八世紀の小説のなかでもっとも偉大な三つの小説――リチャードソンの『パミラ』(一七四〇年)と『クラリッサ』(一七四七―一七四八年)、そしてルソーの『ジュリ』(一七六一年)――がすべて、「人間の権利」の観念が誕生する直前の時期に出版されたのは、偶然の一致であるなどということがありうるであろうか。

いうまでもないことだが、共感は一八世紀に創造されたのではなかった。共感能力は、それが生物学上の脳に根ざしているがゆえに普遍的なものだ。つまり、ほかの人びとの主観のあり方を理解し、ほかの人びととの内面の経験は自分自身のそれと似ていると想像することができるかどうかは、生物学的に基礎づけられた能力にかかっているのである。たとえば、自閉症をわずらっている子どもは、顔の表情を感情の指標として解読することがきわめて困難であり、一般的にほかの人びとに主観的な精神状態があると考えることが困難である。自閉症は、要するに、ほかの人びとに共感することができないことによって特徴づけられるのである。(4)

一般に、だれもが早い年齢から共感を学ぶ。生物学は共感にかんする本質的な傾向を定めるが、それぞれの文化がそれぞれ特有のしかたで共感にかんする表現をかたちづくっている。共感は社会的相互作用をとおしてのみ発展するのであり、それゆえ、この相互作用の形態が共感をかたちづくるうえで大きな影響力をもっているのである。一八世紀において小説の読者は、みずからが共感しうる範囲を広げることを学んだ。読むことをとおして彼らは、貴族と平民、主人と召使い、男と女、ことによるとさらに大人と子どものあいだの伝統的な社会的境界をこえて共感した。その結果として彼らは、ほかの人びと——彼らが個人的に知らなかった人びと——を自分と同じようなものとして、同じような内面の感情をもつものとして見るようになったのである。このような学習過程なくしては、「平等」はなんら深い意味を、とりわけなんら政治的意味をもちえなかったであろう。天国における霊魂の平等は、この地上における平等の権利と同じものではない。一八世紀以前には、キリスト教徒たちは、後者を認めることなく前者を躊躇なく受けいれていたのである。

社会的境界をこえて他者と自己とを同一視する能力は、さまざまなかたちで獲得されたかもしれないし、小説を読むことがその唯一の方法だったと主張するつもりもない。しかしそれでも、小説を読むことは、ある特定の種類の小説——書簡体小説——が年代的には人権の誕生と一致しているという理由もあって、当面の問題にとくに関連があるようにみえる。書簡体小説は、一七六〇年代から一七八〇年代にかけてジャンルとして急増し、それから、やや不可解なことに一七九〇年代に消滅した。あらゆる種類の小説がその時期以前に出版されていたが、しかし小説は、一八世紀に、とりわけリチャードソンの『パミラ』が刊行された年である一七四〇年以後にジャンルとして出発したのである。フランスでは、一七〇一年には八点、一七五〇年には五二点、そして一七八九年には一一二点の新しい小説が刊行された。イギリスでは、新しい小説の数は、一八世紀の最初の一〇年間と一七六〇年代とのあいだで六倍に増加した。すなわち、一七七〇年代には毎年約三〇点、一七八〇年代には毎年四〇点、そして一七九〇年代には毎年七〇点の新しい小説が刊行されたのである。くわえて、より多くの人びとが読むことができるようになり、小説はいまやふつうの人びとを、愛や結婚、そして立身出世といった日常的問題に直面する中心的登場人物として大々的にとりあげていた。識字率は、大都市では男女を問わず召使いでさえ小説を読むほどまでに上昇した。もっとも、小説を読むことは当時下層階級においては一般的でなかったし、現在でもそうであるが。人口の八〇%もしめていたフランスの農民は、たとえ読むことができたにしても、ふつうは小説を読まなかったのである(5)。

こうした読者層の限定にもかかわらず、一八世紀の小説のふつうの男女の主人公は、ロビンソン・クルーソーやトム・ジョーンズからクラリッサ・ハーローとジュリ・デタンジュにいたるまで、ときには読むことができなかった人びとにとってさえ聞き慣れた名前となった。一七世紀の小説においてきわめて目立っていたドン・キホーテやクレーヴの奥方のような貴族の登場人物は、いまや召使いや船乗りや中産階級の女性にとって代わられたのである(スイスの小貴族の娘であるジュリでさえ、むしろ中産階級にみえる)。一八世紀において小説が驚くほど卓越した地位に昇りつめたことは、気づかれないではすまなかった。そして研究者たちは、何年にもわたってこの現象を、資本主義、進取の気性に富む中産階級、公共圏の成長、ジェンダー関係における変化、そしてナショナリズムの誕生にさえむすびつけてきた。小説の興隆の理由はどうであれ、わたしが関心をもっているのはその心理的効果であり、それらの心理的効果が人権の誕生とどのように関係しているかということである(6)。

小説が読者に登場人物との心理的同一化をうながすことを理解するために、わたしは、とくに影響力があった三つの書簡体小説に焦点をあてる。すなわち、ルソーの『ジュリ』と、イギリスにおけるルソーの先達であり、自他ともに認められたルソーの手本であるサミュエル・リチャードソンによるふたつの小説、『パミラ』(一七四〇年)と『クラリッサ』(一七四七―一七四八年)が、それである。わたしの議論は一八世紀の小説一般を対象としてふくむものとなりうるだろうし、したがって、小説を書いた多くの女性や、トム・ジョーンズやトリストラム・シャンディのような、たしかにそれぞれしかるべき関心をひきつけた男の登場人物をも考察することになろう。しかしわたしは、男によって書かれ、女の主人公を中心に展開する三つの小説である『ジュリ』『パミラ』『クラリッサ』に議論を集中することにした。それらの小説は、ここで追究される共感における変化をまったく独力でうみだしたのではなかった。しかしそれらの小説の受容をより詳細に検討することで、学習したばかりの共感が作動している様子があきらかになる。「小説 novel〔新奇な、新しい、が原義〕」――一八世紀の後半にのみ作家たちによって歓迎されたレッテル――のなにが新しかったのかを理解することは、特定の小説がその読者にどのように影響をあたえたのかを知るのに役立つのである。

書簡体小説においては、(のちの一九世紀の写実主義小説のように)小説の筋の外部や小説と離れたところに、唯一の作者の視点というものはない。つまり作者の視点は、小説の登場人物の手紙において表現された登場人物の見方なのである。リチャードソンやルソーが自分たちをそう呼んだように、手紙の「編集者」は、まさに彼らが作者であることが手紙のやりとりのなかで覆い隠されるがゆえに、生き生きとした現実感覚をうみだしたのだった。このことが、あたかも小説の登場人物は架空ではなく現実の人間であるかのように、登場人物との一体化の感覚の高まりを可能にしたのである。多くの同時代人がこの経験を、ある人びとは喜びと驚きをもって、ある人びとは懸念や、さらには嫌悪さえもって、論評したのだった。

リチャードソンとルソーの小説の刊行は、ただちにさまざまな反応――しかもそれらが最初に出版された国においてだけでなく――をうみだした。現在では聖職者であると知られている匿名のあるフランス人は、一七四二年に四二ページの手紙を公刊し、『パミラ』のフランス語訳がうけた「熱烈な」歓迎について詳細にのべている。「あなたがある家に入れば、かならず『パミラ』を目にしないわけにはいかない」と。この手紙の作者は、その小説は多くの欠点をかかえていると主張しているが、「わたしはそれをむさぼり読んだ」と告白している(「むさぼり食うような devouring」は、これらの小説を読むことを表現するためのもっとも一般的なメタファーとなった)。彼は、パミラの雇用主であるB氏の言い寄りにたいする彼女の抵抗を、まるで彼らが架空の登場人物というより現実の人間であるかのように記述している。彼はその小説の筋に巻きこまれている。パミラが危険な状態にあるとき、彼は恐怖で身震いし、B氏のような貴族の登場人物が貴族にふさわしくないかたちで行動するとき、怒りをおぼえるのだ。彼のことばの選択と語りのスタイルは、小説を読むことによってうみだされる感情的没頭の感覚をくりかえし強化するのである(7)。

手紙によって成りたっている小説は、その物語の形式のゆえに「登場人物」、つまり内面の自我をもった人間の内面の展開が容易になるため、そのような印象的な心理的効果をうみだしえたのである。たとえば、『パミラ』の初期の手紙のひとつにおいて、わたしたちの女主人公は、彼女の雇用主がどのように彼女を誘惑しようとしたのかを彼女の母親にたいしてこう説明している。

……二度か三度、おそろしいほどの熱意でわたしにキスをなさいました。――とうとう、わたしはぱっと身をひき離し、あずまやから出ようとしたのです。でもわたしは引き止められ、戸は閉められてしまいました。わたしは命を捨ててもよかったのです。すると、おまえにひどいことをするつもりはないよ、パミラ。怖がらなくていい、とおっしゃられたのです。ここに留まるわけにはまいりません、とわたしはいいました。すると、留まるわけにはいかないだって、おまえ、だれにむかってものをいっているのかわかっているのか、とおっしゃいました。わたしは恐れも敬意もいっさい打ち捨てて、いいました。もちろんわかっておりますとも、旦那様。――でも、わたしが召使いであることを忘れるのも無理はないと思うのです。旦那様が主人にふさわしいふるまいをお忘れになっているのですから。わたしはじつに悲しくてすすり泣き、叫びました。すると、なんと馬鹿なやつだ、おまえにひどいことをしたとでもいうのか、とおっしゃったのです。
――そのとおりです、旦那様、この世でもっともひどいことをなされました、とわたしは申しました。旦那様のおかげで、わたしは自分にふさわしいふるまいを忘れてしまいましたから、それにご自分の品位を落とし、かわいそうな召使いにあまりに身勝手なことをなされて、生まれつきの身分の違いをなくしてしまわれましたから、と。

わたしたちはこの手紙を母親とともに読んでいる。わたしたちとパミラ自身とのあいだに語り手はだれもいないし、じっさい引用符はまったくない。わたしたちは、パミラと一体化し、社会的隔たりが解消される可能性と彼女の自己制御への脅威とを、彼女とともに経験せざるをえないのである(8)(図2)。

この場面は多くの演劇的特質をもっており、パミラの母親にとっては書面というかたちで上演されているが、パミラが自分の内面の感情についてより長々と書くことができるために、劇の上演ともまたことなっている。小説のさらに後のほうで、彼女は、自分の逃亡計画が失敗したとき、自殺にかんする自分の考えについて一節を書くことになるだろう。対照的に、演劇では、内面の自我の展開についてそのようにいつまでも拘泥することはできないだろう。というのも、舞台では、自我の展開はふつうふるまいやせりふから推測しなければならないからである。何百ページもの小説であるからこそ、時間の経過とともに登場人物の性格を浮き彫りにすることができたのであり、しかも自我の内部という視点からそうすることができたのである。この小説の読者は、たんにパミラの行動を追うのではな

**図 2**　パミラの手紙のひとつを彼女の親に読み聞かせる B 氏
小説の出だしの場面のひとつで，B 氏はパミラのところにとつぜんやってきて，彼女が書いている手紙を見せるように要求する．書くことは彼女にとって，自律の手段である．画家も出版元も，小説の鍵となる場面に視覚表現を加えずにはいられなかった．オランダの画家ヤン・プントによるこの版画は，1744 年にアムステルダムで出版された初期のフランス語版(『パミラ』第 1 巻)に掲載された．ペンシルヴェニア大学貴重書・手稿図書館蔵．

く、彼女が手紙を書いていくにつれて彼女の個性の開花に参加するのだ。読者は、自分自身を彼女の友達や外部の観察者であると想像しながらでさえも、同時にパミラになることができるのである。

リチャードソンが『パミラ』(彼はそれを匿名で出版した)の原作者であることが一七四一年に知られるようになるやいなや、彼は、たいていは熱狂的な読者からだったが、手紙をもらいはじめた。彼の友人エアロン・ヒルはその小説を「信仰、育ちの良さ、思慮分別、人の良さ、機転、創造的空想、すばらしい思いつき、そして道義心の手本」だと称賛した。リチャードソンは一七四〇年一二月はじめにエアロン・ヒルの娘たちに一冊送っていたが、ヒルはただちにつぎのような返事を書きあげたのだった。「わたしはその小説を入手していらい、ほかの人びとにそれを読み聞かせ、ほかの人びとがわたしにそれをふたたび読んでくれるのを聞く以外のことは、なにもしていません。それ以外のことをしたいとも思わないのです。いったいどれほど長くこの状態がつづくかわかりませんが……その小説のおかげで一晩中空想にふけっています。ページというページが魔力をもっています。しかしそれは熱情と意味の魔力です」と。その本は読者に一種の魔法をかけたのだ。その物語――手紙のやりとり――は、読者が思いがけず我を忘れて一連の新しい経験に夢中になるようにさせたのである。(9)

ヒルと彼の娘たちは孤立していたのではなかった。『パミラ』熱はすぐにイギリスをのみこんだ。ある村では、B氏がとうとうパミラと結婚したというわさを聞いてすぐに住民たちが教会の鐘を鳴らした、といわれた。第二刷が一七四一年一月に(初版は一七四〇年一一月六日に出版されたばかりだった)、第三刷は三月に、第四刷は五月に、そして第五刷は九月に出版された。そのときまでに、ほかの人びとが原書にかんするパロディ、長々とした批評、詩、そして海賊版をすでに書いていた。

その後何年にもわたって、多くの演劇上の翻案、主要場面にかんする絵画や版画が、それらにつづくことになった。一七四四年には、フランス語版がローマ・カトリック教会の禁書目録に載るまでになった。そしてそこにはすぐに、ルソーの『ジュリ』が、他の多くの啓蒙思想の著作とともにくわえられることになる。そのような小説のなかに、ヒルが見るべきものと主張した「道義心」や「信仰の手本」を見いだした者は、だれもいなかったのである。(10)

リチャードソンが一七四七年一二月に『クラリッサ』を刊行しはじめたとき、期待は高かった。その作品(全部で七巻からなり、それぞれが三〇〇ページから四〇〇ページ以上におよぶものだった)の最後の数巻が一七四八年一二月に出版されるまでに、リチャードソンはその作品がハッピーエンドで終わることを彼にもとめる手紙をすでに受けとっていた。クラリッサは、自分自身の家族によって勧められたいやでたまらない求婚者から逃れるため、放蕩者のラヴレースとともに逃亡する。彼女はそれからラヴレースを拒絶しなければならないが、ラヴレースはクラリッサに薬を飲ませてとうとう強姦してしまう。後悔の気持ちからのラヴレースによる結婚の申し出やクラリッサ自身の彼への感情にもかかわらず、クラリッサは自殺する。彼女の徳＝貞操と自我感覚にこの放蕩者がくわえた暴行によって、心を傷つけられたからだ。ドロシー・ブラッドシャイ夫人は、問題の死の場面を読んだときの自分の反応を、リチャードソンにこう書いた。「わたしの心は奇妙な感覚におそわれ、わたしの眠りはじゃまされ、夜目覚めるととつぜん激情にかられて泣き叫んでいます。今朝の朝食のときもそうでしたし、たったいまもまたそうでした」。詩人のトーマス・エドワーズは、一七四九年一月に、「そのいとしい女性にたいして感じたほどはげしい悲痛を人生で感じたことはけっしてなかった」と書き、それより前のところでは「聖なるクラリッサ」と呼んだ。[11]

『クラリッサ』は、一般公衆にたいしてよりもインテリ読者にたいしてアピールした。にもかかわらず、それは、出版後の一三年間で五度版をかさね、すぐにフランス語(一七五一年)、ドイツ語(一七五二年)、オランダ語(一七五五年)に翻訳された。一七四〇年から一七六〇年までを対象になされたフランス人の個人蔵書にかんする研究は、『パミラ』と『クラリッサ』が蔵書にもっともおおく見いだされた三冊のイギリス小説のなかの二冊であった(ヘンリー・フィールディングの『トム・ジョーンズ』が残りの一冊だった)ことをしめした。『クラリッサ』の長さにうんざりした読者もいたことはたしかだった。そして手書きの原稿三〇冊が印刷に回される前でさえも、リチャードソンはその長さに気をもみ、その一部を削除しようとした。あるパリの文芸通信は、フランス語の翻訳を読んで相反する判断をくだした。「この本を読んだとき、もっとも強烈な喜びともっともひどい退屈という、けっしてふつうではないことをわたしは経験した」と。それにもかかわらず二年後、その通信への別の寄稿者は、あれほど多くの個性をあたえられた登場人物をうみだしたリチャードソンの天才は、『クラリッサ』を「これまで人の手でうみだされた、おそらくもっとも驚くべき作品」にした、と言明した。[12]

ルソーは自分の小説がリチャードソンの小説よりもすぐれていると確信していたが、それでもなお、『クラリッサ』を自分の小説以外の小説のなかでは最良のものと位置づけた。「これまでだれも、どんな言語でも、『クラリッサ』に匹敵する小説を書いたことはなかったし、それに近づく小説さえ書いたことはなかった」と。『クラリッサ』と『ジュリ』との比較は、まさに一八世紀をとおしてつづいた。フランス革命期の大臣の妻でありジロンド派の非公式の協力者であったジャンヌ・マリ・ロランは、一七八九年にある友人に、自分は毎年ルソーの小説を読み返すが、しかしやはりリチャードソンの作品は完璧の極致だと考えていると告白した。『クラリッサ』との比較に耐えうる小説を提供する人は、この世にはおりません。それはそのジャンルの傑作であり、あらゆる模倣者の手本となるものであり、彼らを絶望させるものです(13)」。

男も女もひとしく、これらの小説における女主人公と一体感をいだいた。ルソー宛の手紙から、男たちは、軍隊の将校でさえ、ジュリにたいして熱烈に反応したことをわたしたちは知っている。ルイ・フランソワという名前の退役将校は、ルソーにこう手紙を書いた。「あなたのおかげで、わたしは彼女に夢中になってしまいました。それにしても彼女の死によってわたしが流さざるをえなかった涙を想像してみてください。……わたしは、これまであれほど快い涙を流したことはけっしてありませんでした。あの読書はわたしにじつに強烈な感銘をあたえ、あの至福の瞬間に喜んで死んでもいいと思ったくらいです」。読者のなかには、小説の女主人公と自分を同一視したことをはっきりと認めた人もいた。のちに有名な出版業者となるC・J・パンクークは、「ジュリの感情の清らかさがわたしの心を通りすぎるのを感じた」とルソーに語った。共感に通じる心理的同一化が、ジェンダーの境界をこえておこったことはあきらかだった。ルソーの男性読者は、ジュリがあきらめざるをえない恋人のサン＝プルーと自分を同一視しなかっただけではなく、彼女のつまらない夫であるヴォルマールや、暴君的な父であるデタンジュ男爵に共感を覚えることははるかにすくなかった。女性読者のように、男も自分をジュリ自身と同一視した。恋情を克服し、有徳な人生をおくろうとする彼女の闘いは、彼らの闘いとなったのである(14)。

したがって書簡体小説は、まさにその形式によって、個人としての存在は「内面性」（内面の核をもつこと）の特質にかかっていることをしめすことができた。というのも、書簡体小説の登場人物たちは、手紙において自分の内面の感情を表明しているからである。くわえて書簡体小説は、あらゆる個人はこの内面性をもっており（登場人物の多くが手紙を書いている）、したがって、内面性をもっているという点ですべて似ているがゆえに、あらゆる個人はある意味で相等しいということをしめした。手紙のやりとりによって、たとえば女召使いであるパミラは、虐げられた人びとの典型というより、むしろ誇り高い自律性や個性のモデルに転化する。パミラのように、クラリッサやジュリは、個性それじたいを表象するようになる。そして読者は、自分自身が、そして自分以外のあらゆる個人が内面性をもちうるのだということをより意識するようになるのである。(15)

いうまでもないが、これらの小説を読んでいるとき、だれもがおなじ感情を経験したわけではなかった。イギリスの小説家で機知に富むホレス・ウォルポールはリチャードソンの「退屈な哀歌」をあざけって、「それは書籍販売人によってつくられた上流社会の生活の描写であり、メソジスト派の教師によって精神的意味をあたえられるような作り話だ」とのべた。しかしそれでも多くの人びとはすぐに、リチャードソンとルソーが文化の琴線にふれたと感じた。『クラリッサ』の最後の数巻の出版からちょうど一カ月後、リチャードソンの偉大なライヴァルの妹で自分自身も成功した小説家であったセアラ・フィールディングが、その小説を擁護する五六ページのパンフレットを匿名で公表した。彼女の兄ヘンリーは『パミラ』の最初のパロディのひとつ『シャミラ・アンドルーズ夫人の人生の擁護。『パミラ』という名前の本の多くのうそや誤りの暴露と論駁』（一七四一年）を出版していたが、セアラはリチャードソンと良き友人となった。そしてリチャードソンは、彼女の小説のひとつを印刷して出版した〔リチャードソンはロンドンで出版業を営んでいた〕。彼女の小説の主人公のひとりクラーク氏は、リチャードソンのおかげでうまい具合に幻想の網の目に引き込まれてしまったので、「わたしとしては、まるで自分の幼少時から知っていたかのように、ハーロー家〔クラリッサの一族〕の人びとみなとすごく懇意であるような気がする」と主張している。別の登場人物であるギブソン嬢は、リチャードソンの文学的技巧の効力をこう強調している。「実のところ、おわかりのように、このように語られた物語はゆっくりとしか進行しないので、小説全体を厳密に注意して読むような人によってしか、その登場人物は理解されないのです。しかしそれでも作者は、彼自身そう呼ぶ現在形で、しかも一人称で書くことによって、一筆一筆がただちに読者の心にしみこむという利点を獲得しているのです。そうしてわたしたちは彼が描写するすべての悲嘆を感じるのです。わたしたちはクラリッサに同情して泣くだけではなく、彼女とともに泣くのです。そして彼女の悲嘆のすべてをとおして、しだいに彼女とともに歩むようになるのです(16)」。

著名なスイスの生理学者で文学研究者のアルブレヒト・フォン・ハーラーは、一七四九年に『ジェントルマンズ・マガジン』において匿名で『クラリッサ』評を発表した。フォン・ハーラーは、リチャードソンの独創性というやっかいな問題を把握しようとやっきになった。フォン・ハーラーは『クラリッサ』以前のフランスの小説にかんする多くの美点を評価していたが、それらの小説が「一般にせいぜい有名人の華々しい活動の描写しか」提供しなかったのにたいして、リチャードソンの小説においては、「わたしたち自身とおなじような人生を生きる」登場人物を目にする、とつよく主張した。

このスイス人の著者は書簡体形式に細心の注意をはらった。あらゆる登場人物が自分の心奥の感情や考えをすべて書きとめることに時間を費やそうとするということを信じるのは、読者にはむずかしいかもしれないが、書簡体小説は、個々の登場人物の正確な像を詳細に描きだし、それによってハーラーが同情と名づけるものを喚起することができるというのである。「悲痛なことが〔『クラリッサ』に〕匹敵する迫力でしめされたことは、これまでけっしてなかった。もっとも強情で鈍感な気質の人びとでさえ、クラリッサの死や苦しみ、そして彼女の悲しみに同情し、涙を流すようになる無数の事例から、そのことは明白である」。そして彼は、「いかなる言語においても、〔『クラリッサ』の〕競争相手といえるほどのできばえの作品をわたしたちは読んだことがなかった」と結論づけたのである。(17)

## 堕落か、向上か

同時代の人びとは、自分自身の経験から、これらの小説を読むことはたんに心だけでなく身体にも影響があることを知っていた。しかし彼らは、その影響が何をもたらすかについては意見が一致しなかった。カトリックとプロテスタントの聖職者たちは、猥褻や性的誘惑、そして道徳的堕落への潜在的危険性を非難した。はやくも一七三四年には、自分自身がソルボンヌで教育をうけた聖職者であるニコラ・ラングレ゠デュフレノワが、偽名でではあるが、自分の同僚にたいして小説を擁護することが必要だと考えた。彼は、「あまりにも強烈であまりにも明白な感情をわれわれのうちにひきおこす刺し傷のような」小説を当局が禁止する原因となった〔小説への〕異議申し立てにいちいち執拗に論駁した。彼は、小説がどのような時代においても独自であったことを強調し、「あらゆる時代において軽信と愛と女性が支配していた。したがってあらゆる時代において小説は関心をもたれ、熟読玩味されてきたのだ」と認めた。そして彼は、小説を完全に出版禁止にしようとするよりもむしろ、小説を有用なものにすることに関心を集中するほうが良いであろうと示唆したのである。(18)

小説への攻撃は、一八世紀なかばに小説の出版点数が急増したときにもやまなかった。一七五五年に、もうひとりのカトリックの聖職者アルマン＝ピエール・ジャカン師は四〇〇ページの著作を書いて、小説を読むことが道徳と宗教、そして社会秩序のあらゆる原理を掘り崩すことをしめした。「これらの作品をひもといてみなさい。そうすれば、それらのほとんどすべてに、神と人間の正義の権利が冒瀆され、子どもにたいする親の権威が軽蔑され、結婚や友情の神聖な絆が破られるのがみられるだろう」と彼はつよく主張した。危険はまさに人をひきつける小説の力にあった。つまり、つねに愛の魅力をくりかえし訴える小説によって、読者は自分の最悪の衝動にもとづいて行動し、親や教会の助言を拒否し、共同体による道徳的非難を無視するようにうながされるというのだった。ジャカンが提供しえた唯一の安心材料は、小説には持続力が欠けているということだった。読者は小説を一度目はむさぼり読むかもしれないが、しかしそれをふたたび読むことはけっしてないだろうというのである。「『パミラ』という小説はすぐに忘れ去られるだろうと予言したわたしは、まちがっていただろうか。……『トム・ジョーンズ』や『クラリッサ』にかんしても三年以内におなじことになるだろう」。(19)

同様の不満は、イギリスのプロテスタントの文筆からも生まれた。牧師のヴァイスジマス・ノックスは一七七九年に、小説は退廃的で犯罪的な喜びであり、若者の心をよりまじめで啓発的な読書からそらしてしまうと公式に主張したとき、何十もの消えやらぬ不安を要約してしめした。イギリスにおける小説の急増は、フランスの自由思考の習慣をばらまくのに役だっただけであり、現在の腐敗を説明するものでしかなかった。ノックスは、リチャードソンの小説が「もっとも純粋な意図」をもって書かれたことは認めた。しかし作者は特定の場面を不可避的にくわしく語り、徳とは両立しえない感情を刺激したのだ。その小説を軽蔑したのは聖職者だけではなかった。一七七一年の『レディズ・マガジン』のなかのある押韻詩も、ひろく共有された見方を要約していた。

パミラという名の女にだって、
べつだん馴染みがあるわけでない、
小説が大嫌いだから、
わたしの心は堕落していない。

多くの道徳家は、小説がとくに召使いと若い女性の心に不満の種をまくことを恐れた。(20)
スイスの医者サミュエル＝オーギュスト・ティソは、小説を読むことを自慰行為とむすびつけた。それは肉体的、精神的、道徳的堕落につながると考えたからである。肉体は自然に衰える傾向があるが、自慰行為は男女どちらにおいてもこのプロセスを促進すると信じたのである。「わたしがいえることは、怠惰、無気力、あまりに長くベッドにとどまること、あまりに柔らかいベッド、豪華で、スパイスが効き、塩辛く、ワインがいっぱいの食事、信用できない友人、そしてみだらな書物は、そうした行きすぎた行為にきわめてつながりやすい原因だということだけである」。「みだらな」ということばによって、ティソはあからさまにポルノを意味したわけではなかった。一八世紀においては、「みだらな」は、性愛を刺激する傾向をもつあらゆるものを意味したが、はるかにいかがわしい「猥褻」とは区別されていたのである。恋愛にかんする小説——一八世紀の小説の大部分は恋愛についての物語を語ったのだが——は、みだらなものというカテゴリーに容易におちいった。イギリスでは、寄宿学校の少女たちは、そのような「不道徳で不快な」書物を入手し、ベッドで読むことができるがゆえに、とくに危険にさらされているように思われた。[21]

聖職者と医者はこうして、小説を読むことを喪失——時間、生命に必要な体液、信仰、そして道義心の喪失——という観点から見るという点で一致していた。読者は、きわめて残念なことに小説における登場人物の行動をまねるのだ、と彼らは決めてかかった。たとえば、『クラリッサ』の女性読者ならば、家族の意向を無視し、自分をいやおうなしに破滅へと導くことになるラヴレースのような放蕩者といっしょに逃亡することに、クラリッサとおなじく同意することになるだろうというのだ。匿名のあるイギリスの批評家は、一七九二年にもまだ、「小説の増加は、売春の増加、王国のさまざまな地方で耳にする多くの姦通や駆け落ちを説明する助けとなろう」と主張することができた。こうした見方によれば、小説は、肉体に過剰な刺激をあたえ、道徳的に疑わしい自己陶酔をうながし、家族や道徳や宗教の権威に有害な行動をひきおこすものだったのである。[22]

リチャードソンとルソーは、小説とむすびついた悪評を回避しうるように、自分は作家よりもむしろ編集者であると称した。リチャードソンが『パミラ』を出版したとき、彼はそれに小説として言及することはけっしてなかった。その初版の無削除の完全なタイトルは、あまりにも多くのことを主張する典型である。すなわちそのタイトルは、『パミラ。あるいは報いられた徳。美しく若い女性からその親に宛てられた一連の親密な手紙において。男女の若者の心に徳と信仰の原理を培うためにここにはじめて公刊される。真実と自然に基礎をおいた物語。そして同時に好奇心をそそる感動的なさまざまな出来事によって快く人を楽しませ、娯楽のためだけに意図されたあまりにも多くの作品とはことなり、教育されるべき人びとの心を興奮させがちなあらゆる描写は全面的に削除されている物語』であった。「編集者が書いた」リチャードソンのはしがきは、道徳的な観点から「以下の手紙」の公表を正当化している。つまり、それらの手紙は、若者の心を教育して改善し、信仰と道義心を植えつけ、悪徳を「それ本来の色で」描くであろう、などと(23)。

ルソーもまた自分自身のことを編集者と呼んだが、彼は自分の作品をあきらかに小説と考えていた。『ジュリ』のはしがきの最初の文で、ルソーは、小説をよく知られている彼の劇場批判とこうむすびつけた。「大都市には劇場が必要であり、堕落した人びとには小説が必要である」と。これでは警告が十分ではないかのように、ルソーはまた、「編集者と文人とのあいだで交わされた小説をめぐる会話」からなるはしがきを用意した。そのなかで、「R」「ルソー」という登場人物は、小説が想像力をかきたてて道徳にそぐわない欲求をうみだすのだという、小説にたいするありふれた非難のすべてを並べたてている。

小説は人びとの心を乱すという不満が聞かれる。わたしもまったくそのとおりだと思う。小説は、読者の目の前に自分自身とはちがう身分の魅力とされるものをたえずしめすことによって、読者をそそのかし、読者が自身の身分を軽蔑的に見るようにさせ、自分の身分を〔小説の登場人物によって〕魅惑されるにいたった身分と想像のなかで交換するようにうながすのである。あるがままの自分とはちがうものになろうとして、わたしたちは、自分自身があるがままの自分とはちがうものだと信じるようになる。これは精神錯乱への道だ。

しかしそれでもルソーはつぎに、読者に小説を提供することにとりかかった。彼は敢然と挑戦することさえした。小説を書いたということでわたしを批判しようとする人がいるなら、わたし以外のこの世のだれにたいしてもそういわせておきなさい、とルソーはいう。わたしとしては、そのような人をけっして尊敬することができない。この本はほとんどあらゆる人びとを憤慨させるかもしれない、とルソーは喜んで認めるが、しかしそれはすくなくとも、たんに気の抜けた喜びをあたえることはしない。ルソーは、読者がはげしく反応してくれることを全面的に期待していたのである(24)。

リチャードソン自身やルソー自身が評判を心配していたにもかかわらず、小説の働きにかんしてはるかに積極的な見解をすでに展開しはじめた批評家もいた。すでにリチャードソンを擁護するなかで、セアラ・フィールディングとフォン・ハーラーは、『クラリッサ』を読むことによって刺激される共感や同情に人の注意をひいていた。この新しい見方においては、小説は、読者をただ自己陶酔にみちびくよりはむしろ、読者を他の人びとにたいしてより同情的にする、したがってより不道徳ではなくより道徳的にすると考えられた。小説のもっとも明確な擁護者のひとりは、『百科全書』の自然権にかんする項目の筆者であり、自分自身も小説家であるディドロだった。一七六一年にリチャードソンが死んだとき、ディドロは、リチャードソンを、モーセ、ホメロス、エウリピデス、ソフォクレスという古典古代のもっとも偉大な作家たちと比較した頌辞を書いた。もっとも、ディドロは、読者が小説の世界に没入することについてくわしく論じた。「あらゆる警戒にもかかわらず、読者は彼の作品のなかである役割をしめ、会話に投げ込まれ、賛成し、非難し、賞賛し、いらだち、怒りを感じる。はじめて劇場に連れていかれた子どもたちにおこるように、わたしは何度驚いてこう叫んだことか。「信じちゃいけない。彼は読者をだまそうとしている。……そこまでいったら、自分を見失うよ」と」。リチャードソンの物語は読者がその場に居合わせているかのような印象をうみだすことを、ディドロはみとめている。しかもこれは、遠く離れた国でもなく、エキゾチックな場所でもなく、おとぎ話でもなく、読者の世界なのだ。「彼の登場人物はふつうの社会からとられている。……彼が描きだす熱情は、わたしがわたし自身のなかに感じる熱情なのである(25)」。

ディドロは、「同一視」とか「共感」という用語をもちいていないが、しかし彼は、それらの感情状態にかんする魅力的な記述をじっさいに提供している。読者は登場人物のなかに自分自身をみとめ、小説の筋のただなかに一気に入り込み、登場人物が感じているのと同じ感情をいだくのだ、とディドロもみとめている。要するに、読者は、自分自身ではなく、(読者の家族などとはちがって)読者にはけっして直接に近づくことができないが、想像の上では自分自身と重ねることもできる人に共感することを学ぶのである。それこそ、同一視における重要な要素であった。このプロセスは、なぜパンクークがルソーに、「わたしは、ジュリの感情の清らかさがわたしの心を通りすぎるのを感じた」と手紙を書いたのかを説明している。

共感は他者と自己との同一視にかかっている。ディドロは、リチャードソンの語りの技量によって不可抗力的にこの経験にひきこまれるのだと考える。それは、一種の感情教育の温床である。「二、三時間のあいだに、わたしは、もっとも長い人生の全生涯をかけてもほとんど提供しえないほどのきわめて多くの情況を経験した。……わたしは経験を獲得したと感じた」。ディドロはじっさい〔小説の登場人物と〕一体化してしまい、小説の最後でとり残されたと感じる。「わたしは、長いあいだ密接に関わり合い、いっしょに生活してきて、いまや別れようとしている人びとが感じるのと同じ感覚をいだいた。小説の最後で、とつぜんわたしは、ひとりとり残されたように思えた」(26)。

ディドロは、小説の筋の展開のなかで自分自身を見失うと同時に、小説を読むなかで自分自身をとりもどした。彼は以前よりももっと、自分の自我が他と分離しているという感覚をいだく――彼はいまやひとりぼっちだと感じる――が、しかし同時に、ほかの人びともまた自我をもっているのだという感覚を以前よりもつよくいだく。いいかえれば、彼は、人権にとって必要であり、彼自身「内面の感情」と呼んだものを獲得するのだ。さらにディドロは、小説の影響は無意識のものだと理解する。「読者は自分ではわからないほど衝動的に善にひきこまれると感じる。不正に直面するとき、読者は自分自身にもどう説明したらよいのかわからない嫌悪を経験する」。小説は、その影響力を、あからさまな道徳的教化をとおしてではなく、物語への没入のプロセスをとおして行使したのである(27)。

小説を読むことは、ケイムズ卿ヘンリー・ホームの『批評原論』(一七六二年)において、もっとも真剣な哲学的論議の対象となった。このスコットランドの法律家にして哲学者は、その作品において小説そのものを論じたのではなかった。彼がじっさい論じたのは、小説一般が一種の「想像上の立ち会い ideal presence」や「白昼夢」をつくりだし、そこでは読者が、描写された場面に入りこんだかのように想像するということであった。ケイムズは、この「想像上の立ち会い」を恍惚状態として記述した。小説の読者は「一種の夢想のなかに投げこまれ」、「自我感覚や自分がいま本を読んでいるのだという感覚をうしない、まさに自分が目撃者であるかのように、あらゆる出来事は自分が立ち会っているなかでおこっていると思うのだ」。ケイムズにとってもっとも重要なことは、この変換が道義心を育てることである。「想像上の立ち会い」によって、社会の絆を強化する感情が読者になじみぶかいものとなるのだ。こうして個々人は自分の私的利害から引き出され、「寛大で善意にみちた行動」をおこなうように動機づけられる。「想像上の立ち会い」とは、エアロン・ヒルのいう「感情と意味の魔法」を意味する別の用語だったのである。(28)

トマス・ジェファソンは、あきらかにそのような見方を共有していた。ジェファソンの妻の異母妹と結婚したロバート・スキップウィズが一七七一年にジェファソンに手紙を書き、推薦書のリストをもとめたとき、ジェファソンは政治学、宗教、法学、科学、哲学、歴史における古今の多くの古典をすすめた。ケイムズの『批評原論』はそのリストに載っていたが、しかしジェファソンはそのリストを、詩と演劇と小説からはじめており、そのなかには、ローレンス・スターン、ヘンリー・フィールディング、ジャン゠フランソワ・マルモンテル、オリヴァー・ゴールドスミス、そしてルソーのそれがふくまれていた。この読書リストに付された手紙においてジェファソンは、「小説の楽しみ」についていっそう雄弁に語っている。ケイムズのように彼は、小説によって善行の原理とともに実践を心に刻みつけることができることを強調した。シェークスピアやマルモンテル、そしてスターンの名前を引用しながら、ジェファソンは、そのような作品を読むことによって、わたしたちは「自分自身のうちに慈愛にみち感謝をしめす行為をおこなおうとする強烈な欲求」を経験し、逆に、邪悪な行為や不道徳なふるまいに嫌悪を感じるのだと説明した。小説は歴史書を読むことよりもはるかに効果的に道徳的な模倣への欲求をうみだす、と彼は主張したのである(29)。

小説にかんするこのような見解の対立において結局のところ問題となっているのは、倫理観の基礎として世俗の日常生活の価値をみとめるかどうかということにほかならなかった。小説を読むことにたいする批判者の見解では、小説の女主人公への同情は個人における最悪なもの(不法な欲求や過度の自尊心)を助長するものであり、世俗的世界の取りかえしがつかない堕落をしめすものであった。対照的に、共感による徳化という新しい見解の支持者にとっては、そのような同一視は、感情の刺激をつうじて個人の内面性を変容させ、より倫理的な社会をつくりだす助けとなりうることをしめすものであった。彼らは、人間の内面性は社会的・政治的権威の基礎を提供するのだと信じたのである(30)。

こうして小説によってあたえられた魔法の魅力は、その影響力という点で広範囲におよぶものであることが判明した。小説の支持者たちはさほどはっきりとはいわなかったが、リチャードソンやルソーのような作家が宗教的経験の一種の代用として、読者を日常生活へと現に引き込んでいることを理解していた。読者は、日常的なものの感情的強烈さと、自分たちのような人間がみずから倫理的世界をつくりだす能力とを理解するようになった。人権は、これらの感情によって種をまかれた苗床から成長したのである。人権は、人びとが他の人びとを自分と同等のもの、根本的に自分と似ているものと考えるようになったときにはじめて、開花しえたのだった。彼らは、すくなくとも部分的には、小説におけるふつうの登場人物との一体感を経験したことによってこの同等性を学んだのである。これらの登場人物は、結局のところ架空のものであっても、目をみはるほど存在感があり、なじみ深いようにみえたのであった。[31]

## 女性の奇妙な運命

ここで取りあげた三つの小説における心理的同一化の焦点となっているのは、男性作家によってつくりだされた若い女性の登場人物である。いうまでもないことだが、男性の登場人物との同一視もまた生じた。たとえば、ジェファソンは、スターンの『トリストラム・シャンディ』(一七五九―一七六七年)と『センチメンタル・ジャーニー』(一七六八年)におけるスターンの分身ヨリックの人生の浮き沈みを熱心に追った。女性作家もまた、男女双方の読者のなかに熱狂的ファンをもっていた。フランスの刑法改革家で奴隷制廃止論者であるジャック゠ピエール・ブリソはルソーの『ジュリ』をよく引用したが、彼のお気に入りのイギリスの小説は、ファニー・バーニーの『セシリア』(一七八二年)だった。もっとも、バーニーの例が裏付けているように、女性の登場人物が最上の位置をしめていた。[32] つまり彼女の三つの小説はすべて、それぞれ特徴的な女主人公の名前をタイトルとしていたのである(他の二作は『エヴリーナ』と『カミラ』)。

女主人公たちは、自律の追求がけっしてじゅうぶんに成功しえなかったがゆえに、人の注意をつよくひきつけた。女性たちは、父や夫とは別個の法的権利をほとんどもっていなかった。読者は、女主人公が不可避的に直面するあらゆる束縛をただちに理解しえたがゆえに、そのような女性の独立の追求をとりわけ悲痛に思ったのである。パミラは幸福な結末でB氏と結婚し、彼女の自由にふくまれる暗黙の限界を受けいれる。それと対照的に、クラリッサは、ラヴレースに強姦されたあとで彼と結婚するよりもむしろ自殺を選択する。ジュリは、父によって自分が愛する男をむりやりあきらめさせられるのを受け入れるようにみえるが、彼女もまた最終局面で自殺する。

現代の批評家のなかには、これらの物語のなかにマゾヒズムや殉教をみた人もいたが、同時代の人びとは別の特性を見ることができた。男女の読者はともに、女性たちがそれだけの意志、それだけの個性をみせたがゆえに、これらの登場人物と自分を同一視したのである。読者は、たんに女主人公を助けようと思ったのではなかった。彼らは、彼女たちのように、その悲劇的な死にもかかわらずクラリッサやジュリのようにさえ、なりたかったのである。ここでとりあげた三つの小説における筋の運びのほとんどすべては、女性の意志、ふつうは親や社会による拘束にはげしく衝突する意志のさまざまな表現をめぐって展開する。パミラは自分の貞節感覚や自我感覚を維持するためにB氏に抵抗しなければならず、その抵抗は結局のところ彼を説きふせる。クラリッサは家族、それからラヴレースにたいしてほとんど同じ理由で断固とした態度をしめし、最終的にラヴレースは自暴自棄になってクラリッサと結婚しようとするが、この申し出を彼女は拒絶する。ジュリはサン゠プルーをあきらめ、ヴォルマールとの人生を選ばなければならなくなるが、しかしこの闘いは、完全に彼女の闘いである。男のそれぞれの小説において、あらゆることが女主人公の独立への欲求へと回帰しているのである。男の登場人物の行動は、この女性の意志を際だたせるのに役立っているにすぎない。それらの女主人公に共感する読者は、あらゆる人間は——女性でさえも——より大きな自律を熱望することを知った。そして彼らは、そのような闘いに必然的にともなう心理的苦労を、想像の上で経験したのである。

一八世紀の小説は、自律にたいするより深い文化的関心を反映していた。啓蒙主義の哲学者は、自分たちは一八世紀においてこの領域で顕著な前進を実現したとかたく信じていた。彼らが自由について語ったとき、それが意見を表明する自由であれ、自分が選択した宗教を実践することであれ、あるいはルソーによる教育の手引き書『エミール』(一七六二年)の教えにしたがって男の子どもたちに教えられる独立であれ、自由は個人の自律を意味した。自律の獲得をめぐる啓蒙の物語は、イマヌエル・カントの一七八四年の論文「啓蒙とはなにか」においてその頂点に到達した。彼が啓蒙を「人間がみずから招いた未成年状態から抜け出ること」と定義したのは有名である。さらに彼はつづけて、未成年状態とは「他人の指導がなければ自分自身の悟性をもちいることができないことである」とのべている。カントにとって、啓蒙は知的自律を、自分で考えることができる能力を、意味していたのである。(33)

啓蒙運動による個人の自律の強調は、フーゴ・グロティウスやジョン・ロックによって開始された一七世紀の政治思想の革命から芽生えた。彼らは、他の自律的な個人と社会契約をむすぶ自律的な男性が正当な政治的権威の唯一可能な基礎である、と主張したのである。神権や聖書、そして歴史によって正当化されていた権威が、自律的な人間どうしの契約によってとって代わられなければならないとすれば、男の子どもたちは自分で考えることを教えられねばならなかった。ロックとルソーによってかたちづくられ、大きな影響力をもった教育理論は、それゆえ、処罰をとおして従属を強制することから、独立の主要な手段としての理性を注意ぶかく教化することへと、強調点を移した。ロックは、この新しい実践の意味を『教育にかんする考察』(一六九三年)においてこう説明した。「われわれは、子どもたちを、大人になったときには、われわれ自身と等しい存在と考えなくてはならない。……われわれは合理的な被造物であると思われたいし、自分たちの自由をもちたい。われわれは、のべつ幕なしに譴責され威圧されて不快になることを好まない」と。ロックが認めたように、政治的・知的自律は、子どもたち(彼の場合は男女双方の子どもたち)を新しい性向へと教育することにかかっていた。自律は、ただたんに新しい観念だけでなく、世界にたいする新しい関係をも要請したのである。(34)

自分で考えを決定することは、したがって、哲学的変化とともに心理的・政治的変化を必要とした。『エミール』においてルソーは、母親たちに、子どもと外界のあらゆる社会的・政治的圧力とのあいだに心理的壁を設けるよう要求した。彼は、「あなたの子どもの心のまわりに囲いをはやく設置しなさい」とつよく勧めた。イギリスの説教師で政治的パンフレット作者であったリチャード・プライスは、一七七六年にアメリカの植民地開拓を支持する文章を書き、自由の四つの一般的側面のうちのひとつは身体的自由であり、「自発的行動＝自発性 Spontaneity の原則、あるいは自決＝自己決定 Self-determination の原則が、われわれを行為主体とするのである」と強調した。彼にとって、自由は自己決定や自治と同義であり、この事例においては政治的メタファーが心理的メタファーを連想させるが、しかしこのふたつは密接に関連していたのである。(35)

啓蒙運動によって影響をうけた改革家たちは、ルソーが勧めたように、身体を保護したり心を囲い込んだりすること以上のことをしようとした。彼らは、個人の意志決定の範囲を拡大することを要求したのである。家族にかんするフランス革命期の法は、自立に課されていた伝統的制約についての懸念の大きさを例証している。一七九〇年三月に新しい国民議会は、最初にうまれた男子に特別に相続権をあたえる長子相続権と、家族が審問なしで子どもたちを投獄することを可能にした悪名高い「封印状」とを廃止した。同年八月には、議員たちは、父親に子どもにたいする排他的支配を許容するよりもむしろ、親と二〇歳までの子どもとの争いを聴取するための家族協議会を設置した。一七九一年四月には議会は、あらゆる子どもは男女を問わず平等に遺産を相続しなくてはならないと法令でさだめた。それから一七九二年八月と九月には、議員たちは、成人年齢を二五歳から二一歳に下げ、成人は父の権威にもはや従わなくてもよいと宣言し、フランス史上はじめて離婚を制度化して、同一の法的根拠にもとづいて男も女も離婚ができるようにした。要するに、革命家たちは、個人の自律の境界を押し広げるためにできるすべてのことをしたのである(36)。

イギリスとその北米植民地では、より大きな自律への欲求は、すくなくともアメリカ独立革命以前には、法律においてよりも自伝や小説のなかに容易にたどることができる。じっさい、一七五三年に、結婚法は、イギリスにおける二一歳以下の人びとの結婚を、父親か後見人の同意がないかぎり不法とした。父権のこのような再確認にもかかわらず、妻にたいする夫の、子どもにたいする父親の旧式の家父長的支配は、一八世紀には衰えていった。ダニエル・デフォーの『ロビンソン・クルーソー』(一七一九年)からベンジャミン・フランクリンの『自伝』(一七七一年から一七八八年にかけて書かれた)にいたるまで、イギリスとアメリカの作家たちは、自立を重要な徳として称賛した。難破船の船乗りにかんするデフォーの小説は、ひとりの男がどのようにして独りでやっていくことができるようになるのかについての手引きを提供した。したがって、ルソーがデフォーの小説を若いエミールにとっての必読書としたことや、『ロビンソン・クルーソー』が、まさに独立の危機が芽生えてゆくまっただなかで、一七七四年にアメリカ植民地で最初に出版されたことは、けっして驚くべきことではない。『ロビンソン・クルーソー』は、アメリカ植民地における一七七五年のベストセラーのひとつであり、それに匹敵するのはわずかにチェスターフィールド卿の『息子への手紙』とジョン・グレゴリーの『娘たちへの遺産』だけであって、それらは少年・少女のための教育にかんするロックの見解を通俗化したものであった(37)。

現実の人びとの生活も、よりためらいがちであったが、同じ方向に動いた。若者たちは、結婚を自分自身で選択することをますます望むようになった。もちろん、(たとえば『クラリッサ』のように)この点をめぐって筋が展開する小説の多くにみられたように、家族は彼らにいぜんとして大きな圧力をくわえていたのだが。子育ての実践もまた、微妙な心構えの変化をしめす。イギリス人はフランス人よりも先に、幼児を産着でくるむことをやめた(フランス人にそうした習慣をやめる気にさせたという点では、ルソーにおおいに功績を認めることができる)。しかし学校において少年たちをたたくことは、フランス人よりも長く維持した。一七五〇年代までにイギリスの貴族の家庭は、子どもを導き支えるために手引きひもを使うことをやめ、子どもの離乳をはやめ、子どもを産着でくるむことがなくなったため、より早い時期に彼らに用便のしつけをしたが、これらはすべて、自立を強調することが高まったことをしめすものであった(38)。

とはいえ、証拠となる記録はときとしてもっと混乱している。イギリスにおける離婚は、他のプロテスタント諸国とはちがって、一八世紀にはほとんど不可能だった。離婚訴訟法によって離婚訴訟を審理するための特別法廷が設置されていた一七〇〇年から一八五七年にかけて、たった三二五件の離婚が、イングランド、ウェールズ、アイルランドの議会の個別法によってみとめられただけであった。離婚の数は、一八世紀前半の一四件から後半の一一七件へとたしかに増加したが、離婚は事実上少数の貴族の男性に限定されていた。というのも、離婚のさいに要求される離婚事由のために、女性が離婚を勝ちとることはほとんど不可能であったからである。離婚の数は、一八世紀の後半でも一年につきたった二・三四件しか認められなかったということである。それと対照的に、フランスの革命家たちが離婚を制度化したのち、フランスでは一七九二年から一八〇三年のあいだに約二万件、つまり年に一八〇〇件の離婚が認められた。イギリスの北アメリカ植民地は、特定の形式の法的別居を許容していたにもかかわらず、離婚を禁止するという点で一般にはイギリスの慣行にしたがっていた。しかし独立後は、多くの州で離婚をもとめる請願書が新しい裁判所によって受理されはじめた。すぐに革命期のフランスでもくりかえされる動向を確立しようとして、女性たちは、新しいアメリカ合衆国独立後の最初期に離婚をもとめる多くの請願書を提出したのである(39)。

離婚訴訟にかんして一七七一年と一七七二年に書かれた覚え書において、トマス・ジェファソンは、離婚を生得の権利と明白に関連づけた。離婚は、「女性に平等という生得の権利を」回復させることになろう。いっぽうの当事者が契約を破ったなら契約は解消できなければならないというのは、双方の同意にもとづく契約の本質に関わることだ、と彼は強調した。これは、フランスの革命家たちが一七九二年にもちいることになる議論だった。しかも、法律上の離婚の可能性は、これまた生得の権利である「愛情の自由」を保障することになろう。アメリカ独立宣言によって有名になった「幸福の追求」は、「結婚の目的は繁殖と幸福にある」がゆえに離婚の権利をふくむことになるというのだった。それゆえ幸福を追求する権利は離婚を必要とした。ジェファソンが四年後、イギリスからのアメリカの分離にかんして同様の議論をすることになるのは、おそらく偶然ではないのである。(40)

一八世紀の人びとが自己決定の拡大をつよく要求するにつれて、彼らはあるディレンマに直面した。つまり、個人の権利を強調するこの新しい秩序において共同体の源をなにが提供するのか、という問題がそれであった。いかにして道義心は聖書よりもむしろ人間の理性から引き出されうるのかとか、どうして自律は盲目的な従属よりも優先されるべきなのかを説明することは、ひとつの問題であった。しかし、この自己決定する個人をより大きな善と調和させることは、まったく別の問題であった。一八世紀なかばのスコットランドの哲学者は、世俗の共同体の問題を彼らの仕事の中心においた。彼らは、小説が説いた共感という実践と共鳴するような哲学的回答を提供した。これらの哲学者は、一八世紀の一般の人びとのように、この回答を「同情 sympathy」と呼んだ。わたしは、「共感 empathy」という用語をこれまで使ってきたが、その理由は、この用語が二〇世紀においてはじめて英語に入ってきたとはいえ、ほかの人びとと自分を同一視するという積極的な意志をよりよく表現しているからである。そして同情という用語は、現在では哀れみをしばしば意味しており、哀れみは、目下の者にたいして腰が低いこと、つまり真の平等の感情とは両立しえない感情を含みうるからである。(41)

「同情」は、一八世紀においてはきわめて広い意味をもっていた。フランシス・ハチスンにとって、同情は一種の感覚、道徳的能力であった。動物と共有された感覚である視覚や聴覚よりも高尚だが、良心よりは高尚ではない感覚である同情や連帯感は、社会生活を可能にするものであった。人間性の力によって、同情は、あらゆる理性的推論に先行して人びとを自分自身の外に連れだす一種の社会的引力のような作用をはたすというのだった。同情は、幸福が自己満足のみによっては定義されえないことを保証するものだった。ハチスンは、「われわれのあらゆる喜びは、たとえもっとも低級な喜びであっても、ある種の伝染や感染によってほかの人びとと共有されることによって奇妙にも強化されるのだ」と結論づけた。(42)

『諸国民の富』(一七七六年)の作者であり、ハチスンの学生であったアダム・スミスは、初期の作品のひとつでもっぱら同情の問題を検討している。『道徳感情論』(一七五九年)の最初の章で、彼は拷問の例をもちいて、同情のはたらきを理解しようとしている。なにゆえにわたしたちは拷問台の上のだれかの苦しみに共感するのだろうか。たとえ苦しんでいる人が兄弟だとしても、わたしたちは彼が感じていることを直接に経験することはできない。わたしたちはただ想像力によって彼の苦しみと一体化することができるのみであり、想像力によって、わたしたちは彼の立場に身をおいて同じ苦しみを耐え忍ぶのである。つまり「わたしたちはいわば彼の身体に入りこみ、ある程度彼になるのである」。想像力によるこの同一視のプロセス——同情——によって、観察者は拷問の犠牲者が感じることを感じることが可能となる。とはいえ、この観察者は、つぎの一歩を踏み出し、自分もまたそのような想像力による同一視の対象なのだと理解するときにはじめて、真の道徳的存在となりえるのだ。自分自身をほかの人びとの感情の対象として見ることができるとき、彼は自分自身のなかに、道徳的な羅針盤としてはたらく「公平無私な観察者 impartial spectator」をつくりだすことができるのである。したがって自律と同情は、スミスにとっては密接に関係している。自律的な人間だけが自分自身のなかに「公平無私な観察者」をつくりだすことができるのであるが、しかし彼がそうすることができるのは、彼が最初に他者と自己を同一視する場合のみなのだ、とスミスは説明している。(43)

同情と感受性——フランス語では後者のほうがはるかに一般的だった——は、一八世紀の後半に大西洋の両岸に広範な文化的反響をもたらした。トマス・ジェファソンは、「道徳への最善の道」を提供するものとして、小説家ローレンス・スターンをとくに引用したが、ハチスンやスミスも読んでいた。大西洋世界において同情と感受性にたいする言及があまねく存在していたことを考慮すれば、一七八九年に刊行され、アメリカ人によって書かれた最初の小説が『同情の力』というタイトルだったのも、まず偶然ではないように思われる。同情と感受性は、文学、絵画、さらには医学にさえ大いに浸透しており、医者のなかには、それらの過剰について心配しはじめる人もいた。同情や感受性の過剰は、鬱病や心気症、あるいは「憂鬱症」につながりかねない、と彼らは恐れたのだった。医者は、有閑女性(女性読者)はとくにそういった病気にかかりやすいと考えたのである。(44)

同情と感受性は、権利を奪われていた多くの集団に有利にはたらいたが、女性には有利にはたらかなかった。初期の奴隷制廃止論者たちは、新しいかたちの心理的同一化を誘発する小説の成功を利用しようとして、解放された奴隷に、ときとして虚構もまじえた小説的な自伝を書き、芽生えつつある奴隷制廃止運動への支持者を獲得するように勧めた。奴隷制の害悪は、オラーダ・エクイアーノのような人びとによって直接に記述されるとき、真に迫ってみえた。彼の著作『オラーダ・エクイアーノ、あるいはアフリカ黒人グスターヴァス・ヴァッサの生涯の興味ぶかい物語。彼自身による著作』は、一七八九年にロンドンで最初に出版された。しかしそれでも奴隷制廃止論者の多くは、〔奴隷制の問題を〕女性の権利とむすびつけて考えることができなかった。一七八九年以後、フランスの多くの革命家は、プロテスタント、ユダヤ人、自由黒人の権利、そして奴隷の権利にたいしてさえ、声を大にして好意的な態度をとることになるが、同時に、女性に権利を認めることには積極的に反対することになるのである。新しいアメリカ合衆国では奴隷制はすぐに白熱した論争の話題となったが、女性の権利についてはフランスにおけるよりもはるかに少ない論評しか出されなかった。女性は、二〇世紀以前にはどこでも、平等な政治的権利を獲得できなかったのである。(45)

一八世紀の人びとは、それ以前の人間の歴史におけるほとんどすべての人びととおなじく、女性を、家族の社会的地位によって規定され、したがって定義上、政治的に自律することが十分にできない、他人に依存する人びとと考えた。彼女たちは、政治的権利と関連づけなければ、私的・道徳的徳としての自己決定を標榜することができた。彼女たちは権利をもっていたが、しかし政治的権利はもってはいなかったのだ。フランスの革命家たちが一七八九年に新憲法を起草したとき、この考え方は明白となった。憲法理論の第一級の解釈者であるエマニュエル゠ジョゼフ・シエイエスは、一方の自然的・市民的権利と他方の政治的権利とのちがいの発生を説明した。ある国のあらゆる住民は、女性もふくめて、自分の身体、財産、自由が保護される権利、つまり受動市民の権利をもっている。しかし、すべての住民が国事に直接に参加する権利をもつ能動市民なのではない、と彼は主張したのだ。「すくなくとも現状における女性、子ども、外国人、つまり公的制度を維持するためになんら貢献していない人びと」は受動市民と定義されたのである。「すくなくとも現状における」というシエイエスの限定辞は、女性の権利が将来において変化するかすかな余地をのこした。この余地を利用しようとする人びともいたが、短期的には成功することがなかった。(46)

一八世紀において女性の権利をとなえた少数の人びとは、小説について相反する感情をしめした。小説にたいする伝統的な反対論者は、女性はとくに恋愛にかんする読書の魔力にとりつかれやすいと信じたが、しかしジェファソンのような小説の擁護者でさえ、若い少女に小説がおよぼす影響を心配した。一七七一年にお気に入りの小説家に熱狂したときよりもはるかに歳をとったジェファソンは、一八一八年、少女たちの小説への「度をこした熱狂」について、こう警告した。「その行きつくところは高慢ちきな想像」と「病的な判断」である、と。したがって、女性の権利の熱烈な擁護者がこれらの疑念を心にとどめていたことは、驚くべきことではない。近代フェミニズムの母であるメアリ・ウルストンクラフトは、ジェファソンとおなじように、小説を読むこと――「無垢で軽薄な精神の持ち主をおもしろがらせるために計算された唯一の読書」――を、歴史書の読書と、そしてより一般的に合理的理解をはたらかせることと対比した。しかしそれでも、ウルストンクラフト自身、女主人公を中心として展開するふたつの小説を書き、出版された多くの小説を論評し、書簡においてたえずそれらの小説に言及した。『エミール』でルソーがしめした女性教育のための処方箋に反対であったにもかかわらず、彼女は熱心に『ジュリ』を読み、『クラリッサ』やスターンの小説から記憶していた文章をもちいて、手紙において自分自身の感情を伝えたのだった。(47)

他者に共感できるよう学ぶことは人権への道をひらいたが、しかしそれは、だれもがその道にすぐさま入ることができるということを保証しなかった。アメリカ独立宣言の作者以上に、このことを理解し、そのことで苦悩した人はいなかった。イギリスの聖職者で科学者で改革者であったジョゼフ・プリーストリに宛てた一八〇二年の手紙において、ジェファソンは、全世界のためにアメリカの事例をかかげた。「われわれが全人類のために活動しているということ、そして他の人びとには許容されず、われわれには許容されている事情によって、社会がその個々の成員にどの程度の自由や自治をゆだねるべきかをしめす義務をわれわれが課されているということ、そのことに鈍感でいることはできない」と。ジェファソンは考えうるかぎり最大の「自由の程度」をつよく要求した。彼にとってそれは、可能なかぎり多くの白人男性に、そしてアメリカ先住民が農民になれるなら、おそらく最終的には彼らにさえ、政治参加を開放することを意味した。アフリカ系アメリカ人の人間性を、そして人間としての奴隷の権利さえ彼は認めていたが、彼らやあらゆる色の女性たちが積極的に参加する政体を思い描くことはなかった。しかしそれが、二五年後にジェファソンが死んだときにおいてさえ、アメリカ人やヨーロッパ人の圧倒的多数にとって、考えうるかぎり最大の自由の程度だったのである。(48)

# 第二章

## 「彼らは同族なのだ」
### ——拷問を廃止する

"BONE OF THEIR BONE"

一七六二年、ルソーが「人間の権利」という用語をはじめて使用した同じ年に、南フランスの都市トゥルーズの裁判所が、ジャン・カラスという名前の六四歳になるフランス人プロテスタントに、自分の息子をカトリックに改宗させまいとして殺害した罪で有罪の判決をくだした。裁判官たちは、刑車に縛りつけての死刑をジャンに宣告した。処刑に先立ってカラスは、「予審 preliminary question」として知られる司法手続きによって指示された拷問にまず耐えなければならなかったが、これは、すでに有罪を宣告された人に共犯者の名前を挙げさせるために考えられたものだった。カラスは背後の棒に手首をきつく縛りつけられ、鉄の重りによって両足が元の位置に固定されるいっぽうで、両腕を着実に引っ張り上げるクランクと滑車のシステムによって、身体を無理やり引き延ばされた(図3)。この拷問に二度かけられたあとでも共犯者の名前を出すことを拒絶すると、カラスはベンチに縛りつけられ、二本の細い棒で口をあけたままにされ、水差しの水が何杯も無理やり彼の喉に流し込まれた

**図 3**　司法手続きとしての拷問

司法手続きとして認められていた拷問を描いたものはほとんど見あたらない．この 16 世紀の全ページ大の木版画(21.6×14.4 センチ)は，トゥルーズでもちいられていた拷問法を描いているとされており，2 世紀後にジャン・カラスが堪え忍んだ拷問法と似ている．ヨーロッパでもっとも一般的にもちいられた司法手続きとしての拷問の一種で，ストラッパドと呼ばれた．この語は，はげしく引っ張ることや引き裂くことを意味するイタリア語に由来する．Jean Milles de Souvigny, *Praxis criminis persequendi* (1541)より．メリーランド大学図書館蔵．

(図4)。共犯者の名前を挙げるように再度強要されたカラスは、伝えられるところによれば、「なんら犯罪のないところに、共犯者もありえない」と答えた。

死は拷問にすぐに続いたのではなかったし、またそうなることを意図されてもいなかった。殺人や公道での強盗の罪で有罪と宣告された人間にたいして用いられた刑車に縛りつけての死刑は、二段階でおこなわれた。まず、死刑執行人が死刑囚を十字のかたちをした磔台に縛りつけ、前腕、すね、大腿、腕にそれぞれはげしく二度ハンマーを打ちつけて骨をくだいた。そして処刑台の下にいる死刑執行人の助手が、死刑囚の首のまわりの絞首索にしっかり留められたウィンチをもちいて、絞首索をはげしく引っ張り、死刑囚の頸椎を脱臼させた。そのかん死刑執行人は、鉄の棒で三度はげしく胴部を打ちすえた。それからつぎに死刑執行人が骨の折れた死刑囚の身体をとりはずし、一〇フィート〔約三メートル〕の柱の上にある馬車の車輪に、手足を後方にひどく曲げられた状態でしっかりと固定した。死刑囚は死後も長いあいだそのままの状態におかれ、「もっとも恐ろしい見せ物」をしめくくった。裁判所は、ひそかに指示をあたえ、カラスに、二時間にわたる拷問のあと、刑車に縛りつけられる前に窒息死させられる恩恵をみとめた。カラスはそれでも自分の無実を主張しながら死んだのであった。[1]

カラスの処刑から数カ月後、事件がヴォルテールによってとりあげられたとき、カラス「事件」は人びとの関心を刺激した。ヴォルテールはカラス家のために金を集め、事件にかんする当事者の見方を伝えると称する手紙をカラス家の数人の名義で書き、さらに事件にもとづいてパンフレットと書物を公刊した。これらのなかでもっとも有名なものは、『ジャン・カラスの死にさいしての寛容論』であり、このなかでヴォルテールははじめて「人権」という表現をもちいた。彼の議論の要点は、人間

図 4　水責め

この 16 世紀の木版画(21.6×14.4 センチ)はフランス式の水責めを描いている．カラスが堪え忍んだ水責めとまったく同じではないが，水責めとはどのようなものだったかを十分に伝えてくれる．図 3 前掲 *Praxis criminis persequendi* より．

は不寛容である権利をもちえないということだった(彼は、信仰の自由は人権であるという積極的な議論をしなかった)。ヴォルテールは、当初は、拷問にも刑車に縛りつけての死刑にも抗議していなかった。彼を怒らせたのは宗教的偏狭であり、この偏狭によって警察や裁判官の行動が動機づけられたと彼は結論づけた。「この原理［人権］にしたがえば、ある人がほかの人に、「私が信じていることであなたが信じることができないことを信じなさい。そうしなければ、あなたは死にますよ」とどうしていうことができるのか、ということを理解することは不可能である。これは、ポルトガルやスペインやゴア［異端審問で悪名高い諸国］で語られていることだ(2)」。

カルヴァン派の人前での礼拝は一六八五年以来フランスでは禁止されていたので、カラスがカトリックへの改宗を妨げるために息子を殺害したと信じるのは、当局にとってこじつけにすぎるというわけではなかったことは明白だった。ある夜の夕食後、一家はマルク゠アントワーヌが裏の物置へ通じる戸口のところで首を吊っているのを発見したのだった。明らかな自殺だった。スキャンダルをさけるために、彼ら一家はカラスを床の上で発見した、おそらく殺人の被害者である、と主張した。自殺は、フランスの法においては処罰されるべきものだった。つまり、自殺した人間が神聖な場所に埋葬されることはありえなかった。そして審問で有罪と判決を下されれば、死体が掘りだされ、町中を引きずりまわされ、さらに両足を吊るされ、ゴミ捨て場に投げ捨てられることもありえたのである。

警察は、家族の証言に矛盾があることをつかみ、ただちに父親、母親、弟を、彼らの召使いとひとりの訪問者とともに逮捕し、彼らすべてを殺人の罪で告発した。地元の裁判所は、自白を引き出すために(「予審」と呼ばれる)拷問を父親と母親と弟に宣告したが、しかし上訴によってトゥルーズ高等法院は地元の裁判所の判決を破棄し、有罪判決の前に拷問をもちいることを斥け、父親だけを有罪とした。この父親が処刑直前の拷問のさいに共犯者の名前を挙げることを期待したのである。事件にかんするヴォルテールの絶え間ない宣伝広報活動は、まだ容疑が晴れていない一家の残りの人たちの利益となった。国務諮問会議は、一七六三年と一七六四年に技術的な理由からまず原評決を破棄し、それから一七六五年には、事件に巻きこまれた全員の無罪と一家の没収財産の返還を表明した。

カラス事件をめぐる騒動のあいだに、ヴォルテールの関心の焦点は移りはじめ、ますます刑事裁判制度それじたい、とくにその拷問の使用と残酷さが彼の非難の的となった。一七六二―一七六三年に書かれたカラスにかんする最初の著作においては、ヴォルテールは一度たりとも一般的用語である「拷問」を使用しなかった(その代わりに法的な婉曲表現「審問」をもちいた)。彼は司法手続きとしての拷問 judicial torture を一七六六年にはじめて非難し、それ以後はカラスと拷問をしばしばむすびつけて論じた。生まれながらの同情心によってだれもが司法手続きとしての拷問をひどく嫌悪している、とヴォルテールは力説した。もっとも彼自身は、以前にはそう言っていなかったのだが。「拷問は他の諸国では廃止されており、しかも成功裡に廃止されている。したがって問題は決着しているのだ」。ヴォルテールの見解がおおいに変化したため、一七六九年には、一七六四年に初版が出版され、すでにローマ・カトリック教会の禁書目録にも入っていた『哲学辞典』に「拷問」にかんする項目を追加せざるをえない、と彼は感じた。その項目において、ヴォルテールは、フランス人の悪習を野蛮なものとして告発するために、いつものように嘲笑と非難を交互にもちいている。外国人は、フランス人以上に残酷な国民はいないということを知らないで、フランスをその演劇、小説、詩、そして美しい女優によって判断している、と。そしてヴォルテールは、文明化された国民は「残酷な旧来の慣習」にもはや従うことはできないと結論づける。彼にとっても他の多くの人びとにとっても長いあいだ許容できるようにみえていたものが、いまや疑問視されるにいたったのである。(3)

より一般的な意味での人権についてと同様、拷問と人道的な処罰とにたいするあたらしい態度は、フランスにおいてだけでなくヨーロッパの他の地域やアメリカ植民地において、一七六〇年代にはじめて明確になった。ヴォルテールの友人であるプロイセンのフリードリヒ大王は、一七五四年にすでに司法手続きとしての拷問を自分の領地において廃止していた。他国もつづく数十年間にプロイセンに続いた。すなわちスウェーデンは一七七二年に、オーストリアとボヘミアは一七七六年に、拷問を廃止した。一七八〇年には、フランス王政は判決前に自白を引きだすために拷問をもちいることを撤廃し、一七八八年には、共犯者の名前を挙げさせるために処刑直前に拷問をおこなうことも一時的に廃止した。一七八三年に、イギリス政府はタイバーンへの公開行列を停止した。そこではそれまで、処刑が民衆の主要な娯楽となっていたのである。そして「絞首台」、つまり死刑執行人によって落とされる高い足場を恒常的にもちいて、より迅速でより苦痛のすくない絞首刑を確実におこなうようになった。一七八九年には、フランス革命期の政府があらゆる形態の司法手続きとしての拷問を放棄した。そして一七九二年には、死刑の執行を画一化し、できるだけ苦痛のないものにすることを意図して、ギロチンを導入した。一八世紀末までに、司法手続きとしての拷問と死刑囚の身体への多くの加辱をなくすよう世論は要求しているようにみえた。アメリカの医者ベンジャミン・ラッシュが一七八七年に強調したように、犯罪者でさえも「われわれの友人や親戚とおなじ素材でできている魂と身体

をもっている。彼らは同族なのだ」ということを忘れるべきではないのである。(4)

## 拷問と残酷さ

自白を引きだすために司法手続きによって定められた拷問は、ほとんどのヨーロッパ諸国で、ローマ法の復活の結果として、そしてカトリックの異端審問の事例にならって、一三世紀に導入ないしは再導入された。一六―一八世紀には、ヨーロッパの最高の法律家の多くが、司法手続きとしての拷問の使用を法典化し、規則化して、あまりにも熱狂的であったりサディスティックであったりする裁判官によってそれが濫用されることを防ぐために尽力した。イギリスは一三世紀におそらく司法手続きとしての拷問の代わりに陪審員を導入したが、しかし拷問は、一六―一七世紀にも暴動や魔術の場合にはまだ実施されていた。たとえば、魔女にたいしてよりきびしいスコットランドの司法官は、針刺し、睡眠剝奪、「靴形刑具」による(足をつぶす)拷問、熱した鉄で焼くなどの方法をもちいた。共犯者の名前を得るための拷問はマサチューセッツ植民地の法では許容されていたが、しかしそれが命じられることはまったくなかったようである。(5)

有罪判決にもとづく刑罰の残酷な形態は、ヨーロッパとアメリカのどこにでもあった。一六八九年のイギリスの「権利の章典」は残酷な刑罰をはっきりと禁止したが、それにもかかわらず裁判官たちは犯罪者にたいして、鞭打ち、水責め椅子、さらし台、焼きごて、そして八つ裂き(馬による手足の切り離し)による処刑を、また女性にたいしては、八つ裂きの刑や火刑を宣告した。なにが「残酷な」刑罰なのかは、あきらかに文化的期待に依存していた。一七九〇年になってはじめて、議会は女性を火刑にすることを禁止した。しかしそれ以前に議会は、死刑の数を劇的に増やしていた。ある算定によれば、それは一八世紀に三倍になり、一七五二年に議会は、殺人への処罰をさらにいっそう恐ろしいものにして抑止効果を上げる措置をとっていた。つまり、殺人犯の身体はすべて解剖――当時は不名誉なものと考えられた――のために外科医に提供されるべきことを定め、男の殺人犯ならば、処刑後に鎖で縛られて吊りさげられることを命じる自由裁量権を裁判官たちにあたえたのである。殺人者の身体をこのようにさらしものにすることにたいする不快感の増大にもかかわらず、この慣行は一八三四年まで最終的に廃止されなかった。(6)

植民地における刑罰が帝国の中心で確立した様式を踏襲したのは、驚くべきことではない。こうして、マサチューセッツ州の上級裁判所における全判決の三分の一は、一八世紀の後半においてさえ、衣服による標示から耳の切断、焼きごて、鞭打ちにいたるまで、人前での加辱を要求した。ボストンに住むある同時代人は、「女性たちは、台車に乗せた巨大な檻に入れられて監獄から引きずりまわされたあげく、その檻から引き出され、背中をむき出しにして柱に縛りつけられた。そしてその罪人たちの絶叫と群衆の騒々しい叫び声のなか、その背中に三〇―四〇回の鞭があたえられた」と事の次第を描写した。イギリスの「権利の章典」は、奴隷は法的権利をもった人間とみなされていなかったため、彼らを保護しなかった。ヴァージニア州とノース・カロライナ州は凶悪犯罪を犯した奴隷の去勢を明白に許容したし、メリーランド州では、奴隷による小反逆罪や放火のばあい、その右手が切断され、それから絞首刑にされ、首がはねられ、身体は八つ裂きにされ、切断された身体部分は人前にさらされた。一七四〇年代にいたるまで、ニューヨークにおける奴隷は、苦痛を与えるためにゆっくりと焼き殺されたり、飢えで死ぬまで鎖に縛られて吊りさげられたりすることがあった。(7)

一八世紀の後半にフランスの裁判所によって下された有罪判決の多くは、焼きごてや鞭打ち、あるいは鉄の首枷《くびかせ》(柱やさらし台に取り付けられた——図5)のようなある種の形式の公開身体刑をいまだふくんでいた。カラスが処刑されたおなじ年に、パリ高等法院はシャトレ裁判所(高等法院より下級の裁判所)によって最初に裁判された二三五人の男女にたいして、上訴審としての刑事判決をくだした。このうち、八二人は、通例は鞭打ちをともなう追放と焼きごての刑を宣告された。九人は、鉄の首枷とともに〔追放と焼きごての刑という〕おなじ組み合わせを、一九人は焼きごてと投獄の刑を、二〇人は焼きごてと鉄の首枷、あるいは焼きごてか鉄の首枷の刑のあとで総合救貧院への閉じ込めの刑を、一二人は絞首刑を、三人は刑車に縛りつけての死刑を、そして一人は火刑を宣告された。パリの他のすべての裁判所を算定に含めるならば、人前での加辱と手足などの切断の数は、約一八人の処刑にくわえて五〇〇から六〇〇にのぼったことであろう。これは、ひとつの裁判管区のたった一年での数字である。(8)

フランスでは、死刑には五つのことなる形態があった。すなわち、貴族にたいしては斬首刑、一般の犯罪者には絞首刑、大逆罪として知られる君主にたいする犯罪にたいしては八つ裂きの刑、異端・魔術・放火・毒殺・獣姦・男色にたいしては火刑、殺人か公道での強盗にたいしては刑車に縛りつけての死刑が、それであった。裁判官たちは、一八世紀には八つ裂きの刑や火刑をめったに命じなかったが、しかし刑車に縛りつけての死刑はきわめて一般的だった。たとえば、南フランスのエクス＝ア

**図 5** 鉄の首枷

この刑罰の主眼は人前での加辱である．作者不詳のこの版画では，1760 年に詐欺と名誉毀損の廉で有罪を宣告された男が描かれている．説明文によると，彼はまず 3 日間この鉄の首枷にくくりつけられ，その後焼きごての刑に処せられ，終身ガレー船送りとなった．Recueil de pièces sur les crimes, délits, jugements criminels, répressions et supplices より．フランス国立図書館蔵．

ン＝プロヴァンス高等法院管区では、一七六〇年と一七六二年のあいだに下された五三の死刑判決のほぼ半数は、刑車に縛りつけての死刑と定めていた。(9)

けれども一七六〇年代以後は、さまざまな運動のおかげで国家によって承認された拷問が廃止され、(奴隷にたいしてさえ)刑罰がますます穏和なものになっていった。改革者たちはその成果を、啓蒙運動による人道主義の広がりに帰した。一七八六年に、イギリスの改革家サミュエル・ロミリーは過去を回顧し、「人間がこの重要なテーマにかんして熟考し理性的に推論するにつれて、長いあいだ支配的であった正義にかんする馬鹿げた野蛮な考えかたは粉砕され、それに代わって人間的で合理的な原則が採用されるようになった」と自信をもって断言した。このテーマを論究するために直接の刺激となったのは、二五歳のイタリアの貴族チェーザレ・ベッカリーアによって一七六四年に刊行された、短くパンチのきいた『犯罪と刑罰』だった。ディドロ周辺の仲間によって奨励されてすぐにフランス語と英語に翻訳され、カラス事件のただなかでヴォルテールによって熱心に読まれたベッカリーアの小著は、あらゆる国家の刑事裁判制度に人びとの関心をむけた。成り上がり者のこのイタリア人は、拷問や残酷刑だけでなく――当時としては注目すべき動きだが――死刑そのものを拒絶した。ベッカリーアは、支配者の絶対的権力、宗教的正統派の信仰、そして貴族の特権を批判して、「最大多数の最大幸福」という正義の民主的基準を提供した。それ以後、フィラデルフィアからモスクワまでのほぼすべての改革家が、彼を引用したのである。(10)

ベッカリーアは、感情にかんする新しいことばに価値をあたえることに寄与した。彼にとって、死刑は「残虐行為の実例をあたえることによって社会にとって有害」なものでしかありえなかった。そして処罰における「拷問や無益な残虐行為」に反対するときには、彼はそれらを「猛烈な狂信主義の道具」として嘲笑した。さらに彼は、死刑をめぐる論争への自分の介入を正当化して、「専制政治による不幸な犠牲者、あるいは専制政治と同様に有害な無知による不幸な犠牲者を、死の苦悩から救うために貢献できるのなら、彼の幸福と歓喜の涙は、人類すべてが軽蔑しても私にとって十分な慰めとなるであろう」と自分の希望を表明した。ベッカリーアを読んだのち、イギリスの法律家ウィリアム・ブラックストーンは、その後つねに啓蒙運動の考えに特徴的となる関連づけをおこなった。つまり、刑法はつねに「真実と正義の命じるもの、人間性の感情、そして消滅することのない人類の権利に心地よい」ものであるべきだ、とブラックストーンは断言したのである。(11)

けれども、ヴォルテールの例がしめすように、教養あるエリート、そして多くの主導的な改革家でさえも、権利にかんする新生の言語と拷問や残酷刑とのあいだのつながりをただちに理解したのではなかった。ヴォルテールはカラス事件における裁判の誤りをののしったが、しかし彼は、カラスという老人が拷問されたり、刑車に縛りつけて処刑されたという事実にもともと反対したのではなかった。ヴォルテールがのちに述べたように、生まれながらの同情心によってだれもが司法手続きとしての拷問を嫌うようになるのなら、いったいなぜこのことが一七六〇年代以前には、彼にとってさえ明白ではなかったのであろうか。(12)あきらかにある種の目隠しが、それ以前には共感がはたらくことを抑制していたのである。

啓蒙運動の作家たちや法律の改革家たちが拷問や残酷刑をいったん問題視しはじめると、二、三〇年のあいだに人びとの態度にほとんど完全な方向転換がおこった。共感の発見はこの変化の一部であったが、しかし一部でしかなかった。共感にくわえて必要だったのは——じっさい、このばあいには裁判によって有罪を宣告された人びとにたいする共感にとって必要な前提条件であるが——、人間の身体にかんするあたらしい関心であった。かつては人間の身体は、宗教的に定められた秩序の内部においてのみ神聖であり、その秩序においては、個人の身体がより大きな善のために切断されたり、拷問をうけることもありえた。しかし人間の身体は、個人の自律と不可侵性に依拠する世俗的秩序においては、それ単独で神聖なものとなったのである。この発展にはふたつの要素があった。身体は、一八世紀をとおしてより独立し、より自制的になり、より個性化するにつれて、より積極的な価値を獲得した。いっぽう、身体の侵害はますます否定的な反応をひきおこすようになったのである。

## 自制的な人間

人間の身体は、すくなくとも出生以後は、つねにそれぞれ別々であるのが本来的なありかたであると思えるかもしれないが、人間の身体間の境界は、一四世紀以後によりはっきりと定められるようになったのである。諸個人は、自分の身体からの排泄物を自分だけの秘密にしておく必要性をますます感じるにつれて、より自制的になった。自制への圧力が高まるいっぽう、恥を感じる限界点が低下したのである。人前での排便や排尿はますます不快感をあたえるものとなった。人びとは、鼻を自分の手でかむよりもむしろハンカチを使いはじめた。つばを吐くこと、共通の大鉢からとって食べること、そして他人とひとつのベッドで眠ることは、じつに嫌な、あるいはすくなくとも不快なものとなった。

情念の暴発や攻撃的行動は、社会的に許容されえないものとなった。こうした身体にたいする態度の変化は、深層でおこっていた変化が外面にあらわれたものだった。それらはすべて、自己完結した個人の出現をしめしており、この個人の境界は社会的交際において尊重されなければならなかった。沈着冷静と自律は、さらなる自己規制を要請した。(13)

音楽と演劇の上演、住宅の建築、肖像画における一八世紀の変化は、これらの長期にわたる態度の変化にもとづいていた。さらに、これらのあたらしい経験は、あたらしい感受性そのものの出現にとってもきわめて重要なものとなった。一七五〇年以後の数十年間で、オペラ愛好家は、上演中に歩き回って自分の友達のところにいって会話を交わすよりもむしろ、静かに音楽を聴くようになった。ある女性は、一七七六年にパリで初演されたグルックのオペラ『アルチェステ』にたいする自分の反応をくわしく説明した。「わたしは、このあたらしい作品に強い関心をもって耳を傾けました。……最初の小節からわたしは、きわめて強い畏怖の感情にとらわれ、自分のなかにじつに強烈な宗教的衝動を感じました。……そして知らないうちに自分のボックス席でひざまずき、ずっとこの姿勢で、作品の終わりまで両手を握りしめながら懇願しておりました」。この女性(手紙にはポリーヌ・ドゥ・R……という署名がある)の反応は、彼女が宗教的経験との明白な類似を描写しているがゆえに、とくに印象的である。あらゆる権威の根拠は、超越的な宗教的枠組みから人間の内面的な枠組みに移行していたのである。しかしこの移行は、個人的な、さらには親密なかたちで経験されたときにのみ、人びとにとって意味をもちえたのだった。(14)

演劇のひいき客は、音楽愛好家以上に上演中に騒々しい傾向をしめしたが、しかし演劇においてもあたらしい実践が、それまでとはことなる未来を予告していた。つまり、演劇が宗教的沈黙にやや近いかたちで上演されるであろうことを、である。一八世紀の大部分をとおして、パリの観客は、気にくわない演劇の上演を中断させるために、足並みをそろえて咳払いをし、つばを吐き、くしゃみをし、屁をこいた。そしてあからさまに酔っぱらい喧嘩をしたため、しばしば役者の台詞が中断させられた。観客を舞台から引き離して演劇の中断がおこりにくくするために、観客が舞台上に坐ることは、フランスでは一七五九年に禁止された。一階立ち見席 parterre に秩序を維持しようとして、一七八二年にはとうとう、コメディ・フランセーズで座席が設置されることになった。それまでは、一階立ち見席の観客は自由に歩き回り、ときには観客というより暴徒のように行動していた。座席の是非は当時の新聞ではげしく議論され、一階立ち見席の自由への危険な攻撃だと考える人もいたが、発展の方向性は明白になっていた。つまり集団の感情の爆発は、個人の、より静かな内面の経験に道をゆずったのである。(15)

住宅の建築は、この個人の分離の感覚を強化した。フランスの住宅における「部屋＝寝室 chambre」は、一八世紀の後半にはますます用途が特定されるようになった。かつてさまざまな用途で使われた部屋が「寝室」になり、より裕福な家庭では、子どもたちが両親とは別の寝室をもつことになった。一八世紀後半にはパリの住宅の三分の二に寝室があったが、他方で、その七分の一にしか食堂はなかった。パリ社会のエリートは、閨房 boudoirs(「口をとがらす」を意味するフランス語の bouder に由来するもので、こっそりとふくれっ面をするための部屋)からトイレ、浴室にいたるまで、個人が使用するためのさまざまな部屋をつよく要求しはじめていた。けれども、個人のプライヴァシーへの動きは、すくなくともフランスについては強調されるべきではない。イギリスの旅行者は、宿屋の一部屋で(ベッドが別々ではあったが)見知らぬ者三、四人といっしょに寝るフランス人の慣行、人が見ている前で室内用便器を使用すること、暖炉に排尿すること、そして尿瓶の中身を窓から通りに投げ捨てることについて、たえず不平をのべていたからである。とはいえ、彼らの不平は、両国において進行していたプロセスを立証するものであった。イギリスにおいて、ひとつの注目すべき新事例は、一七四〇年代から一七六〇年代にかけて田園地帯の邸宅で発展した回遊式庭園だった。慎重に選択された眺望とモニュメントをそなえ外界から遮断された回遊路は、私的な瞑想と追憶を強めるために構想されたものだったのである。(16)

身体は、ヨーロッパの絵画においてはつねに中心をしめていたが、しかし一七世紀以前には、身体はきわめてしばしば、聖家族やカトリックの聖人、あるいは統治者やその廷臣の身体であった。一七世紀、とくに一八世紀には、もっとふつうの人びとが自分自身や自分の家族の絵画を注文するようになった。一七五〇年以後、恒常的な公的展覧会――それじたいが社会生活のあたらしい特徴だが――では、歴史画が最重要ジャンルといまだ公式には位置づけられていたにしろ、ロンドンやパリのふつうの人びとを描く肖像画の数が増加していることがしめされていた。

イギリスの北アメリカ植民地では、ヨーロッパのキリスト教会と政治の伝統がさほど重みをもっていなかったこともあって、肖像画が視覚芸術を支配していた。肖像画は、一八世紀の植民地でのみ重要性を獲得したのだ。一七五〇年から一七七六年にかけて植民地では、一七〇〇年から一七五〇年のあいだに描かれた肖像画の四倍もの肖像画が描かれ、しかもこれらの肖像画の多くが、ふつうの市民や土地所有者を描いていたのである(図6)。フランス革命期とナポレオン帝国期のフランスで歴史画があらたに卓越した地位を獲得したときも、肖像画はサロンに出展された絵画の約四〇%をいぜんとして占めていた。肖像画家によって意のままにされた画料は、一八世紀の最後の数十年間に上昇した。そして肖像画は版画によって、元々のモデルとその家族をこえて広範な絵画愛好者にもたらされた。当時のもっとも有名なイギリス人画家サー・ジョシュア・レノルズは肖像画家として名声を博し、ホレス・ウォルポールによれば、「肖像画を無味乾燥からすくった」のだった。[17]

ある同時代の観察者は、一七六九年のフランスの展覧会で多くの肖像画を目にしたことへの軽蔑を、こう表明した。

> 無数の肖像画がどこでもわたしを圧倒し、わたしはいまや思わずこの主題にかんして語り、最後に残しておいたこの不毛で単調な問題を扱わざるをえない。公衆がずっと前から、無数の無名のブルジョワ〔の肖像画〕をたえず目にしながら通り過ぎなくてはならないと不平をいってきたのは、むだだった。……この絵画ジャンルの手軽さ、その有用性、そしてこれらすべてのつまらない人物の虚栄心によって、わが国では画家の誕生が助長されているからだ。……この世紀の不幸な好みのおかげで、サロンはただ肖像画の陳列室にすぎなくなりつつある。

フランス人によれば、この世紀の「不幸な好み」はイギリスに由来するものであり、多くの人びとにとって真の芸術にたいする商業の勝利が差し迫っていることをしめすものであった。ディドロ編の

**図 6**　ジョゼフ・ブラックバーン作「ジョン・ピゴット艦長像」
アメリカ植民地で活動した多くの芸術家と同様，ジョゼフ・ブラックバーンもイギリスに生まれ，おそらくそこで絵画の勉強をした．その後 1752 年にはバミューダに行き，翌年ロードアイランド州ニューポートに赴いた．ニューポート，ボストン，ニューハンプシャー州ポーツマスで多くの肖像画を描いたのち，1764 年にイギリスに戻った．1750 年代もしくは 1760 年代初頭に制作されたこの油彩画(127×101.6 センチ)は，ピゴット夫人の肖像と姉妹編をなしている．ブラックバーンは，レースやその他の衣装に細心の注意をはらうことで知られていた．ロサンゼルス・カウンティ美術館(LACMA)蔵．

浩瀚な『百科全書』の項目「肖像画」で、ルイ・ドゥ・ジョクールは、「イギリスにおいてもっとも追求され、もっとも求められた絵画のジャンルは、肖像画のそれである」と結論づけた。一八世紀末に、作家のルイ゠セバスチアン・メルシエは、安心感をあたえる解説を伝えようとした。「イギリスは肖像画に卓越しており、レグノルズ Regnols〔ママ〕の肖像画にまさるものはない。その主要な作品は等身大・実物大で、歴史画と同等である」と(図7)。いつものように明敏に、メルシエはきわめて重要な要素をとらえていた。つまりイギリスにおいては、肖像画はフランス美術アカデミーにおける最重要ジャンルである歴史画に匹敵しうるものであったということを、である。ふつうの人びとが、いまやたんにその個性によって英雄のようになりえた。ふつうの身体がいまや優越性をもつにいたったのである。(18)

たしかに、肖像画は、個性とはまったくことなるものを伝えることができた。イギリスやフランスやその植民地で富が急激に増大するにつれて、高い地位と紳士の体面のしるしとして肖像画を注文することは、より一般的な消費主義の出現を反映していた。〔モデル本人と〕似ていることは、これらの肖像画の注文においてはかならずしも最重要というわけではなかった。ふつうの人びとは、彼らを描いた肖像画においてふつうにみえることを望まなかったし、肖像画家のなかには、顔つきよりもレースや絹やサテンの衣装を描写する手腕で評判をとったものもいた。肖像画はときとして類型的表現や徳や富のアレゴリーに焦点を当てることがあった。それでもやはり一八世紀の後半に、画家とその注文主が心理や人相の個性をより自然にみせる表現を好みはじめるようになるにつれて、そのような肖像画の重要性は低下した。しかも、まさに個人の肖像が急増したことそれじたいによって、それぞれ

**図7**　サー・ジョシュア・レノルズの絵にもとづくジェイムズ・マカーデルの銅版画「レディ・シャーロット・フィッツ゠ウィリアム像」(1754年)

レノルズは，イギリス社会の主要な人物の肖像画を描いて名声を得た．彼はしばしばモデルの顔と手だけを描き，掛け布や衣装の描写はその道の専門家や助手に請け負わせた．シャーロットはこの肖像画が描かれた当時わずか8歳であったが，髪型や真珠のイヤリングやブローチからはもっと年上の印象を受ける．こうした版画によってレノルズの名声はいっそう広まった．ジェイムズ・マカーデルはレノルズ作の多くの肖像画を銅版化した．説明文には，「J. レノルズ画．J. マカーデル制作．レディ・シャーロット・フィッツ゠ウィリアム．1754年の議会制定法にもとづきJ. レノルズにより出版」とある．33×21.7センチ．大英博物館蔵．

の人間は個人、つまりひとりしかおらず、独立していて、ことなっていて、特異であり、したがってそのようなものとして描写されるべきだ、という考え方が助長されたのである。[19]

女性は、このような事態の発展においてときとして驚くべき役割をはたした。豊かな内面生活をもつふつうの女性に焦点を当てた『クラリッサ』のような小説にたいする熱狂からすると、女性という対象を仮面のような顔つきに描いた寓意的な絵画は、〔個性化とは〕無関係に、あるいはたんに装飾のようにみえる。けれども、画家がしだいに肖像画に写実的な表現や心理的な親密さを求めるようになるにつれて、画家とモデルとの関係はより明白に性的緊張をはらむものとなった。とりわけ、女性が男性を描いたときはそうであった。一七七五年に、ジェイムズ・ボズウェルは女性の肖像画家にたいするサミュエル・ジョンソンの非難をこう書きとめた。「彼〔ジョンソン〕は肖像を描くことを女性にはふさわしくない仕事と考えていた。「女性が人前で絵を描き、男性の顔を凝視することは、女性としてはじつにはしたないことだ」」と。にもかかわらず、一八世紀の後半には、数人の女性肖像画家が真に著名人になった。ドゥニ・ディドロは、そのひとりでドイツ人画家のアンナ・テルブッシュに自分の肖像画を描いてもらった。ディドロは、その絵が出展された一七六七年のサロンにかんする論評において、彼女と寝たのではないかというほのめかしにたいして自分自身を弁護しなければならないと感じて、彼女を「かわいらしくない女性」と形容した。けれども彼はまた、自分の娘はテルブッシュの肖像画が父にそっくりなのにいたく感銘をうけたため、父の留守中に何度も絵にキスをしてそれを台無しにしないよう自制しなければならなかった、と認めなくてはならなかったのである。[20]

このように、肖像画が似ていることは、美的価値からすると二流だと評価する批評家もいたかもしれないが、多くの注文主やますます多くの批評家によってあきらかに高く評価されたのである。ローレンス・スターンは、一七六七年に書いた自己暴露的な『エリザへの日記』において、「甘美で感情を動かされるあなたの絵」、つまり、不在の恋人にかんする唯一の持ち物であり、おそらくリチャード・コズウェイによって描かれたエリザの肖像画に、くりかえし言及している。たとえば、「あなたの絵はあなたそのものです。あらゆる感情、やさしさ、真実です。……最愛なる人よ。その絵はあな

**図 8**　ジェファソンの人相複写
説明文には「本人から写しとり，クヌディによって版画化された」とある．8.7×7.3 センチ．フランス国立図書館蔵．

たになんと似ているのでしょう——そしてこれからもそうでしょう——あなたが現れてその絵を見えなくさせるまでは」というように。書簡体小説によってと同じように、肖像画においてもまた、女性は共感の展開においてきわめて重要な役割をはたしたのである。女性が慎みぶかく貞淑な役割を維持することを、たいていの男性がたとえ理屈のうえで願ったとしても、じっさいには女性は感情を標榜し、こうして感情を呼び覚ましたのだ。つねに境界をこえてあふれ出るおそれがある感情を、である。[21]

似ていることがきわめて重んじられたので、ついには一七八六年、フランスの音楽家で彫刻師のジル＝ルイ・クレチアンは人相複写器 physionotrace と呼ばれる機械を発明した。これは横顔の肖像画を機械的につくりだすものであった(図8を参照)。もともとの実物大の横顔像はつぎに縮小され、銅版に彫りつけられた。クレチアンが、最初は細密画家のエドゥメ・クヌディと協力して、のちには彼と競い合ってつくりだした何百もの作品のなかに、一七八九年四月に写しとられたトマス・ジェファソンの作品があった。ひとりのフランス人亡命者がその方法を合衆国に紹介し、ジェファソンが一八〇四年にもう一枚つくらせた。写真の出現によってながらく世に知られないできた、いまや歴史的骨董品である人相複写器は、ふつうの人びと——ジェファソンは別にして——を表現し、それぞれの人間のあいだのもっとも些細なちがいをとらえることへの関心をしめす、さらにもうひとつの指標なのである。しかも、スターンの言及が示唆しているように、肖像画、とくに細密画の肖像は、記憶の引き金として、甘美な感情を思い出させるきっかけとしてしばしば役立ったのである。[22]

## 苦痛を公開の見せ物とすること

庭園の散策、静かに音楽を聴くこと、ハンカチを使用すること、そして肖像画を観ること、これらすべては、共感に富む読者のイメージと合致するようにみえる。と同時にそれらはまた、ジャン・カラスの拷問や処刑とはつじつまが合わないようにみえる。けれども伝統的な法律制度を是認し、その苛酷さを擁護さえしたまさに同じ裁判官や立法家が、静かに音楽を聴き、肖像画を注文し、寝室のある家を所有していたのである。もっとも彼らは、小説が誘惑や放蕩とむすびついていたために、小説を読んでいなかったかもしれないが。司法官は、犯罪者は外的強制によってしか統制されえないと信じていたために、伝統的な犯罪と刑罰のシステムを支持した。伝統的な見解によれば、ふつうの人びとは自分自身の情念を制御できなかった。彼らは、導かれ、善を行うようにうながされ、下劣な本能に従わないようにさせられなければならなかった。人間におけるこの悪への傾向は、原罪に由来するものであった。つまり、アダムとイヴがエデンの園で神の恩寵を失ってからずっと、あらゆる人は本質的に罪をおかす傾向をもっている、というキリスト教の教義に、である。

ピエール＝フランソワ・ミュヤール・ドゥ・ヴグランの著作は、伝統主義者の立場についての貴重な洞察をわたしたちにあたえてくれる。というのも彼は、ベッカリーアの挑戦にただちに応じ、書物で古いやり方を擁護しているからである。ミュヤールはまた、刑法にかんする多くの著作にくわえて、キリスト教を擁護し、その近代的批判者、とくにヴォルテールを攻撃するすくなくともふたつのパンフレットを書いた。一七六七年に彼は、ベッカリーアを一点一点論駁する著作を公刊した。彼はきわめて強い口調で、「筆舌に尽くしがたい心情」のうえに刑罰制度を基礎づけようとしたベッカリーアの試みに反対した。「私は他のあらゆる人びとと同じ感性をもっていると自負している。しかし疑いもなく私は、現代の刑法学者のようにゆるんだ繊維組織〔神経端末〕をもっていない。というのも私は、彼らが語る穏やかな身震いを感じないからだ」と彼は強調した。そのかわりミュヤールは、ベッカリーアがその刑罰制度を、一般に認められているあらゆる知恵の破壊のうえに築いているのだと気づいたとき、衝撃とはいえないまでも驚きを感じたのである。(23)

ミュヤールは、ベッカリーアの合理主義的アプローチをあざ笑った。「書斎に坐ったまま、〔著者は〕あらゆる国民の法の由来をあきらかにし、このきわめて重要なテーマにかんする厳密な、あるいは堅固な思想が現在までまったくなかったのだとわれわれに思わせようとしている」。ミュヤールによれば、刑法を改革することがきわめて困難だった理由は、刑法が実定法に基礎をおいており、理性的論証よりも経験や慣行に依拠しているということだった。経験が教えているのは、気ままな感情を統御し、甘やかさないことが必要であるということであった。「じっさい、人間は感情によってかたちづくられているのだから、人間の気性がきわめてしばしばその感情を支配することを、だれが知らないというのだろうか」。人間は、あるべき姿ではなく、あるがままに判断されなくてはならないし、〈復讐する正義〉〔神〕がもつ畏怖の念をいだかせる力だけが人間の気性を抑えることができるのだ、と彼は強調した。(24)

処刑台において苦痛を見せ物にすることには、観客に恐怖を教え込むことが意図されており、こうして犯罪抑止策として役立ったのだった。その場に居合わせている人びと——群衆はしばしば巨大であった——は、死刑囚の苦しみを自分の苦しみと感じ、それを通して、法や国家そして最終的には神の圧倒的な尊厳を感じることになっていた。したがってミュヤールは、ベッカリーアが「犯罪者の苦痛への感受性」への言及によって議論を正当化しようとしたことにぞっとした。その感受性によって伝統的な刑罰制度は機能していたのだ。「まさにそれぞれの人間が他人におこったことと一体化し、苦痛にたいしておのずと恐怖をいだくがゆえに、刑罰の選択においては、犯罪者の身体にとってもっとも残酷なものを優先的に選択することが必要であった(25)」。

伝統的な理解においては、身体の苦痛は個々の囚人に全面的に属するものではなかった。それらの苦痛は、共同体の救済と修復というより高次の宗教的・政治的目的をもっていた。身体は権威を刻み込むために切断されたり、精神的・政治的・宗教的秩序を回復するために破壊されたり、焼かれたりすることがありえたのである。いいかえるならば、犯罪者は、その苦しみが共同体に完全性を回復させ、国家に秩序を回復させることになる一種の生け贄として役立ったのである。フランスにおける儀式の生け贄的性格は、フランスの多くの有罪判決のなかに儀礼的な贖罪行為(加辱刑 amende honorable)が組み込まれていたことによって強調された。この贖罪行為では、刑を宣告された犯罪者が処刑台にむかう途中、燃えている松明をもち、教会の前で止まって赦しを乞うたのである(26)。

処罰が生け贄の儀式だったために、お祭り気分が恐怖にともない、ときとして恐怖を凌駕した。公開処刑は、犯罪の危害からの共同体の回復を祝うために何千もの人びとをあつめた。パリにおける処刑は、王家における生誕と成婚が花火によって祝われたのと同じ広場——グレーヴ広場——でおこなわれた。とはいえ、目撃者がしばしば物語ったように、そのようなお祭り気分は処刑に予期しえない性格をもたらした。イギリスの教養層は、タイバーンでの処刑にかならずともなった「もっとも驚くべき酩酊と放蕩の光景」への非難をますますはっきりと表明した(図9)。手紙の書き手は、囚人に付き添うために派遣された聖職者を群衆が嘲笑することや、外科医の見習いと被処刑者の友人とのあいだの死体をめぐる争い、そしてより一般的にいえば、「彼らが眺める見せ物が、あたかも恐怖の代わりに楽しみをあたえる一種の浮かれ騒ぎ」の表現をとっていたことを嘆いた。一七七六年冬の絞首刑を報告したロンドンの『モーニング・ポスト』は、「容赦のない大衆がきわめて非人間的で下劣にふるまった——叫び、笑い、おたがいに雪つぶてを投げ合い、とくに同胞の不幸にたいしてしかるべき同情をしめしたわずかの人びとに雪つぶてをなげた」ことに不満を記した。[27]

群衆がもっと従順であったときでも、その規模の大きさが混乱をひきおこしえた。パリを訪れたあるイギリス人は、一七八七年の刑車に縛りつけての死刑についてこう報告した。「群衆による騒音は、岩だらけの海岸に打ち寄せる波によって生じる耳障りなざわめきのようだった。一瞬、その騒音はおさまった。そして恐ろしい沈黙のなかで群衆は、死刑執行人が鉄棒を手にとり、犠牲者の前腕を打ちつけることによって悲劇をはじめるのを凝視した」と。この観察者や他の多くの観察者をおおいに困惑させたのは、見物している女性の数が多いことだった。「神の創造物のうちでもより繊細でこのうえなく優しく洗練された感情をもつものが、あれほど血なまぐさい見せ物を見るために群れをなしてやってくるというのは、驚くべきことである。けれども、われわれとおなじ人間に科される苦しみを彼女たちが気づかうのは、彼女たちが感じる哀れみと心からの同情のためであることに疑問の余地はな

**図 9**　ウィリアム・ホガースが描いたタイバーンへの行進（1747 年）

「タイバーンで処刑される怠惰な徒弟」は，2 人の徒弟の行く末を対照的に描くホガースの連作版画『勤勉と怠惰 *Industry and Idleness*』の 11 枚目である．この 1 枚は，怠惰な徒弟トマス・アイドルの惨めな最期を描いている．画面中央の右奥，群衆が陣取る正面観覧席に隣接して絞首台が見える．メソジスト派の説教師が囚人に説教をしており，その囚人のほうは，自分が入ることになる棺とともに荷車で運ばれながら，おそらくは聖書を読んでいる．画面の右手前ではひとりの男が菓子を売っている．この男の籠のまわりには 4 本のろうそくがあるが，それは彼が，良い場所を占めようと早くからやってきた人びとに菓子を売るべく，夜明けからそこに陣取っていたためである．悪童が彼のポケットの中身を盗もうとしている．トマス・アイドルの告白書を呼び売りしている女の背後では，別の女が腰に籠をくくりつけてジンを売っている．その女の前ではひとりの女が男を殴りつけており，彼女の近くの別の男は説教師に犬を投げつけようとしている．ホガースは，処刑を見物する群衆の放埒ぶりをあますところなくとらえている．説明文には，「作画・版画 Wm. ホガース．1747 年 9 月 30 日の議会制定法にもとづき出版」とある．25.75×40 センチ．

い」。いうまでもなく、そのような感情が女性たちの支配的な感情であったというのは、「疑問の余地はない」というわけではなかった。群衆は、その見せ物が引きだそうとしてきた感情をもはや感じなかったのである。[28]

苦痛、処罰、そして苦痛を公開の見せ物とすることはすべて、一八世紀の後半にはその宗教的支えを失ったが、しかしそのプロセスはすべて同時に生じたのではなく、当時はあまりよく理解されていなかった。ベッカリーアでさえも、彼が具体化するのにおおいに寄与したあたらしい考え方がもたらす結果を、すべて予見することはできなかった。彼は法を宗教的基礎よりもむしろルソー的基礎にもとづかせようとした。つまり法は「自由な状態にある人間のあいだでとり交わされる協定であるべきだ」と彼は主張したのである。彼は刑罰の緩和に賛成する議論をしたけれども——刑罰は「当該の事件ではできるだけ軽微に」、「犯罪と釣り合いがとれたものに」するべきだった——、しかしそれでも彼もまだ、処罰は公開でなされるべきだと主張していた。彼にとって人前で見せることは、法の透明性を保証するものだったのである。[29]

誕生しつつある個人主義的で世俗的な見解においては、苦痛は、この場でいま苦しんでいる人にのみ属するものであった。苦痛にたいする態度は、その処置が医学的に進歩したために変化したのではなかった。たしかに当時、開業医は苦痛を軽減しようとしていたが、しかし麻酔術における真に大きな前進は、エーテルとクロロフォルムが利用される一九世紀なかばになってはじめて生じたのだ。むしろ、苦痛にたいする態度の変化は、個人の身体とその苦痛の再評価の結果として生じたのである。苦痛や身体それじたいが、いまや共同体のものであるよりもむしろ個人だけのものになったために、個人が共同体の利益やより高次の宗教的目的のために生け贄としてささげられることは、もはやありえなくなった。イギリスの改革家ヘンリー・ダッグが強調したように、「社会の利益は、個人への配慮によってもっともよく促進されるのである」。刑罰は、罪を償うよりもむしろ、社会に「負債」を返済するものと考えられるべきであり、切断された身体からはどのような補償もなされえないことは明白だった。アンシャン・レジームにおいて苦痛は罪の償いの象徴として機能したが、いまや苦痛は、あらゆる意味ある償いへの障害のようにみえた。このような見解の変化の一事例として、イギリスの北アメリカ植民地の裁判官の多くは、財産にたいする犯罪にたいして鞭打ちの刑よりもむしろ罰金を科しはじめたのだった。(30)

したがって、あたらしい見解では、公開の舞台装置で執行される残酷刑は、社会の価値の再確認というよりもむしろ社会にたいする攻撃に等しかった。苦痛は、悔悟をとおして救済への門戸をひらくよりもむしろ〔犯罪者〕個人を残忍にとりあつかい、〔犯罪者との〕一体視によって観衆に人間性を失わせた。したがってイギリスの法律家ウィリアム・イーデンは、犯罪者の死体を人前にさらすことをこう告発した。「畑の畦のかかしのように、われわれはおたがい死体を腐敗させるままにしており、絞首台は人間の死体でいっぱいだ。そのようなものに無理やり慣れ親しませることは、感情のはたらきを鈍化させ、民衆の好意的な偏見を破壊する以外の効果をもちえないことを、ゆめゆめ疑ってはいけない」と。一七八七年までにベンジャミン・ラッシュは、最後の疑念さえはねつけることができた。「犯罪者の矯正は公開処刑によってはけっして実現されえない」と彼はきっぱり断言した。公開処刑はあらゆる恥の感覚を破壊し、態度の変化をなんらうみださず、犯罪の抑止として働くどころか観衆に反対の効果をおよぼす、と。ラッシュ医師は、死刑に反対する点ではベッカリーアに同意したが、刑罰は私的に、監獄の塀の向こう側で執行されるべきものであり、犯罪者の更生、つまり犯罪者の社会復帰と、「あらゆる人間にとってきわめて重要な」彼個人の自由の復活をめざしてなされるべきだ、と論じたとき、ベッカリーアとはちがう見解をしめしたのである。(31)

## 拷問の断末魔

苦痛や刑罰にかんするあたらしい見解へのエリートの転換は、一七六〇年代はじめから一七八〇年代末にかけて段階的におこった。たとえば、多くの法律家が一七六〇年代にカラスの有罪判決の不当性を非難する報告書を公刊したが、しかしヴォルテールと同様に彼らのだれも、司法手続きとしての拷問の利用や刑車に縛りつけての死刑に反対しなかった。彼らもまた、トゥルーズの一般民衆や裁判官の判断を動機づけたと確信していた宗教的狂信に議論を集中した。それらの報告書は、ジャン・カラスの拷問と死刑の瞬間について長々と記述したが、しかし刑罰の手段としてのその正当性に異議を申し立てることはなかったのである。

じっさい、カラスに好意的な報告書は、拷問と残酷刑の背後に横たわる想定を本質的に支持していた。カラスの擁護者は、苦痛の状態にある身体は真実を語るのだと想定していた。そしてカラスは、痛みや苦しみのなかにあっても潔白の主張を曲げなかったとき、自分の無実を証明したのだ(図10)。アレクサンドル＝ジェローム・ロワゾー・ドゥ・モレオンは、カラス擁護派に典型的なことばで、

「カラスは、無実の者にだけ可能な英雄的な忍従によって審問〔拷問〕によく耐えた」と強調した。カラスの骨がひとつずつ順につぶされていったとき、彼は「以下のような感動的なことば」を発した。「私は無実のまま死ぬ。イエス＝キリストは、無実そのものだったが、いっそう残酷な苦しみによって死ぬことを熱烈に願った。神は、自殺した不幸な人間〔カラスの息子〕の罪を私の身体で罰しているのだ。……神は正しい。私は彼の処罰を礼讃する」と。さらにロワゾーは、年老いたカラスの「威厳に満ちた忍耐」は民衆の感情の転換点となったと論じた。拷問のあいだカラスが自分の無実をくりかえし確言するのを見て、トゥルーズの民衆はこのカルヴァン派信徒に同情し、彼にたいして理不尽な疑念を抱いたことを後悔しはじめたのだ。鉄の棒による一撃一撃が、処刑を目撃している人びとの「心の奥底で響き」、「堰を切ったような涙が居合わせていたすべての人びとの眼から流れ出たが、あまりにも遅すぎた」。「堰を切ったような涙」は、拷問や残酷刑の背後に横たわる想定が異議申し立てをうけないままであるかぎり、つねに「あまりにも遅すぎた」ということになるのだ(32)。

そうした想定のなかで重要なのは、個人の心が抵抗しているときでも、拷問は身体を刺激して真実を語らせることができるということだった。ヨーロッパにおける観相術の長期にわたる伝統によって、人間の性格は身体の兆候や様子から読みとることができると考えられていた。一六世紀後半と一七世紀には、「顔相術 metoposcopy」にかんする多様な作品が刊行され、人間の性格や運命をその人の顔の輪郭やしわやシミからいかに読みとるかを読者に教えることを約束していた。そのような作品のタイトルの典型は、一六五三年に刊行されたリチャード・サウンダーの『観相術、手相術、顔相術。身体の均整のとれた比率とシミの意味の完全かつ正確な説明。男女双方にとって生まれながらに定まっているそれらの意味』だった。このような伝統のより極端なかたちを確認するまでもなく、多くのヨーロッパの人びとは、身体は意図しないかたちで内面の人格をあきらかにすることがありえるのだと信じていた。そのような考え方の残滓は、たとえば骨相学というかたちで、一八世紀後半や一九世紀前半にいまだ見ることができたが、たいていの科学者や医者は、一七五〇年以後そのような考え方に

**図 10**　カラス事件の感傷的描写

カラス事件にかんしてもっとも広く流布した版画は，ドイツの画家・版画家ダニエル・ホドヴィエツキの手になるこの大判のもの(34×45 センチ)である．ホドヴィエツキは自分で描いた同じ場面の油彩画にもとづいてこの版画を制作した．このエッチングのおかげで，彼の名声は確立し，カラスの処罰によって広範囲に引き起こされた憤激が長く続くことにもなった．この版画を制作したちょうど3年前に，ホドヴィエツキは，ベルリンに亡命したフランス人プロテスタントの一家に婿入りしていた．1768年．フランス国立図書館蔵．

背を向けた。彼らは、身体の外見はその内面の心や性格となんら関係がないと論じた。したがって、犯罪者が偽り隠すことがありうるし、無実の人間が犯していない犯罪を自白することも無理はないのだ、と。ベッカリーアが拷問反対の議論をしているときに強調したように、「強固な人間は逃れ、薄弱な人間は断罪されるのだ」。ベッカリーアの分析によれば、苦痛は「真実の試金石、つまり拷問に服している哀れな人の筋肉や神経繊維に真実が宿っていることをしめすもの」ではありえなかった。苦痛は、たんに道徳的感情とは関連がない感覚にすぎなかったのである。(33)

法律家たちの報告書は、「審問」が観察者の目から離れたところでこっそりおこなわれたために、拷問にたいするカラスの反応についてはは比較的わずかしか語らなかった。ベッカリーアの目には、非公開でおこなわれる拷問がとりわけ気にくわなかった。それは、被告人が有罪と確定する以前にさえ「公的保護」をうしない、さらに刑罰の抑止価値もうしなわれることを意味した。フランスの裁判官たちはまたあきらかに、とりわけ自白を得るための拷問についてある種の疑問を感じはじめていた。一七五〇年以後、フランスの高等法院(地方の控訴裁判所)は、カラス事件でトゥルーズ高等法院がおこなったような判決以前の拷問(「予備拷問」)を止めさせるために介入しはじめた。それらの高等法院はまた、死刑判決をくだすことがより少なくなり、死刑囚は火刑に処されたり刑車に縛りつけられたりする以前に絞殺されることを命じることが以前よりも頻繁になった。(34)

しかし裁判官たちは、拷問を完全には放棄しなかったし、拷問の宗教的枠組みにたいするベッカリーアの軽蔑に同意しようとはしなかった。このイタリアの改革家は、「拷問に賛成するもうひとつのばかげた動機、つまりひとりの人間の汚れを清めること」を即座に非難した。この「ばからしさ」は

「宗教の所産」として説明されうるのみであった。拷問はその犠牲者を最初から不名誉なものとしてしまうから、汚れを洗いながすことはほとんどできないというのである。ミュヤール・ドゥ・ヴグランは、ベッカリーアの議論に反対して拷問を擁護した。誤って有罪を宣告されたひとりの無実の者の事例は、有罪であるのに拷問を利用しなくてはけっして有罪とすることができない「その他の一〇〇万の者」と比較すればほとんど問題ではない、というのだった。司法手続きとしての拷問はそれゆえ有用であるだけでなく、それが古くからどこでもおこなわれていることによっても正当化されえた。しばしば指摘される例外は、フランスじたいや神聖ローマ帝国の歴史のなかに探しもとめられるべき常習的傾向をかえって立証するものだ、とミュヤールは強調した。ミュヤールによれば、ベッカリーアの方式は、教会法、市民法、国際法、そして「あらゆる世紀の経験」に矛盾していたのである[35]。

ベッカリーア自身は、拷問にかんする自分の見解と、生まれようとしていた権利の言語とのつながりを強調しなかった。しかしほかの人びとが彼に代わってそうする覚悟を決めた。ベッカリーアのフランス語翻訳者であるアンドレ・モルレ師は、ベッカリーアの論述の順序を変え、〔拷問と〕「人間の権利」との関連に読者の注意を向けさせようとした。モルレは、一七六四年のイタリア語初版の第一一章の終わりから、ベッカリーアが「人間の権利 i diritti degli uomini」を支持する意図にただ一度言及している個所をとりだし、それを一七六六年のフランス語訳の序論に移動させたのである。こうして人間の権利を擁護することは、いまやベッカリーアの中心的な目的のようにみえた。そしてそれらの権利は、個人の苦痛に反対するための不可欠の防壁として確認された。モルレによる配列変更は、それにつづく多くの翻訳において、さらに後のイタリア語版においてさえ採用された[36]。

ミュヤールの最大限の努力にもかかわらず、一七六〇年代に形勢は拷問に不利となっていった。拷問にたいする批判はそれ以前に公表されていたが、ぽつぽつ出されていた刊行物がいまや一定の流れとなったのである。この非難をリードしたのが、ベッカリーアの多くの翻訳、増刷、再版だった。約二八のイタリア語版——その多くは、出版者名や出版地などをいつわっていた——、そして九つのフランス語版が、一八〇〇年以前に出された。ベッカリーアの著作は一七六六年のローマ・カトリック教会の禁書目録にのっていたにもかかわらず、である。英語の翻訳は一七六七年にロンドンで刊行され、グラスゴー、ダブリン、エディンバラ、チャールストン、フィラデルフィアの各版がつづいた。そしてそのすぐあと、ドイツ語、オランダ語、ポーランド語、そしてスペイン語の翻訳がつづいた。ロンドンのベッカリーアの翻訳者は、時代の雰囲気の変化をこうとらえた。「刑法は……いまだきわめて不完全で、あらゆる国においてきわめて多くの不必要に残酷な事態がともなっているので、それらの残酷な事態を減少させ理性の基準に見合うようにする試みは、人類すべてにとって関心事でなければならない」と。(37)

ベッカリーアの影響力の増大はきわめて劇的だったので、啓蒙運動への敵対者たちは、陰謀の手がはたらいているのを見たと主張した。カラス事件につづいて刑法改革にかんする決定的な小冊子が刊行されたのは偶然の一致だったのだろうか。しかも、作者はといえば、その小冊子を刊行しなければ無名の、法律についておおざっぱな知識しかもっていないイタリア人ではないか。一七七九年に、いつも煽動的なジャーナリストであるシモン＝ニコラ＝アンリ・ランゲは、ある目撃者が彼にすべてをくわしく説明してくれたと報告した。

カラス事件の直後、百科全書派が、カラスの苦しみを盾にとり、好都合な事態を利用して、いつものように直接自分たちの信用を落とすようなことはせずに、イタリア人の銀行家でよく知られた数学者、ミラノのバルナビーテ師に手紙を書いた。彼らは、刑罰や不寛容の苛酷さに反対する宣言を解き放つ時期だと彼に伝えた。そしてイタリアの哲学がその武器を提供すべきであり、自分たちはパリでひそかにそれを利用することができるだろうと彼に伝えた。

ランゲは、ベッカリーアの小冊子が、カラスや他の最近不正に苦しんでいる人びとを支持する間接的な訴訟趣意書とひろくみなされていることに、不平をのべたのであった。[38]

ベッカリーアの影響力は拷問に反対する運動を活性化するのに寄与したが、しかしそれは、最初はゆっくりとしか進まなかった。ディドロ編の『百科全書』の拷問にかんするふたつの項目は、ともに一七六五年に公表されたが、そのあいまいさをとらえている。拷問の法理論にかんする最初の項目でアントワーヌ゠ガスパール・ブシエ・ダルジスは、被告人がうける「暴力的な拷問」にそっけなく言及したが、しかしその価値にかんしてはなんらの判断もしめさなかった。とはいえ、拷問を刑事訴訟の一部として考察した次の項目では、ルイ・ドゥ・ジョクールは拷問の使用について熱心に論究し、「人間性の声」から、有罪か無罪かのたしかな証拠を提供するうえでの拷問の欠陥にいたるまで、入手しうるすべての議論を展開した。一七六〇年代の後半に、刑法改革を唱える五冊の新刊書が出された。対照的に、一七八〇年代には、そのような著作が三九冊も刊行されたのである。[39]

一七七〇年代と一七八〇年代に、拷問の廃止と刑罰の緩和をもとめる運動にはずみがついた。イタリア諸国家やスイス諸州やフランスの学術協会が、刑法改革にかんする最良の論文に懸賞を提供したからであった。フランス政府は、拷問にたいする批判の論調の高まりをきわめて厄介なものと考え、シャロン＝シュル＝マルヌのアカデミーに命じて、一七八〇年の受賞者であるジャック＝ピエール・ブリソ・ドゥ・ワルヴィルによる論文の印刷を止めさせた。ブリソの非難のレトリックは、どんな新しい提案よりも警戒を誘発したのである。

人間が自然から受けとるこれらの神聖な権利は、社会の司法装置によってきわめてしばしば侵害されているが、手足を切断する刑罰の一部の廃止と維持すべき刑罰の緩和とを要請している。穏健な政府のもと穏和な風土で生活している優しい[douce]国民が、愛すべき性格と穏和な慣習を、食人鬼の残虐さとむすびつけることができるとは考えられないことである。というのも、わが国の司法上の刑罰は血と死だけをただよわせ、被告人の心にただ怒りと絶望だけを吹き込みがちだからである。

フランス政府は、みずからが食人鬼にたとえられるのを好ましいと思わなかったが、しかし一七八〇年代までに、司法手続きとしての拷問と残酷刑という野蛮な行為は、改革のスローガンとなっていた。一七八一年に、刑法改革の長年の提唱者ジョゼフ＝ミシェル＝アントワーヌ・セルヴァンは、ルイ一六世が罪の自白を得るための拷問、つまり「じつに何世紀ものあいだ正義の神殿そのものを簒奪し、死刑執行人が苦痛の極致を教える苦しみの学校にしていたこの悪名高い拷問」をすこし前に廃止したことを称賛した。司法手続きとしての拷問は、彼にとって「一種のスフィンクス〔人間の頭とライオンの身体をそなえたギリシア神話の怪物で、通行人に謎をかけ、解けないものを殺したとされる〕……野蛮な者ともども助けてやる価値のほとんどない不条理な怪物であった」[40]。

ブリソは、若さと経験不足にもかかわらず、ほかの改革家によって励まされて一〇巻からなる『立法者と政治家と法律家の哲学文庫』(一七八二—一七八五年)を出版しようとくわだてた。この文庫はスイスで印刷され、フランスにこっそり持ち込まれるはずであった。それは、ブリソ自身の著作とほかの改革家の著作を集めたものであった。ブリソはたんに〔改革家の著作を〕総合した者でしかなかったが、拷問と人間の権利をむすびつけたことは明白だった。「人間 humanity の踏みにじられた権利を擁護することが問題であるのに、若すぎるということがあるだろうか」と。「人間」という用語(たとえば「苦しんでいる人間の光景」)は、彼の著作にくりかえし出てきた。一七八八年にブリソは、フランスにおける最初の奴隷制廃止のための協会である「黒人の友の会」を創設した。こうして刑法改革のための運動は、人権一般の擁護といっそう密接にむすびつくことになったのである[41]。

ブリソは、一七八〇年代のフランスのさまざまな有名訴訟事件で訴訟趣意書を書いた法律家とおなじレトリック戦略を展開した。つまり彼らは、誤って被疑者とされた依頼人を弁護しただけではなく、しだいに法律制度全体を告発するようになったのだ。訴訟趣意書を書く人びとはふつう、自分たちの依頼人の一人称のことばを用いてメロドラマ風の小説的語りを展開し、自分たちの主張をつよく納得させせた。このレトリック戦略は、ブリソの通信相手のひとり、シャルル゠マルグリト・デュパティによって書かれたふたつの訴訟趣意書において頂点に達した。デュパティはパリに住むボルドー出身の司法官で、加重窃盗のために刑車に縛りつけての死刑を宣告された三人の死刑囚のために介入したのである。一七八六年のデュパティの最初の訴訟趣意書は二五一ページの長さだったが、ただたんに司法手続きにおける誤りをことごとく非難しただけでなく、収監中の三人との会見にかんする詳細な報告をもふくんでいた。その報告のなかでデュパティは、会見の情景を叙述するさいに彼自身の見方から囚人自身の見方へと、巧妙にこう転じている。「そしてわたしに、ブラディエ［囚人のひとり］がそのとき、俺の身体の半分は六カ月間腫れあがったままだ、といった。そしてラルドワーズ［囚人のもうひとり］はわたしに、神のおかげで［監獄における流行病に］耐えることができたが、けれども鉄の足枷（わたし［つまりデュパティ］は彼が三〇カ月足枷を嵌められていたとじゅうぶん信じることができる）の圧迫のために俺の足はひどく痛んで壊疽が進行しはじめ、もう少しで切断しなくてはならなかった、といった」。この場面はデュパティが涙を流して終わる。こうして法律家は、囚人にたいする自分の共感をできるだけ利用するのだ(42)。

デュパティはそれから視点をふたたび転じて、今度は裁判官に直接こう話しかける。「ショーモンの裁判官のみなさん、司法官と刑法学者のみなさん、聞きましたか……これは理性と真実と正義と法の叫びです」と。最後に、デュパティは国王に介入することを直接呼びかける。彼は国王に、カラスから彼自身が担当する三人の告訴された窃盗犯にいたるまで、無実の者の声に耳を傾けるようこう懇願する。「陛下の玉座の高みから、陛下の刑法の血みどろの落とし穴をすべて見渡していただきますよう。そのもとでわたしたちは死に、毎日無実の者が死んでいるのです」と。それから訴訟趣意書は、

理性と人間性に見合うように刑法を改革することをルイ一六世に懇願する数ページをもって完結する。(43)

デュパティの訴訟趣意書は、被告人に好意的で法制度に批判的な世論をおおいに喚起したので、パリ高等法院はそれを公の場で焼却することを評決した。この高等法院のスポークスマンは、訴訟趣意書の小説的なスタイルをこう非難した。デュパティは、「自分のかたわらに、身震いし彼に助けをもとめて接触しようとする人間、彼にその傷をしめす乱れた祖国、彼の声をひきうけ、彼に国民の名において語ることを命じる国民全体を見ているのだ」と。しかし高等法院は世論の高まりをせき止めるには無力であることが判明した。ジャン・カリタ、つまりフランス革命においてすぐにもっとも首尾一貫した、遠大な影響力をもつ人権の擁護者となったコンドルセ侯爵は、一七八六年末にデュパティを支持するふたつのパンフレットを公刊した。コンドルセは彼自身法律家ではなかったが、カラス事件やそれ以後に下された他の不正な判決にみられる「人間にたいする軽蔑」と、継続する「自然法の明白な違反」を攻撃したのである。(44)

一七八八年までに、フランス王権じたいが以上のようなあらたな態度の多くを認めるようになっていた。共犯者の名前を得るための処刑前の拷問を一時的に廃止する王令において、ルイ一六世の政府は、「無実の者に安心感をあたえ、……刑罰から過度の厳しさをすべて取りのぞき、……人間性が要請する節度をすべて守って悪人を処罰すること」について語った。ミュヤールは、フランス刑法についての一七八〇年の論文において、拷問によって獲得される自白の妥当性を擁護するときには、「最近ますます信用されるようになった説と闘わなくてはならないという事実をけっして無視しない」と認めていた。しかし彼は、自分の敵対者はたんに論争家であり、自分の主張には過去の力の裏付けがあるのだと強調して、論争に入るのを拒否した。フランスで刑法改革をもとめる運動がきわめて成功したので、一七八九年、刑法における悪弊をただすことは、きたるべき全国三部会のために準備された陳情書でもっともしばしば指摘された問題のひとつとなったのである。(45)

## 情念と人間

このようにしだいに一方的となった論争の過程で、身体にあたえられた新しい意味がより完全に明白となった。カラスの破壊された身体、あるいはデュパティの告訴された窃盗犯ラルドワーズの壊疽した足でさえも、あらたな尊厳を獲得した。拷問や残酷刑にかんする一進一退の議論なかで、この尊厳はまず、身体への司法手続き上の暴力にたいする否定的な反応としてあらわれた。しかし時間の経過とともに拷問は、デュパティの訴訟趣意書において明白なように、共感という積極的感情の対象となった。一八世紀末ごろになってはじめて、新しい人間モデルの前提が明示的になった。ベンジャミン・ラッシュ医師は、一八ページの短いが啓発的な一七八七年のパンフレットにおいて、公開処刑の欠点を、自律的だが同情的な個人という新しい観念とむすびつけた。医者としてラッシュは、処罰における身体的苦痛の利用をある程度みとめてはいた。とはいっても、彼が「労働、監視、孤独、そして沈黙」をより好んだことは明白であり、犯罪者の個人的人格と潜在的有用性をみとめていたのである。公開処刑は、彼の見解では「われわれの世界において神の慈悲の代わり」となっている同情心を破壊する傾向があるがゆえに、きわめて議論の余地があるものであった。これらは、鍵となることばだった。同情――あるいは現在わたしたちが共感と呼ぶもの――が道徳の基礎、人間の生活における、つまり「われわれの世界における」神の火花を提供したのである。

「感受性は道徳のはたらきの見張り役だ」とラッシュは断言した。彼はこの感受性を、「瞬時の正義の感覚」、道徳的善をもとめる一種の学習性反応にたとえた。公開処刑は同情が作用することを不可能にしたというのだ。「犯罪者がこうむる苦痛は国家の法の結果であってだれも逆らうことができないので、見物人の同情は実を結ばずに、それが目覚めた元の胸にむなしく戻ることになる」と。こうして公開処刑は、見物人をしだいに無感覚にすることによって社会的感情を掘り崩した。そして見物人は、「すべての人びとにたいする愛」の感情と、犯罪者も自分自身とおなじ身体と霊魂をもっているという感覚を、失ってしまったのだ、と。(46)

ラッシュはたしかに自分自身を良きキリスト教徒とみなしたが、彼の人間モデルは、ミュヤール・ドゥ・ヴグランによって拷問や伝統的な身体刑を擁護するさいに提起されたモデルとは、ほとんどあらゆる点においてことなっていた。ミュヤールにとって、原罪は人間がその情念を統御できないことを説明するものだった。なるほど、情念は人生に動機づけをおこなう力を提供したが、しかし情念に固有の狂乱、さらに反逆は、理性や共同体の圧力や教会によって統制されねばならなかった。そして犯罪のようにもしそれがだめな場合には、国家によって統制されねばならなかった。ミュヤールの見解では、犯罪(悪徳)の源泉は、欲望や恐怖という情念、「自分がもっていない物を獲得しようとする欲望と自分がもっている物をうしなう恐怖」だった。これらの情念が、人間の心に自然法によって刻みこまれた名誉や正義の感情を押しつぶしたというのである。国王たちは神の摂理によって人間の生命を支配する最高の権力をあたえられ、その権力を裁判官たちに委任したが、恩赦の権利を自分のために保有していた。したがって刑法の主要な目的は、美徳にたいする悪徳の勝利をさまたげることだった。人間に固有の悪を抑制することが、裁判にかんするミュヤールの見解の標語だったのである(47)。

改革家たちは、このモデルの哲学的・政治的前提を最終的にくつがえして、その代わりに本来善良な人間の性質を教育と経験をとおして啓発することを提唱した。一八世紀のなかばまでに、啓蒙思想家のなかには、情念にかんして神経学者のアントニオ・ダマシオによって提起されたばかりの立場と同じ立場をとった者もいた。ダマシオは、情動は推論や意識にとって決定的に重要で、情動はそれらと対立するのではないと強調しているのである。ダマシオは自分の知的ルーツを一七世紀のオランダの哲学者スピノザにまでたどっているが、ヨーロッパのエリートたちは、一八世紀になってようやく情動――彼らの用語では情念 passions ――にかんするより積極的な評価を一般にうけいれるようになった。「スピノザ主義」は、唯物論(霊魂は物質にすぎず、それゆえ霊魂は存在しない)や無神論(神は自然であり、それゆえ神は存在しない)につながるものとして評判が悪かった。それにもかかわらず、一八世紀なかばまでに、知的職業の人びとのなかには、一種の暗黙の、あるいはソフトな唯物論を受けいれた人がいた。つまりこの唯物論は、霊魂について神学的主張はなんらおこなわなかったが、しかし物質は考え感じることができるのだとじっさい論じたのである。この型の唯物論は、あらゆる人間はおなじ身体的・精神的組織をもっており、それゆえ生まれよりも経験や教育が人間のあいだの相違を説明するのだという平等主義的立場に論理的に帰着した(48)。

明白に唯物論哲学に同意したかどうかはともかく――多くの人びとは同意しなかった――、教養あるエリートの多くは、情念にかんしてミュヤールの見解とはきわめてことなる見解をもつにようになった。情動と理性はいまやパートナーとみられた。情念は、スイスの生理学者シャルル・ボネにしたがえば、「感覚的存在と知的存在の唯一の原動力」であった。情念は望ましいものであり、人間性の改善のために教育によって動員されうるものであった。人間性はいまや、生まれながらに悪いというよりもむしろ、完全なものにすることができるとみられたのだ。この見解にしたがえば、犯罪者は過ちをおかしても、再教育することが可能だった。さらに、生物学に基礎をおく情念が道徳的感受性を育むというのである。感情は身体的感覚への情緒的反応であり、倫理観はその社会的構成要素(感受性)を引きだすためにこの感情を鍛錬することで得られるものであった。トマス・ジェファソンのお気に入りの小説家ローレンス・スターンは、多くを物語るタイトルのついた小説『センチメンタル・ジャーニー』の中心的登場人物の口をかりて、新しい時代の信条をこう表現した。

親愛なる感受性よ!……われわれの感情の永遠なる泉よ!――私があなたの跡をたどりいたるのはここです――そして私のなかで躍動するのはあなたの神のような性質です……そして私は自分自身の力のおよばないところで、惜しげもない喜びと配慮を感じるのです――すべてはあなたからやってきます。偉大な――偉大な世界の感覚中枢よ! それは、あなたの創造物のなかでもっとも遠い砂漠で、われわれの頭から一本の毛が地上に落ちるだけでも振動するのです。

スターンは、この感受性を、「もっとも粗野な農民」にさえ見いだしたのである。(49)

ハンカチで鼻をかむことや音楽に耳を傾けること、小説を読むこと、あるいは肖像画を注文することを、拷問の廃止や残酷刑の緩和とむすびつけるのは、ややこじつけにみえるかもしれない。けれども法的に承認された拷問は、まさに裁判官がそれに見切りをつけたために、あるいは啓蒙運動の作家たちが最終的にそれに反対したために、廃止されたのではなかった。拷問は、苦痛や個性にかんする伝統的な枠組みが崩壊して、少しずつ新しい枠組みにとってかわられたために廃止されたのである。この新しい枠組みにおいて個人は、みずからの身体の所有者であり、個人が別個の存在であることや身体が侵害されないことへの権利をもち、ほかの人びとのなかに自分自身におけるのと同じ情念、感情、同情を承認したのだ。最後にもう一度、すばらしい医者ラッシュのことばに戻ろう。「われわれが嫌っている男、おそらく女［有罪を宣告された犯罪者］も、われわれの友人や親戚とおなじ素材でできている魂と身体をもっている」。われわれが彼らの苦難を「情動や同情もなく」傍観するなら、「同情の原理」そのものが「まったくはたらかなくなり……すぐに人間の胸中においてその場をうしなうことになるだろう」(50)。

# 第三章

## 「彼らは偉大な手本をしめした」

### ――権利を宣言する

"THEY HAVE SET A GREAT EXAMPLE"

宣言(DECLARATION):言明し、告げ、発表する行為、あるいは公式に、明示的に、形式にのっとって告知する行為。断定的な言明、あるいは断言、すなわち、力のある、厳粛な、あるいは法的なことばでの断言、声明、あるいは告知。……文書、証書、あるいは公的な法律において具体的に表現された布告あるいは公式声明。

――『オクスフォード英語辞典(OED)』電子版第二版

なぜ、権利は宣言というかたちで発表されなければならないのであろうか。なぜ、さまざまな国や市民がそのような形式的な声明の必要性を感じるのであろうか。拷問や残酷刑を廃止しようとする運動が、ひとつの回答をしめしている。つまり、形式的で公式の声明は、底流をなす態度に生じた変化を追認するものなのである。しかも一七七六年と一七八九年の権利の宣言はさらに先をいくものであった。それらの宣言は、たんに態度や期待における一般的な変化をしめすものではなかった。それらは、アメリカのばあいにはジョージ三世とイギリス議会から新しい共和国へと、フランスのばあいには絶対的権威を主張する王政から国民とその代表へと、主権の移行をもたらすのに寄与したのである。一七七六年と一七八九年に宣言したことは、まったく新しい政治的展望を切り拓いたのだ。拷問と残酷刑に反対する運動は、それ以後、それ以外のきわめて多くの人権運動と融合することになる。そしてこのつながりは、アメリカとフランスの宣言がなされて以後はじめて生じたのである。

「宣言」という語の歴史は、主権の移行にかんして最初の指標をあたえてくれる。英語の「宣言 declaration」という語は、フランス語のデクララシオン déclaration に由来している。フランス語では、この語はもともと、封建領主にたいして忠誠を誓う見返りに授与される土地の目録に関連していた。一七世紀をとおして、その語はしだいに国王の公式声明と関係するようになった。いいかえるならば、宣言するという行為は主権とむすびついたのである。権力が封建領主からフランス国王へと移行するにつれて、宣言をおこなう権限もまたそのように移行したのだ。イングランドでもまた転換が進行した。すなわち、臣民が自分たちの権利の再確認を国王にもとめたとき、彼らはみずからの宣言を作成したのである。こうして、一二一五年のマグナ・カルタ(「大憲章」)は、イングランド王にたいする貴族の権利に一定のかたちをあたえた。また一六二八年の権利の請願は、「臣民のさまざまな権利と自由」を確認した。そして一六八九年の権利の章典は、「この王国の臣民の古来の疑う余地のない真の権利と自由」を合法化した。[1]

一七七六年と一七八九年には、「憲章 charter」「請願 petition」、そして「章典 bill」という語は、権利を保障するという課題には不適切なようにみえた(おなじことが一九四八年にもいえよう)。「請願」や「章典」はどちらも、より高次の権力への要求や訴えという意味をふくんでおり(bill はもともと「君主への請願」という意味だった)、charter はしばしば、古い文書とか証文を意味していた。「宣言」には、古くさくて従属するという意味合いがより薄かった。しかも、「請願」や「章典」、さらに「憲章」とはちがって、「宣言」は主権を奪取するという意図をも意味しえた。それゆえジェファソンは、アメリカ独立宣言を、それを宣言する必要性を説明することからはじめたのである。「人間世界の出来事が展開するなかで、ある人民が、別の人民とむすんできた政治的絆を解消し、自然の法と自然の神の法によって認められている独立・対等な地位に世界の国々に伍して就くことが必要となるとき、人類のさまざまな意見にしかるべき敬意を払おうとするなら、その人民は、独立へと駆りたてられた理由を宣言する[強調はハント]ことが必要であろう」と。「しかるべき敬意」という表現が、中心的な主張をあいまいにすることはありえなかった。すなわち、アメリカ植民地が独立・対等な国家であることを宣言し、みずからの主権を奪取しようとしていたことを、である。

対照的に、一七八九年のフランスの議員は、自分たちの国王の主権を明確に否認する心の準備がまだできていなかった。それにもかかわらず、彼らは、「人間と市民の権利の宣言」において国王にかんするいっさいの言及を故意に省くことによって、ほぼそれと同じことをなしとげた。「国民議会を構成しているフランス人民の代表者たちは、人権にかんする無知、無視あるいは軽蔑が公衆の不幸と政府の腐敗の唯一の原因であることを考慮して、厳粛な宣言[強調はハント]において、人間の生得の、譲渡しえない神聖な権利について述べることを決意した」。国民議会は、特定の問題にかんして演説したり法を起草したりする以上のことをしなければならなかった。つまりこの議会は、権利は支配者と市民とのあいだの契約から生じたものではなく、ましてや権力者にたいする請願や権力者によって認められた憲章から生じたものではなおさらなく、むしろ人間自身の本性から生じたのだということを、後世の人びとにむけて文書化しなければならなかったのである。

宣言するというこれらの行為は、過去を振りかえると同時に未来を見通したものであった。アメリカとフランスのいずれのばあいも、宣言をおこなった人びとは、すでに存在していて、疑問の余地のない権利を確認しようとしていると主張した。しかしそうすることによって彼らは、主権における革命をなしとげ、まったく新しい統治の基礎をつくりだしたのだ。アメリカ独立宣言は、国王ジョージ三世が植民者の既存の権利を踏みにじったのであり、この行為は独立した政府の樹立を正当化するものだ、と主張した。「いかなる政府形態も、これらの目的［権利の保障］にとって有害となるときはいつでも、その政府を改変または廃止して、新しい政府を組織することは、人民の権利である」と。おなじように、フランスの議員たちは、これらの権利がたんに無視され、軽視され、あるいは軽蔑されてきたと宣言し、それらの権利をつくりだしたとは主張しなかった。とはいえ、過去においてはそうではなかったにしろ、「これからは」これらの権利が政府の基礎となると宣言は提案した。議員たちは、これらの権利はすでに存在しており、自分たちはそれらの権利をたんに擁護しているのだと主張しながらも、根本的に新しいものをつくりだしたのだ。つまり、政府はあらゆる人びとに権利を保障することによって正当化されるのだ、ということをである。

## アメリカで権利を宣言する

アメリカ人たちは、イギリスからの独立という明確な計画をもって事をおこしたのではなかった。一七六〇年代にはだれも、権利という観念によって自分たちがそのようなあらたな領域に導かれることになるとは思っていなかった。たとえば、拷問や残酷刑をめぐる論議における感受性の転換によって、権利という観念が教養層にとってより現実的なものになったが、しかし権利の観念はまた、政治的情況に応じて変化したのである。一八世紀には権利について語るふたつの様式の言語が流通していた。つまり、権利の個別主義的な様式(ある人民や国民的伝統に特有な権利)と、普遍主義的な様式(人間一般の権利)がそれであった。アメリカ人たちは、状況によって、そのどちらか一方、あるいは両者をむすびつけて利用した。たとえば、一七六〇年代なかばの印紙税危機〔イギリスがアメリカ植民地の同意なしに植民地の出版物などに課税する印紙法を制定したため、はげしい反対運動がおこった〕の時期には、アメリカのパンフレット作者はイギリス帝国内の植民者としての自分たちの権利を強調するいっぽう、一七七六年の独立宣言は明白に、あらゆる人間の普遍的権利を引き合いに出したのである。それからアメリカ人は、一七八七年の憲法と一七九一年の権利の章典においては彼ら自身の固有の伝統をかかげた。それと対照的に、フランス人はほとんどただちに権利の普遍主義的様式を採用したが、これは部分的には、君主の個別的・歴史的主張の効力を弱めるためであった。フランスの宣言をめぐる議論において、マチュー・ドゥ・モンモランシーは、「アメリカ合衆国の手本にしたがうように」

彼の仲間の議員たちに説いた。「彼らは新しい半球において偉大な手本をしめした。われわれも全世界にむかって偉大な手本をしめそう」と。(2)

アメリカ人とフランス人が人間の権利を宣言する以前は、〔権利にかんする〕普遍主義の主要な提唱者は、大国の周辺に住んでいた。まさにこの周辺性のゆえにおそらく、オランダとドイツとスイスの少数の思想家が、権利は普遍的なものであると論じる点で先頭に立つことができたのである。はやくも一六二五年に、オランダのカルヴァン派の法学者フーゴ・グロティウスは、たんにひとつの国やひとつの法的伝統にではなく、あらゆる人間に適用可能な権利という観念を提案した。彼は、「自然権」を沈着に、神の意志とは独立して考えることができるものと定義した。彼はまた、社会生活の契約上の基礎を確立するために、人びとは——宗教の助けをかりることなく——自分の権利を行使することができると示唆した。彼のドイツにおける信奉者で、ハイデルベルク大学の自然法の最初の教授であるザムエル・プーフェンドルフは、一六七八年に出版された自然法の教義にかんする概説史において、グロティウスの業績を中心的に叙述した。プーフェンドルフはいくつかの点でグロティウスを批判したが、彼のおかげで権利思想にかんする普遍主義的潮流の主要な起源としてグロティウスの世評が確定したのである。(3)

スイスの自然法理論家たちは、一八世紀初期のこれらの思想をもとに議論を展開した。彼らのなかでもっとも影響力をもったジャン゠ジャック・ビュルラマキは、ジュネーヴで法律をおしえた。彼は、『自然法の原理』(一七四七年)で、一七世紀のさまざまな自然法にかんする著作を総合した。ビュルラマキは、彼の先行者とおなじく、普遍的な自然権という観念に具体的な法的ないしは政治的内容をほとんどあたえなかった。彼の主要な目的は、自然権の存在とそれが理性や人間性から由来することを証明することにあったのだ。彼は、自然権という観念を、同時代のスコットランドの哲学者が内面の道徳感情と呼んだものとむすびつけることによって(したがって本書の最初のほうの章での議論を先取りしている)、その観念を更新したのである。ビュルラマキの著作はただちに英語とオランダ語に翻訳され、一八世紀の後半には自然法と自然権＝生得権にかんする一種の教科書としてひろく利用された。なかでもルソーは、ビュルラマキを出発点と考えた。(4)

ビュルラマキの著作は、西ヨーロッパと北アメリカ植民地の全域にわたって自然法と自然権理論がより一般的に復活するきっかけとなった。もうひとりのジュネーヴのプロテスタントであるジャン・バルベラクは、グロティウスの主著の新しいフランス語訳を一七四六年に出版した。彼はそれ以前に、自然法にかんするプーフェンドルフの著作のひとつのフランス語訳を出版していた。フランス人ジャン・レヴェスク・ドゥ・ビュリニによるお世辞に満ちたグロティウスの伝記は一七五二年にあらわれ、一七五四年には英語に翻訳された。一七五四年には、トマス・ラザフォースがグロティウスと自然法についてケンブリッジ大学でおこなった講義録を刊行した。グロティウス、プーフェンドルフ、そしてビュルラマキはすべて、法律を勉強したジェファソンやマディソンのようなアメリカの革命家たちにはよく知られていたのである。(5)

イングランドは、一七世紀に知的関心の広いふたりの重要な思想家を生みだしていた。トマス・ホッブズとジョン・ロックである。彼らの作品は、イギリスの北アメリカ植民地でよく知られており、とくにロックは、おそらくイングランド人の考え方に影響をあたえた以上にいっそう、アメリカ人の政治的考え方をかたちづくるのに寄与した。ホッブズはロックほどの影響力をもたなかったが、これはホッブズが、自然権は絶対的権力のために放棄され、そうしなければおこる「万人の万人に対する闘争」を避けなければならないと考えたからであった。グロティウスが自然権を生命、身体、自由、名誉(これらは、とくに奴隷制を疑問視させるようにみえる項目である)と同一視したのにたいして、ロックは、自然権を「生命、自由、財産」と定義した。ロックは財産権を強調したので、奴隷制には異議申し立てをしなかった。彼は、正当な戦争でとらえられた捕虜を奴隷とすることを正当化した。ロックは、「カロライナ州のあらゆる自由人がその黒人奴隷にたいして絶対的な権力と権威をもつこと」を確実にする法律の制定を提案さえしたのである。(6)

それでも、ホッブズとロックの影響にもかかわらず、大多数ではないにしても多数のイギリス人、したがってアメリカ人の、一八世紀前半における自然権＝生得権にかんする議論は、普遍的に適用可能な権利にではなく、自由の身に生まれたイギリス人の歴史的に基礎づけられた個別的な権利に集中していた。一七五〇年代に著述にたずさわっていたウィリアム・ブラックストーンは、なぜ彼の国の人びとが普遍的な権利ではなく、個別的な権利に議論を集中しているのかをこう説明した。「これら[生得の自由]は、以前は、相続するか購入するかによって、人類すべての権利であった。しかしこれらの権利は、イギリス以外の世界の多くの国ではいまや多かれ少なかれ貶められ消滅して、現在では特別に際立ったかたちで、イギリス人の権利にとどまっているといえよう」と。権利はかつては普遍的なものであったとしても、優秀なイギリス人だけが何とかうまくその権利を保持したのだと、この傑出した法律家は主張したのである。(7)

にもかかわらず、一七六〇年代からはイギリスの北アメリカ植民地で、権利にかんする普遍主義的要素が個別主義的な要素と絡み合いはじめた。たとえば、ボストンの法律家ジェイムズ・オティスは、『イギリス植民地の権利の主張と証明』(一七六四年)において、植民者の自然権(「自然はすべての植民者をそのような平等と完全な自由の状態においた」)とイギリスの市民としての彼らの政治的・市民的権利をともに是認した。「アメリカ大陸、あるいはそれ以外のあらゆるイギリスの支配地域で生まれたあらゆるイギリスの臣民は、神と自然の法によって、コモンローによって、そして議会制定法によって……大ブリテン島におけるわれわれの仲間の臣民がもつ生得の、不可欠な、固有の、不可分の権利のすべてを享受する資格をもっている」と。それでもやはり、一七六四年のオティスの「われわれの仲間の権利」から一七七六年のジェファソンの「あらゆる人間」の「譲渡しえない権利」に行きつくには、さらに大きな一歩が必要であった(8)。

権利にかんする普遍主義的な要素は、北アメリカ植民地とイギリスとのあいだの亀裂が広がるにつれて、一七六〇年代、とりわけ一七七〇年代に強くなっていった。植民者があらたな独立国家を樹立しようとすれば、自由の身にうまれたイギリス人の権利のみに頼るのはほとんど不可能であった。その権利にだけ頼るのであれば、彼らは独立ではなく、改革をめざすということになる。普遍的な権利は、よりよい理論的根拠を提供した。したがって一七六〇年代と一七七〇年代のアメリカの選挙における説法では、「人間の権利」を守るためにビュルラマキが名指しで引用されはじめた。グロティウス、プーフェンドルフ、そしてとくにロックは、政治的著作においてもっとも頻繁に引用され、ビュルラマキは、ますます多くの公立・私立の図書館でその著作をみることができるようになった。一七七四年にイギリスの権威が崩壊しはじめたとき、植民者たちは、彼らが読書によって学んだ自然状態のような状態に自分たちがいると考えるようになった。ビュルラマキは、「権利という考え、さらに自然法という考えは、明白に人間の本性と関連している。したがって、われわれがこの科学の原理を引き出さなくてはならないのは、この人間の本性 nature そのものから、人間の性質 constitution から、人間の状態 condition からなのだ」と主張した。ビュルラマキは、アメリカの植民者の状態やイギリスの性質についてではなく、あらゆる人間に共通する性質や状態について、人間性一般だけを語った。そのような普遍主義的な考え方によって、植民者は伝統やイギリスの君主との決別を考えることができるようになったのである。(9)

アメリカ合衆国議会が独立を宣言する以前にさえ、植民者は、州代表会議にイギリス支配にとって代わるように呼びかけ、その代表に独立を要求するように指示をおくり、しばしば権利の章典をふくむ州憲法の起草をはじめた。一七七六年六月一二日のヴァージニア州の権利の宣言は、「あらゆる人間は生まれながらにひとしく自由で独立しており、一定の固有の権利をもっている」と宣言した。そしてこの権利は、「財産を獲得し所持し、幸福と安全を追求し手に入れる手段をともなう、生命と自由の享受」と定義された。さらにもっと重要なのは、ヴァージニア州の宣言が、出版の自由や宗教上の意見の自由のような具体的な権利のリストを提供することまでおこなったことである。そしてそれは、独立宣言だけでなく、来たるべきアメリカ合衆国憲法の枠組みをすえるのに寄与した。一七七六年春までに、独立を宣言すること――しかもイギリスの権利よりはむしろ普遍的な権利を宣言すること――に、政治の世界においてははずみがついていたのだ。(10)

こうして一七七四年から一七七六年にかけての事件は、反旗を翻した植民地において、権利にかんする個別主義的な考え方と普遍主義的な考え方を一時的に融合させた。イギリスにたいして、植民者たちは、イギリスの臣民としてすでに存在する彼らの権利に言及し、しかも同時に、平等な人間としての彼らの譲渡しえない権利を保障する政府を樹立するという普遍的な権利を要求することができた。けれども、後者は現実に前者を無効にするものだったので、アメリカ人たちがより決定的に独立の方向に動いたとき、彼らはみずからの権利を、自然状態から文民政府への──あるいはジョージ三世への従属状態から新しい共和政体への──移行の一環だと宣言する必要性を感じたのである。普遍主義的な権利は、イギリスの支配にたいする抵抗によって生みだされた革命的時期がなければ、アメリカ植民地ではけっして宣言されなかったであろう。権利を宣言する重要性や宣言されるべき権利の内容にかんしてだれもが一致していたわけではなかったが、独立は、権利の宣言への扉をひらいたのだった。(11)

イギリスにおいてさえ、権利にかんするより普遍主義的な観念が一七六〇年代の言説に知らないうちに入りこんだ。権利の章典を結果としてもたらした一六八八年の革命以後に安定が回復するとともに、権利について語ることは沈静化した。イギリスでは一七〇〇年代はじめから一七五〇年代にかけて、「権利」にかんする言及をふくむ書物のタイトルの数は、たえず減少したのである。だが自然法や自然権＝生得権にかんする国際的な議論が高まるにつれて、一七六〇年代にふたたびそのような書物の数は増加しはじめ、それ以後も持続的に増大しつづけた。スコットランド国教会における貴族の聖職授与権を非難する一七六八年の長大なパンフレットにおいて、著者は、「人間としての生得権」

と「自由なイギリス人の市民としての生得権」をともに要求した。おなじように、イギリス国教会の説教師ウィリアム・ドッドは、財産権は「人間一般の、かつ個別のイギリス人の生得権とは両立しない」と論じた。さらに、野党の政治家ジョン・ウィルクスは、一七六〇年代に自分の主張を擁護したときにはいつも、「イギリス人として諸君の生得の権利 birth-right」という表現をもちいた。一七六〇年代後半と一七七〇年代はじめにイギリス政府を非難して公表された匿名の書簡『ユニウスの書簡』もまた、イギリスの伝統と法の下での権威に言及するのに「人民の権利」という表現をもちいたのである。(12)

アメリカの植民者とイギリスの国王との戦争によって、権利にかんする普遍主義的要素がイギリスそのものにおいてもますます明白となった。「M. D.」というサインがある一七七六年の小冊子は、植民者は「自分自身の情況に適用しうるイギリスの法だけを保持する」という趣旨でブラックストーンを引用している。それゆえ、内閣の「刷新」によって「[イギリスの]自由人としての彼らの生得権」が侵害されるのであれば、「支配の鎖は引きちぎられ」、植民者はみずからの「生得権」を行使することが期待されよう。リチャード・プライスは、きわめて影響力のある一七七六年のパンフレット『市民的自由の性質、統治の原理、アメリカとの戦争の道義と方策にかんする所見』において普遍主義への訴えをきわめて明白にした。この小冊子は一七七六年にロンドンで一五刷まで版を重ね、同年ダブリン、エディンバラ、チャールストン、ニューヨーク、そしてフィラデルフィアで再刊された。プライスは、植民者にたいする彼の支持の根拠を、「市民的自由の一般原則」に、つまり、先行する法令や憲章(過去のイングランドの自由の実践)にではなく、「理性と公正、そして人間の権利がもたらすもの」においた。プライスのパンフレットは、フランス語、ドイツ語、オランダ語に翻訳された。オランダ語への翻訳者ヨワン・デルク・ヴァン・デル・カペルン・トト・デン・ポールは、一七七七年一二月にプライスに手紙を書き、のちに印刷されひろく流布することになる演説においてアメリカの立場を彼自身が支持したことをくわしく説明した。「アメリカ人たちは、人間であるがゆえに、イギリスの立法権力からではなく、神自身から由来するとみなす権利を、穏健かつ敬虔に勇気をもってまもる勇敢な人びとだとわたしは考えます」(13)と。

プライスのパンフレットは、イギリスではげしい論争に火をつけた。プライスに反応して約三〇のパンフレットがただちにあらわれ、偽りの愛国主義、党派性、国家への反逆者、無政府主義、煽動、さらには裏切りを理由にプライスを非難した。プライスのパンフレットは、「人間の生得権」「人間性に由来する権利」、そしてとくに「人間性に由来する譲渡しえない権利」をヨーロッパの課題にした。ある作者が明白にみとめたように、決定的な問題はつぎのようなものであった。つまり、「人間性に固有の権利はあるのかどうか、人間の意志と密接にむすびついていて、そのような権利は譲渡されえないのかどうか」という問題がそれであった。この論敵は、「譲渡されえない、人間性に由来するある種の権利がある」と論じるのはたんに詭弁にすぎないと主張した。それらの権利は、文明状態 civil state に入るためには放棄されなくてはならない――「自分自身の意志によって自己を指導することを放棄」しなければならないというのだった。この論争は、生得権、市民としての自由、そして民主主義の意味が、いまやイギリスの最良の政治的知性の多くを支配し、彼らの論議の対象となったということをしめしている。(14)

プライスの論敵によって前面に出された生得の自由と市民としての自由との区別は、生得権の明確な提示によってそれに敵対する伝統がうみだされ、現在までつづいていることを想起させてくれる。専制的と考えられた政府に対抗して発展した生得権とおなじように、この敵対する伝統もまた、生得権に反応したのであり、生得権はでっちあげか、あるいは譲渡されえないことなどけっしてありえない(したがって人間性とは無関係)か、どちらかだと主張した。ホッブズは、一七世紀なかばにすでに、秩序ある市民社会を確立するためには生得権は放棄されねばならない(したがって譲渡されえないことはない)と論じていた。イングランドの家長権の提唱者ロバート・フィルマーは、一六七九年にグロティウスをはっきりと拒絶し、「生得の自由」にかんする教義を「不条理」と断言した。彼は『家父長論』(一六八〇年)においてふたたび人間の生得の平等と自由という概念に反駁し、あらゆる人びとは生まれながらにして彼らの両親に服していると主張した。フィルマーの見解によれば、唯一の生得の権利は、家父長権の最初の模範に由来し、モーセの十戒で確証されている王権に内在するものであった。(15)

長い目でみてより影響力をもったのは、ジェレミー・ベンサムの見解であり、実際の(観念的ないしは生得の、というより現実の)法のみが重要だ、と彼は主張したのである。一七七五年、ベンサムが功利主義の父として有名になるはるか前に、彼はブラックストーンの『イングランド法注解』にかんする批評を書いた。そのなかで彼は、自然法の概念を拒絶する理由をくわしく説明した。「なんらかの「戒律」のようなものはまったく存在しない。つまり人間が、いわゆる自然の法によって課されるとされる行為をおこなうように「命じる」ものはなにもない。もしだれかがそのようなものがあることを知っているというなら、それらを提示させてみよう。もしそれらが提示できるものなら、われわれの作者〔ブラックストーン〕がすぐに理性の助けによっておこなわなければならないと教えるように、それらを「発見する」作業を頭をひねって考え出す必要もなくなるであろう」。

ベンサムは、自然法が人間に生得のものであり、理性によって発見できるのだという考えに反対したのだ。彼はそれゆえ、自然法の全伝統とともに生得権を基本的に拒絶した。効用という原理(最大多数の最大幸福という、ベッカリーアから彼が借りた考え)は、正誤を判断する最良の基準として役立つ、と彼はのちに主張することになる。理性にもとづく判断よりもむしろ事実にもとづく計算のみが、法の基礎を提供しうるのだ。このベンサムの立場を考慮すれば、彼がのちにフランスの「人間と市民の権利の宣言」を拒否するのも、それほど驚くべきことではない。フランスの宣言の条項を逐一再検討したあるパンフレットにおいて、彼は生得権の存在をきっぱりと否定した。「生得権はまったく無意味だ。生得の消滅しえない権利とは、修辞的に無意味で、無意味の上にも無意味だ」と。(16)

権利を語ることは、それへの批判にもかかわらず、一七六〇年代以後はずみがついていった。いまや「人類の権利 rights of mankind」「人間性に由来する〔人間の〕権利 rights of humanity」「人間の権利 rights of man」によって補強された「生得権」は、一般に通用するようになった。普遍的な権利を語ることは、一七六〇年代と一七七〇年代のアメリカの闘争によってその政治的可能性がおおいに高まり、大西洋をこえてイギリス、オランダ共和国、そしてフランスに移行していった。たとえば一七六八年に、フランスの改革志向の経済学者であるピエール＝サミュエル・デュ・ポン・ドゥ・ヌムールは、「それぞれの人間の権利」にかんして彼自身の定義をあたえた。彼のリストには、職業選択の自由、自由取引、公教育、そして比例課税がふくまれていた。一七七六年に、デュ・ポンは、志願してアメリカ植民地にいき、フランス政府に事情報告をした。デュ・ポンは、のちにジェファソンの親友となり、一七八九年には第三身分の代表に選出された。(17)

ポーリン・メイヤーが最近主張したほど、アメリカ独立宣言は「ほとんど忘れ去られてしまった」ということはないかもしれないが、権利にかんする普遍主義的な言語は、一七七六年以後本質的にヨーロッパに回帰した。アメリカ合衆国の新しい州政府は、はやくも一七七六年に個別の権利の章典を採用しはじめたが、それでも一七七七年の連邦規約にはまったく権利の章典がふくまれておらず、一七八七年の憲法は権利の章典なしで承認された。アメリカ合衆国の権利の章典は、一七九一年に合衆国憲法にたいする最初の一〇カ条の修正が批准されてはじめて出現し、しかもそれは、徹底的に個別主義的な文書だった。つまりそれは、アメリカの市民を連邦政府による侵害から守るものであった。それと比較すると、一七七六年の独立宣言とヴァージニア権利宣言は、はるかに普遍主義的な要求をおこなっていた。一七八〇年代までに、アメリカにおける権利は、新しい国家の制度的枠組みを構築することにかんする関心に取って代わられていた。その結果として、フランスの一七八九年の「人間と市民の権利の宣言」は、アメリカの〔一七九一年の〕権利の章典に現実に先行して出され、ただちに国際的な関心をひきつけることになったのである。(18)

## フランスで権利を宣言する

一七八〇年代におけるアメリカの普遍主義への関心の喪失にもかかわらず、「人間の権利」は、アメリカの前例によっておおいに後押しされた。じっさいアメリカの前例がなかったならば、人権は実を結ばずに終わっていたことであろう。一七六〇年代初頭に「人間の権利」にかんする広範な関心をかき立てたのち、ルソー自身は人権への熱がさめた。自分の宗教的信念について一七六九年一月に書いた長大な手紙において、ルソーは、「「人間性」というこの美しいことば」が過度に使用されていることに不平をのべた。俗っぽい物知り、「もっとも人間味のない人びと」が、そのことばをじつにしばしば引き合いにだすので、その言葉は「無味乾燥な、ばかげたものにさえなった」。人間性は書物の紙面に印刷されるだけでなく、人間の心に刻みつけられねばならない、とルソーは強調したのだ。「人間の権利」という語句の考案者は、アメリカの独立の影響のすべてがわかるまでは生きなかった。彼は、フランスがイギリスに対抗してアメリカ側で参戦した年である一七七八年に死んだからである。ルソーは、反乱した植民地住民を代表する大臣としてやってきて以後フランスで真の著名人となったベンジャミン・フランクリンについて知っていたし、あるときには、自由を守るためのアメリカ人の権利を、たとえそれらの自由が「あいまいであるとか知られていない」ということがあっても擁護したが、しかし彼はアメリカの状況にほとんど関心をしめさなかった。(19)

人間性や人間の権利がたびたび言及されることは、ルソーの軽蔑にもかかわらずつづいたが、しかしこれらの言及は、もしアメリカでの出来事によってより切実な意味をあたえられていなかったならば、効果のないものになっていたであろう。一七七六年から一七八三年にかけて、アメリカ独立宣言の九つのことなるフランス語訳、さまざまな州の憲法と権利の章典のすくなくとも五つのフランス語訳が、権利理論の具体的な適用例を提供し、フランスの政体もまた新しい基礎に立脚して組織されうるのだという感覚を結晶化させるのに寄与した。改革家のなかにはイギリス流の立憲王政に好意的な人もいたし、すくなくともコンドルセは新しいアメリカ合衆国憲法の「貴族的精神」に失望を表明したが、多くの人びとは、過去の重荷の支配を脱し、自治を成立させたアメリカ人の能力に熱狂したのである。[20]

アメリカの先例は、フランス人が政体上の緊急事態に入るにつれてよりいっそう人の注意をひきつけるものとなった。一七八八年、アメリカ独立戦争へのフランスの参戦によるところが大きい破産に直面して、ルイ一六世は、一六一四年を最後に開かれなくなっていた全国三部会を招集することに同意した。全国三部会の代表の選挙がはじまったとき、宣言をおこなおうとする低く重い声をすでに聞くことができた。一七八九年一月に、ジェファソンの友人ラファイエットが試案的な宣言を準備し、それにつづく時期に、コンドルセが自分自身の宣言をひそかに構想した。国王は、聖職者(第一身分)、貴族(第二身分)、平民(第三身分)に、代表を選出するだけでなく、自分たちの陳情書を作成するようにもとめていた。一七八九年の二—四月に作成された多くの陳情書は、「人間の譲渡しえない権利」「自由な人間の消滅することのない権利」「人間と市民の権利と尊厳」、あるいは「啓蒙された自由な人間の権利」に言及していたが、しかし「人間の権利」という表現が支配的だった。権利にかんする言語が、危機の高まりという雰囲気のなかでいまや急速に普及しようとしていたのである。[21]

少数の陳情書——聖職者や第三身分の陳情書よりも貴族の陳情書のほうが頻度は多かったが——は、はっきりと権利の宣言を要求していた(それらは通例また、新憲法を要求する陳情書でもあった)。たとえば、フランス南部のベジエ地方の貴族たちは、「全国三部会がまさに予備的な作業として人間と市民の権利の検討と起草、そしてその宣言をおこなうこと」を要望していた。パリ市近郊地方の第三身分の陳情書は、その第二節に「権利の宣言」とタイトルをつけ、それらの権利のリストを提示していた。実質的にすべての陳情書がなんらかのかたちで具体的な権利を要求していた。出版の自由、少数の事例では信仰の自由、平等な課税、法の下での処遇の平等、恣意的な逮捕からの保護、その他同種の権利が、それであった(22)。

全国三部会の代表は、陳情書をたずさえて、一七八九年五月五日の全国三部会の公式開催にやってきた。第三身分の代表者たちは、議員資格確認手続きをめぐる数週間にわたるむだな論議ののち、六月一七日、単独でみずからを「国民議会」のメンバーだと宣言した。つまり彼らは、たんに彼らの「身分」だけでなく、全国民を代表していると主張したのだった。多くの聖職者の代表がすぐに彼らに加わり、まもなく貴族代表は、全国三部会を去るか、聖職者と同様に加わるか、という二者択一以外に選択肢がなくなった。六月一九日、これらの闘争のまっただなか、ひとりの代表者が、新しい議会がただちに「権利の宣言という偉大な仕事」にとりかかることを要請した。それは選挙民によって委任されたことだ、と彼は強調した。あらゆる代表者によって要求されたわけではけっしてなかったが、その考えはたしかにきわめて広まっていた。「憲法委員会」が七月六日に設置され、七月九日にはこの委員会が、国民議会に「生得の消滅することのない人間の権利の宣言(23)」から作業を開始することを宣言し、これはその日の会合の総括では「人間の権利の宣言」と呼ばれた。

当時パリにいたトマス・ジェファソンは、七月一一日にイギリスのトマス・ペインに手紙を書き、パリでの事件の展開について息もつかせぬ説明をおこなった。ペインは、アメリカ独立運動にかんする唯一のもっとも影響力をもったパンフレット『コモン・センス』の著者だった。ジェファソンによれば、国民議会の議員たちは「旧政府を打倒し、いまや基礎から政府を建設しはじめている」。彼ら議員たちはまさに最初の仕事を「生得の消滅することのない人間の権利の宣言」――まさに憲法委員会の表現――を起草することであると考えている、と彼は報告した。ジェファソンはラファイエットと緊密に相談していた。そしてラファイエットは、同じ日〔七月一一日〕に議会で彼自身の宣言の草案を読んだ。ラファイエット以外の数人の傑出した議員たちが、いまや自分の宣言案の出版を急いだ。術語はさまざまだった。「社会における人間の権利」「フランス市民の権利」、あるいはたんに「権利」、しかし「人間の権利」がタイトルでは一番多かった。(24)

ジェファソンがペインに手紙を書いた三日後の七月一四日、パリの群衆が武装し、バスチーユ監獄とその他の王権のシンボルを攻撃した。国王は何千もの兵隊にパリへ移動することを命じていたので、多くの議員たちは反革命的な一撃を恐れるにいたった。国王は兵士を退却させたが、しかし宣言の問題は解決されないままであった。七月末と八月はじめに、議員たちは、宣言が必要かどうか、宣言は憲法の冒頭に置かれるべきか、そしてそれは市民の義務の宣言をともなうべきか、といった問題にかんしていまだ議論していた。宣言の必要性にかんする意見の分裂は、出来事の成り行きについての根本的な意見の相違を反映していた。もし王権をすこし修復するだけでよいのであれば、「人間の権利」の宣言が必要になることはほとんどありえなかった。対照的に、政府はまったくの無から再構築されなければならないというジェファソンの判断に同意する議員にとっては、権利の宣言は欠くことのできないものであった。

議会は最終的に、八月四日、義務をともなわない権利の宣言を作成することを可決した。その当時もあるいはそれ以後も、どうして議員たちの意見が最終的に、そのような宣言を起草することに賛成するにいたったのかを適切に説明した人は、だれもいなかった。その理由は大部分、議員たちが日々の問題に立ち向かうのに忙しくて、自分たちの決定それぞれのより大きな意味がわからなかったことによる。その結果として、彼らの手紙やのちの回想録でさえも、議員の意見の変化についてじれったいほどあいまいな内容にとどまっている。わたしたちは、議員の大多数が全面的に新しい基礎が必要だと考えるようになったことをよく知っている。人間の権利は、既存の政府に代わるべき政府のヴィジョンを提供したのだ。フランス人は、彼ら以前にアメリカ人がそうであったように、既存の権力との亀裂の拡大の一環として権利を宣言した。議員のラボ・サン゠テチエンヌは、八月一八日にアメリカとフランスとの類似をこう指摘した。「アメリカ人のように、われわれは自分自身を再生しようとしている。したがって権利の宣言が本質的に必要なのだ」と。(25)

論議は八月なかば、ちょうど何人かの議員が「形而上学的な議論」とおおっぴらに嘲笑したときに、ペースが速まった。国民議会は、人を当惑させるような多くの代替案に直面して、四〇人のメンバーからなるほとんど無名の小委員会によって作成された妥協的文書の採用を考えてみることにした。未来にかんする不確実性と不安が継続するただなかで、議員たちは、喧噪に満ちた議論に六日間を費やした(八月二〇―二四日、二六日)。彼らは、提案された二四カ条のうちから修正された一七カ条に同意した(アメリカ合衆国では、個々の州が、アメリカ合衆国憲法のために提案された最初の一二の修正箇条のうち一〇カ条のみを批准した)。宣言の条項と修正にかんする議論で消耗した議会は、八月二七日、新憲法の作成後までそれ以上の議論を延期することを可決した。彼らがその問題について議論を再開することはなかった。このようにやや皮肉なかたちで、「人間と市民の権利の宣言」は最終的な姿をとったのだった。

フランスの議員たちは、フランス人だけでなくあらゆる人間が「自由かつ権利において平等なものとして生まれ、そうありつづける」と宣言した(第一条)。「人間の生得の、譲渡しえない神聖な権利」のなかには、自由、所有権、安全、および圧政への抵抗がふくまれていた(第二条)。具体的にこれは、権利にかんするあらゆる制限は法において定められねばならないことを意味した(第四条)。「あらゆる市民」は、だれにとっても同一であるべき法の制定に参加し(第六条)、支払う能力に応じて平等に分担されるべき(第一三条)課税に同意する権利をもっていた(第一四条)。くわえて、宣言は、「恣意的命令」(第七条)、不必要な処罰(第八条)、法律上の罪の推定(第九条)、あるいは政府による不必要な財産の占有(第一七条)を禁じた。ややあいまいな表現で、宣言は「いかなる人も、その意見のゆえに、たとえそれが宗教上のものであっても、脅かされてはならない」と強調した(第一〇条)。そのいっぽうで宣言は、出版の自由をより力強く主張した(第一一条)。

したがって、フランスの議員たちは、個人的権利の保護と政府の正当性のための新たな根拠とを、ひとつの文書のなかに包含しようとしたのである。主権は国民だけにあり(第三条)、「社会」はあらゆる役人に説明をもとめる権利をもっていた(第一五条)。国王、フランスの伝統や歴史や慣習、あるいはカトリック教会への言及はまったくなかった。権利は「最高存在の前でかつその庇護のもとに」

宣言されたが、しかし権利はいかに「神聖な」ものであっても、超自然的な起源にまでその根拠をたどるべきものではなかった。ジェファソンは、あらゆる人間は権利を「その創造主によって賦与された」と主張する必要を感じた。しかしフランス人は、権利を、自然、理性、そして社会というまったく世俗的な源泉から演繹した。権利の宣言にかんする論議のあいだ、マチュー・ドゥ・モンモランシーは、「社会における人間の権利は不変のものであり」「それらの権利を承認するのになんらの裁可も必要とされない」と断言した。ヨーロッパにおける旧秩序への挑戦が、これ以上に率直であることはありえなかったであろう。(26)

権利の宣言のどの条項も、特定の集団の権利を明記することがなかった。「人間 homme, hommes」「各人 chaque homme」「あらゆる市民 tous les Citoyens, tout Citoyen」「社会」「あらゆる社会 toute société」は、「いかなる団体も……ない nul corps」「いかなる個人も……ない nul individu」「いかなる人も……ない nul homme」と対照をなしていた。それは文字どおりすべてか無かであった。階級、宗教、性は、権利の宣言にはまったくあらわれなかった。具体性の欠如はまもなくさまざまな問題をもたらすことになるが、その主張の普遍性は驚くべきものではなかった。憲法委員会は、もともと権利にかんしてことなる文書を四つも準備しようとしていた。すなわち、①人間の権利の宣言、②国民の権利の宣言、③国王の権利の宣言、④フランス政府下の市民の権利の宣言、がそれであった。採用された文書は、第一と第二と第四の文書をむすびつけたものだったが、しかし市民権の資格要件を定義することはなかった。細目(国王の権利や市民権の資格要件)に進むまえに、議員たちは最初に、あらゆる政体にあてはまる一般原理を規定しようと努力した。この点で、第二条は典型的である。「あらゆる政治的結合の目的は、人間の生得の消滅することのない権利を保持することにある」。議員たちは、あらゆる政治的結合の――王政でもなく、フランスの政府でもなく、あらゆる政治的結合の――基礎を規定しようとしたのだ。しかしながら、彼らはほどなくフランスの政府を考えなくてはならなくなるだろう(27)。

宣言するという行為は、あらゆる問題を解決したわけではなかった。じっさいそれによって、ある種の問題――たとえば、財産のない人びとや宗教的少数派の権利――をさらに早急に解決しなければならなくなり、それまでまったく政治的地位をもっていなかった奴隷や女性などのあらたな集団にかんする問題(次章で検討される)が切り開かれたのである。宣言に反対していた人びとはおそらく、宣言それじたいが人を刺激する効果をもつだろうと感じていた。宣言することは、理論的条項を明確にすること以上のことを意味した。つまり宣言することによって、議員たちは主権をじっさいに掌握したのだ。宣言することは、結果として、以前には想像しえなかった政治的論議の空間を切り開いた。すなわち、国民が主権者であるなら、国王の役割はなんなのか、そしてだれが国民をもっともよく代表するのか、という論議がそれであった。人権にかんする言語は、個人の自律と身体の完結性という新しい文化的実践のなかでしばらくのあいだ培われていたのだったが、しかし、反乱と革命の時代にとつぜん花開いたのだ。その影響をだれが統制すべきなのか、だれが統制することになるのか、あるいはだれが統制できるのだろうか。

権利を宣言することは、フランス以外でもまたさまざまな結果をもたらした。「人間と市民の権利の宣言」は、あらゆる人の言葉をほとんど一夜にして変えたのだ。この変化は、リチャード・プライスの著作や演説にとくにはっきりとたどることができる。彼は非国教会派の牧師で、一七七六年にアメリカの植民者を支持する「人間性に由来する権利」という講演によって論争に火をつけた。一七八四年の彼のパンフレット『アメリカ革命の重要性にかんする所見』は、やはりおなじ趣旨で論じたものだった。すなわち、このパンフレットは、アメリカの独立運動をキリスト教の伝来に類比し、その運動は（彼が容赦なく断罪した奴隷制にもかかわらず）「人間性という原理の一般的な普及をもたらす」であろうと予言していた。一七八九年一一月の説教で、プライスはいまや新しいフランス語の術語をこう支持した。「わたしは生きながらえて、人間の権利がこれまでよりもいっそう良く理解されるのを、そして自由の観念を失っていたようにみえた諸国民が自由を熱望するのを、目にしている。……［一六八八年の］ひとつの革命の利益にあずかったあとで、わたしは命をつないで、それ以外のふたつの、どちらも名誉ある［アメリカとフランスの］革命の目撃者となった」と。(28)

プライスを批判するエドマンド・バークの一七九〇年のパンフレット『フランス革命の省察』は、こんどは、人間の権利にかんする熱狂的な議論をさまざまな言語でひきおこした。バークは、「啓蒙と理性が勝ちほこる新たな支配」は統治の成功に十分な基礎を提供することはできない、統治の成功は、啓蒙や理性ではなく、国民の長年の伝統に根ざすものでなければならない、と主張した。バークは、新しいフランスの原理を非難するなかで権利の宣言をとりあげ、とくにはげしく非難した。彼の言い回しはトマス・ペインを激怒させ、一七九一年の彼の反駁『人間の権利。フランス革命にかんするバーク氏の攻撃へのひとつの回答』において、この悪名高い文章に飛びかかった。

「バーク氏はいつもの乱暴なことばで、人間の権利の宣言を侮辱した」「この宣言を彼は「人間の権利についてインクのシミがついたくだらない紙くず」と呼ぶ。バーク氏は、人間がなんらかの権利をもっているということを否定するつもりでいっているのだろうか。もし彼がそのつもりでいっているのなら、どこにも権利のようなものはなく、彼自身もなんの権利ももっていないということを意味していなければならない。というのも、世界には人間以外にだれもいないのだから」とペインは書いた。メアリ・ウルストンクラフトの応答『人間の権利の擁護。いと誉れ高きエドマンド・バーク先生への、先生の『フランス革命の省察』が機縁で書かれた手紙』はもっと早く一七九〇年に出たが、ペインの『人間の権利』は、なおさら迅速で途方もない衝撃をもたらした。その理由の一半は、彼がその機会をとらえて、イギリスの君主政もふくむあらゆる形態の世襲君主政を批判する議論をおこなったからであった。彼の著作は、それが出版された最初の年だけで、イギリスで数回版を重ねた。(29)

結果として、権利用語の使用は一七八九年以後に劇的に増加した。この急増の証拠は、「権利」という語句をもちいた英語のタイトルの数に容易に見いだすことができる。つまり、その数は一七九〇年代(四一八タイトル)に、一七八〇年代(九五タイトル)やそれ以前の一八世紀のどのような一〇年間と比較しても四倍になったのである。オランダでも同様なことがおこった。つまりrechten van den mensch(「人間の権利」を意味するオランダ語)はペインの著作の翻訳によって一七九一年に最初に出現し、それから一七九〇年代にたくさん使用されたのである。ドイツ語を話す国ではまもなくRechte des Menschen(「人間の権利」を意味するドイツ語)がそのあとを追った。したがってやや皮肉なことに、英語をもちいる作家間の論争によって、フランス語の「人間の権利」は国際的な聴衆を獲得することになったのである。その影響力は一七七六年以後よりも大きかった。というのも、フランス人たちはヨーロッパのほかのほとんどの国家とおなじく王政のもとにあって、普遍主義の言語をけっして放棄しなかったからであった。フランス革命に霊感をうけて書かれた著作もまた、権利にかんするアメリカでの議論を最高潮にした。ジェファソンは「人間の権利」をたえず引き合いに出したが、しかし連邦主義者《フェデラリスト》たちは「民主主義の行きすぎ」や既存の権力への脅威とむすびつく言葉をはねつけた。そのような論争は、人権の言語を西洋世界全体にひろめるのに寄与したのである。(30)

## 拷問と残酷刑を廃止する

「人間と市民の権利の宣言」が可決されてから六週間後、そして投票資格が定められる直前、フランスの議員たちは、刑事訴訟の暫定的改革の一環として、司法手続きとしての拷問の利用をすべて廃止した。一七八九年九月一〇日、パリ市議会が「理性と人間性」の名において国民議会に正式に請願し、「無実の者を救済する」と同時に「犯罪の証拠をよりよく立証し、断罪をより確実なものにする」司法改革をただちにおこなうことをもとめた。市議会のメンバーがその要求をおこなったのは、パリではラファイエットによって指揮された新設の国民衛兵によって、多くの民衆が七月一四日につづく動乱の数週間のあいだに逮捕されていたからであった。訴訟手続きの秘密主義は、フランス革命の敵による操作やごまかしを助長するのではないだろうか。この懸念に応じて、国民議会は、パリだけでなくフランス全体を対象とする、もっとも緊急を要する改革を立案するために、「七人委員会」を任命した。一〇月五日には、ヴェルサイユへの大規模な行進の圧力のもとで、ルイ一六世が「人間と市民の権利の宣言」をとうとう正式に承認した。ヴェルサイユへの行進者たちは、一〇月六日、国王と国王一家をヴェルサイユからパリにむりやり移動させた。このような民衆運動の復活のなかで、一〇月八―九日、議会はその委員会によって提出された法令を可決した。それと同時に、議員たちは、パリで国王に合流することを可決したのである。(31)

「人間と市民の権利の宣言」は、たんに司法の一般原理を並べただけであった。つまり、法はだれにとっても同一のものでなければならなかったし、「厳密かつ明白に必要な」もの以外の恣意的な収監や処罰が許容されるべきではなかった。そして被疑者は有罪が宣告されるまでは無実と考えられねばならなかった。一七八九年一〇月八―九日の法令は、権利の宣言を引き合いに出すことからはじまっていた。「国民議会がみとめた人間の主要な権利のひとつは、刑事犯罪に問われたさい、犯罪の処罰をもとめる社会の利害と両立しうるような弁護のための完全な自由と安全を享受する権利であるということを考慮して、国民議会は……」。それから法令は、訴訟手続きを明記することにすすむが、そのほとんどは、公衆にたいして透明性を確保することをめざすものであった。現存する司法制度への不信によって生みだされた動きのなかで、その法令は、郡《ディストリクト》ごとに、証拠と証言の収集の監視もふくめてあらゆる刑事事件に参加する特別委員の選出をもとめていた。それはまた、被告側が収集されたあらゆる情報を入手できることとあらゆる刑事訴訟手続きの公的性格を保証しており、こうしてベッカリーアがもっとも大事にした原則のひとつが実行にうつされたのだった。

その法令二八カ条のうちもっとも短い第二四条は、ここでのわたしたちの目的にとってもっとも興味ぶかい。それは、あらゆる形態の拷問、そしてまた裁判官を前にして被疑者に最終尋問をおこなうための低く屈辱的な腰掛け(尋問台)の使用を廃止した。ルイ一六世は、すでに「準備審問」、つまり罪の自白をひきだすための拷問の使用を廃止していたが、しかし彼は、共犯者の名前をひきだすための拷問である「予備審問」の使用は一時的に禁じただけであった。国王の政府は一七八八年五月に尋問台を除去していたが、しかしこの決定が革命の直前だったので、議員たちは彼ら自身の立場を明白にする必要を感じた。尋問台は侮辱の道具であり、議員たちがいまや受けいれがたいとみなすような個人的威厳にたいする攻撃を象徴していた。委員会を代表して法令を提出した委員は、真の目的を達成するためのこれらの方策にかんする議論をさしひかえ、その象徴的重要性を強調した。彼は、当初から同僚議員たちにたいして、「諸君は、人間性にそむくような汚点を現行の刑法に残しておくことはできない。諸君はただちにそれらの汚点を消滅させなければならない」と強調していた。それから彼は、拷問の問題にいたったとき、ほとんど涙ぐむばかりになった。

諸君に最終的な意見を伝えるのは人類にたいする義務だ、とわれわれは思う。国王はすでに……拷問という手段で被告人から罪の自白をひきだすという残酷なほどばかげた慣行をフランスから追放した。……しかし彼は、この偉大な理性と正義の行為を完成する栄誉を諸君に残してくれた。いまだわれわれの刑法には予備拷問が残っている。……「このもっとも言語に絶する残酷さの極致」は、共犯者の暴露を得るためにいまだ用いられている。この残虐行為の残滓をじっと見つめよう、そして諸君、心からその追放を願おうではないか。相互の愛情という分かちがたい絆によって一体となった国王と国民が、法の完成のために熱意を競い合い、正義と自由と人間性のために競って記念碑を建てるのは、世界にとって美しく感動的な光景であろう。
権利を宣言することに引き続いて、拷問がいまや最終的に、完全に廃止された。拷問の廃止は九月一〇日のパリ市政府の課題にはのぼっていなかったが、しかし議員たちは、その機会をとらえて拷問の廃止を刑法の最初の修正の頂石にしようとする気持ちを抑えることができなかったのである。(32)

一八カ月以上ののちに刑法の修正を完成させる時期がきたとき、改革案を提示する役目を割り当てられた議員は、拷問と残酷刑に反対する運動が展開されるなかでよく知られるようになった考えをすべて引き合いに出した。かつてパリ高等法院の裁判官であったルイ゠ミシェル・ルペルチエ・ドゥ・サン゠ファルジョーは、一七九一年五月二三日に議会の演壇に登り、「刑法委員会」(一七八九年九月に任命された「七人委員会」の後継委員会)の論理的根拠を提示した。彼は、「野蛮な時代に考えられたが、にもかかわらず啓蒙の時代にも維持されている残酷な拷問」、犯罪と刑罰とのあいだの釣り合いの欠如(ベッカリーアの主要な不満のひとつ)、そして以前の法のおおむね「意味のない残酷さ」を非難した。「人間性の原理」がいまや刑法にかたちをあたえることになるだろう。そして刑法は、将来においては、苦痛をとおしての生け贄的な懲罰よりもむしろ労働をとおしての社会復帰に基礎をおくことになるであろう、と。(33)

拷問と残酷刑に反対する運動はひじょうに成功していたので、委員会は、新しい刑法では犯罪を定義する節の前に刑罰にかんする節をおいた。あらゆる社会が犯罪を経験するが、しかし刑罰はまさに政体の性格を反映する。委員会は、刑法制度を全面的に点検・修正して新しい市民的価値を具体化することを提案した。つまり平等の名において、だれもが同じ法の下で、同じ裁判所で裁判をうけ、同じ処罰をうけることができるようにと。自由の剝奪は顕著な処罰であり、ガレー船の漕ぎ手として海に送られることや島流しは収監と強制労働にとって代わられることになった。犯罪者と同じ国の市民は、もしその犯罪者がたんに一般の人びとの目がとどかない別な場所に追放されるだけなら、処罰の意味についてなにも学ぶことがないだろう。委員会はさらに、国家にたいする反逆の場合をのぞいて死刑を除去することを提唱したが、しかしこの点については抵抗に直面するとわかっていた。議員たちは、異端や神聖冒瀆、あるいは魔術の行使のような宗教犯罪を排除したが(男色は、以前は死をもって罰されたが、もはや犯罪として列挙されなかった)、少数の犯罪にかんしては死刑を復活させると可決した。死刑はいまや、以前は貴族だけを対象としていた斬首によってのみおこなわれることになった。できるだけ斬首が苦痛でないようにと発明されたギロチンは、一七九二年四月に使われはじめた。刑車に縛りつけての死刑、火刑、「死刑にともなう拷問」は、消滅すべきものだった。「法律にもとづくこれらの戦慄はすべて、人間性と世論によって嫌悪されている」とルペルチエは強調した。「これらの残酷な見せ物は公衆の道徳を堕落させ、人間的で文明化された世紀にはふさわしくないのだ」と。(34)

犯罪者の更生や社会復帰が主要な目標となって以後、身体の切断や焼きごては許容しえないものとなった。にもかかわらず、ルペルチエは焼きごての問題をめぐってすこしのあいだ躊躇していた。どのようにして社会は、有罪の判決をうけた犯罪者から、彼らの身分をしめすある種の永続的な印なくして身を守ることができるのであろうか。彼は、新しい体制のもとでは放浪者や犯罪者が気づかれないでいることは不可能だ、なぜなら市町村当局があらゆる住人の名前とともに正確な記録を保持することになるから、と結論づけた。犯罪者の身体に永遠に烙印をつけることになれば、彼らの社会復帰は妨げられることになろう。この問題でも、さらにより一般的に苦痛の問題でも、議員たちは隘路をたどらねばならなかった。というのも刑罰は、犯罪抑止手段であると同時に、さらに結果として犯罪者が社会的に再順応可能なものであるべきだと考えられたからであった。刑罰は、有罪の判決をうけた人びとが社会に再参加することが妨げられるほど品位を貶めるものであってはならなかった。その結果として刑法は、有罪判決を受けた人びとの人前での、ときには鎖に縛られた状態でのさらし刑をさだめていたが、犯罪のひどさに応じてさらし刑を慎重に(最大で三日に)制限したのである。

議員たちはまた、処罰の宗教色を消し去ろうとした。彼らは形式的な贖罪行為(加辱刑 amende honorable)、つまり有罪を宣告された者が、シャツだけを着て、首に絞首索をつけ、手に松明をもって教会の正面の扉のところまでいって、神と王と正義に赦しを乞う行為を除去した。その代わりに刑法委員会は、「公民としての地位の剝奪 civic degradation」と呼ばれる権利に基礎をおく刑罰を提案した。それが唯一の刑罰であることもあったし、収監期間につけくわえられることもあった。この刑罰は、有罪を宣告された者が特定の広場に護送され、そこで刑事裁判所の書記が以下のことばを大声で読みあげるものだった。「国は、不名誉な行動につき汝を有罪と宣告した。法と法廷は、フランスの公民としての汝の地位を剝奪する」と。それから有罪を宣告された者は鉄の首枷をつけられ、そのまま二時間のあいだ人前にさらされる。彼の名前と犯罪行為、そして裁判の結果が、有罪を宣告された者の首にかけられた札に記載されることになる。とはいえ、女性と外国人と再犯者がある問題をもたらした。つまり、それらの人びとはそもそも選挙権や官職につく権利をもっていないのに、どうしてそれらの権利を失うということがありえようか、という問題である。刑法第三二条は、とくにこの点に取り組んだものだった。つまり、女性や外国人、あるいは再犯者にたいして「公民としての地位の剝奪」が宣告されたばあい、彼らは二時間のあいだ鉄の首枷の刑を宣言され、有罪を宣告された男性を対象として規定されたのと同様の札をつけることになるが、しかし裁判所の書記は公民としての地位の剝奪にかんする文言を読みあげないことになる、と。(35)

「公民としての地位の剝奪」は決まり切った表現と思われるかもしれないが、しかしそれは、刑法だけでなくもっと一般的に政治体制を新しい方向に向けることを目指すものであった。有罪を宣告された者はいまや市民であり、臣民ではなかった。したがって、彼あるいは彼女(女性は「受動」市民であった)は、拷問や不必要な残酷刑、あるいはゆきすぎた加辱刑を我慢させられるということはありえなかった。ルペルチエが刑法改革を提案したとき、彼は二種類の刑罰を区別した。つまり身体刑(禁錮、死刑)と加辱刑を、である。ルペルチエ自身が主張したように、あらゆる刑罰は屈辱的な、あるいは名誉を汚す要素をもっているが、議員たちは加辱刑の使用を限定しようとした。彼らは人前のさらし刑や鉄の首枷の刑を維持したが、しかし、贖罪行為、さらし台の使用、死後にそりで死体を引き回すこと、そして司法手続きとしての譴責、被疑者にたいする訴訟は無期限に開かれていると宣言すること(したがって有罪であることを暗示すること)を廃止した。ルペルチエは「われわれは、諸君が「加辱刑という」原則を採用するが、しかしその変種を増やさないことを提案する。というのもそれは、加辱刑を分割することによってつぎのような有益で荘厳な考え方を弱めてしまうからだ。つまり、犯罪によって自分自身を冒瀆した者にたいして社会と法が破門を宣告するという考え方を、「である」とのべた。犯罪者を辱めることは、宗教や王の名においてではなく、社会や法の名においておこなわれうるだろうというのである(36)。

根本的な再編成を意味したもうひとつの動きのなかで、新しい加辱刑は個々の犯罪者にのみ適用されるものであり、その家族には適用されない、と議員たちは決定した。伝統的な形態の加辱刑のばあい、有罪を宣告された者の家族もその影響を直接こうむった。その家族のだれも官職を購入したり公職を保持したりすることができなかったし、彼らの財産は場合によっては没収された。そして犯罪者の家族も、犯罪者当人とおなじく、共同体によって恥辱を加えられるものと考えられた。一七八四年に、若い法律家ピエール゠ルイ・ラクルテルが、加辱刑のひどい仕打ちは家族に拡大されるべきではないと主張した論文で、メッス・アカデミーから賞をえた。二等賞は、将来注目すべき存在となるアラース出身の若い弁護士ロベスピエールのものとなるが、彼もまたラクルテルと同じ立場をとっていた。

この加辱刑への関心は、名誉という観念の微妙だが重要な変化を反映している。つまり、人権という観念の台頭とともに、名誉にかんする伝統的な理解が批判をうけるようになったのである。名誉は君主制においてはもっとも重要な個人的資質であった。じっさい、モンテスキューは『法の精神』(一七四八年)で、名誉は政体としての君主制の原動力となる原理だと論じた。多くの人びとは名誉を貴族の本領と考えていた。ロベスピエールは、加辱刑にかんする自分の論文において、家族全体に恥辱を加える慣行の起源を、名誉という観念そのものの欠陥にもとめた。

気まぐれに富み、つねにゆきすぎた洗練へと向かう傾向があり、物事をその固有の価値によってよりもむしろその華やかさによって、人間をその個人的資質によってよりもむしろアクセサリーやその人とは無関係な称号によってしばしば評価するという名誉の性質を考慮するならば、社会によって罪人の烙印を押された悪人に愛情をもっている人びとが、どうして名誉のせいで軽蔑されうることになったのかが容易に理解されよう。

けれども、ロベスピエールもまた、(より名誉を傷つけないと考えられた)斬首刑が貴族だけに許されていることを非難した。彼はあらゆる人びとが平等に名誉を保持することを望んだのだろうか。あるいは名誉そのものに見切りをつけることを望んだのだろうか。(37)

とはいえ、一七八〇年代以前でさえ、名誉は変化をこうむりつつあった。アカデミー・フランセーズの辞典の一七六二年版によると、「名誉」は「徳、潔癖」を意味する。とはいえ、「女性について語るときには」「名誉は貞節・慎みを意味する」。一八世紀の後半にはますます、名誉は貴族と平民を区別するよりも男性と女性を区別するものになった。男性にとって名誉は、モンテスキューが共和国と関係づけた特性である徳とむすびつけられつつあった。あらゆる市民は、有徳であるなら名誉に値した。新しい制度のもとでは、名誉は生まれとではなく、行動と関係しなければならなかった。男性と女性のあいだの区別は、名誉の問題から刑罰の形式や市民権の問題にもちこされた。女性の名誉(そして徳)は私的で家庭内のものであり、男性の徳は公的なものであった。男性と女性はともに、刑罰によって辱められることがありえたが、しかし男性だけが失うべき政治的権利をもっていた。権利においてと同様に刑罰においても、貴族と平民はいまや平等であった。しかし男性と女性はそうではなかったのである。(38)

名誉という観念の希薄化は注意をひかずにはおかなかった。一七九四年に、選り抜きの人びとからなるアカデミー・フランセーズのメンバーのひとりであるセバスチアン＝ロク・ニコラ・シャンフォールは、以下のようにその変化を諷刺した。

われわれの世紀がことばをしかるべき位置にもどしたことは承認された真理である。スコラ学的で、弁証法的で、形而上学的な微妙さを追放することによって、物理学や倫理学や政治学においては、ことばは簡明で事実に即したものに回帰した。倫理学だけについて語るなら、名誉ということばがいかに複雑で形而上学的な観念を組みこんでいるか、が感じられる。われわれの世紀はこれらの観念に欠点を感じた。そしてあらゆるものを簡明なものにもどし、あらゆることばの乱用を防ぐために、名誉は前科者ではないあらゆる人にとって欠くことができないものになったという結論に到達したのだ。かつてこのことばは、曖昧さとさまざまな論争の源泉であった。現在では、そのことばほど明瞭なものはありえないだろう。ある人がかつて鉄の首枷の刑罰をうけたかどうか。このように問いかけがなされるのである。それは、裁判所の書記の記録によって容易に回答が得られる、単純な事実の問題である。鉄の首枷の刑罰に服したことのない人は、あらゆるもの、大臣職などを要求する権利をもつ名誉ある人間なのである。彼は、専門職団体やアカデミー、最高諸法院への入会資格をもっているのだ。いかにわれわれがことばの明瞭さと正確さによって論争や議論をまぬがれているか、そしていかに世間との交際が便利で容易になるか、が理解される。

シャンフォールには、名誉を真剣にうけとめる彼固有の理由があった。無名の両親の捨て子であったシャンフォールは、文学的な名声を博し、ルイ一六世の妹の私設秘書となった。彼は、前述のことばを書いてまもなく、恐怖政治の真っ只中で自殺した。フランス革命期に彼は、一七八一年に自分を会員に選出した格式高いアカデミー・フランセーズを最初は攻撃した。しかしその後自分の行為を後悔し、アカデミーを擁護したのである。アカデミー会員への昇進は、君主制下の作家にあたえられる最高の名誉だった。アカデミーは一七九三年に廃止され、ナポレオン時代に復活した。シャンフォールは、名誉という観念における変化の大きさ──性急に平等化する世界において社会的優越を維持することの困難さ──だけでなく、この名誉の変化の大きさと新しい刑法とが関連していることを把握していたのである。鉄の首枷の刑罰が、名誉の喪失ということをどん底で表現する一般的基準となっていたのだった[39]。

新しい刑法は、「人間と市民の権利の宣言」に由来する多くの結果のひとつにすぎなかった。議員たちは、権利の宣言を起草することによって「偉大な手本をしめす」ようにうながすモンモランシー公爵の主張に応じた。そして数週間そうしているうちに彼らは、そのような手本の提示がどのような結果をもたらしうるかがいかに予想しがたいことなのか、理解しはじめた。宣言することに含まれていた「言明し、告げ、発表する行為、あるいは公式に、明示的に、形式にのっとって告知する行為」は、それ固有の論理をもっていたのである。権利はいったん公式に告知されると新しい問題——以前には問われなかった問題や以前には問えなかった問題——を提示したのだ。宣言することは、はげしい論争をひきおこすプロセス、こんにちまでつづくプロセスにおける最初の一歩にすぎないということが判明したのである。

# 第四章

## 「それはきりがありません」
### ——人権宣言の結果

"THERE WILL BE NO END OF IT"

一七八九年のクリスマスの直前、フランスの国民議会の議員たちは一風変わった論議のまっただなかにいた。その論議は一二月二一日、ある議員が非カトリックの投票権の問題を提起したときにはじまった。「あらゆる人間は自由かつ権利において平等なものとして生まれ、そうありつづける、と諸君は宣言した」と彼は同僚議員たちに思いおこさせた。「だれしもその宗教的見解のゆえに権利を侵害されることはありえない、と諸君は宣言した」。多くのプロテスタントが議員としてわれわれのなかに席をしめており、したがって非カトリックも「ほかの市民と同様に」投票し、公職につき、あらゆる文官・武官の職を志望する資格がある、と議会はただちに法令を発するべきだ、と彼はのべた。

「非カトリック」は、カトリック以外の雑多なカテゴリーから構成されていた。ピエール・ブリュネ・ドゥ・ラチュクがみずから提示した法令においてその言葉をつかったとき、彼はあきらかにプロテスタントのことを考えていた。しかしそれは同時にユダヤ人をふくんでいなかっただろうか。フランスは、一七八九年には、一〇—二〇万のプロテスタントにくわえて約四万のユダヤ人の故国であった(カトリックが人口の残りの九九%をしめていた)。ブリュネ・ドゥ・ラチュクの介入の二日後、スタニスラス・ドゥ・クレルモン゠トネール伯爵は、混乱状態にあえて割ってはいる決心をした。「中間的な道はありえない」と彼はつよく主張した。国家の公式宗教を樹立するか、あるいはどのような宗教の信徒にも投票と公職をみとめるか、そのどちらかだというのである。宗教的信念は政治的権利からの排除の根拠となるべきではなく、したがってユダヤ人もまた同等の権利をもつべきだ、とクレルモン゠トネールは力説した。しかしそれがすべてではなかった。職業もまた排除の根拠となるべきではない、と彼は主張したのだ。政治的権利をかつては否定されていた死刑執行人や俳優もまた、いまや入場をゆるされるべきだというのである(死刑執行人は生計のために人を殺すという理由で、そして俳優は他のだれかのふりをするという理由で、不名誉な職業と考えられていた)。クレルモン゠トネールは論理的に首尾一貫していることはよいことだと信じていた。「われわれは演劇をまったく禁止するか、演劇行為とむすびついている不名誉をとりのぞくか、どちらかであるべきなのだ」と。(1)

権利の問題は、こうして連鎖的な結果をもたらす傾向をみせた。議員たちがいったんプロテスタントの地位を、権利を剝奪された宗教的少数派と考えたとき、ユダヤ人も議論の俎上にのぼらざるをえなかった。そして宗教上の排除が協議事項となるやいなや、職業上の排除もほどなく協議事項となったのである。すでに一七七六年にジョン・アダムズは、マサチューセッツ州におけるさらに急進的な展開を恐れていた。彼は、ジェイムズ・サリヴァンにこう手紙を書いた。

たしかに、サリヴァン殿、投票者の資格を変えようとすることによって生じるであろうような多くの論争や激論の種をまくことは、危険です。それはきりがありません。あらたな要求が生じるでしょう。女性たちは投票権を要求することでしょう。一二歳から二一歳までの若者は自分たちの権利がじゅうぶんに留意されていないと考えるでしょうし、びた一文ももっていないあらゆる人間も、州のあらゆる法令の前での他の人びとと平等の発言権を要求することでしょう。

アダムズは、女性や子どもが投票権を要求するなどとは実際には考えていなかったが、しかし財産のない男性に選挙権を拡大することによって生じる結果について、ひどく恐れていた。社会的階梯のさらに下層の人びとに由来するいっそう途方もない要求に言及することによって、「びた一文ももっていないあらゆる人間」に〔選挙権を拡大することに〕反対する議論をすることは、きわめて容易であった。(2)

新生アメリカ合衆国においてもフランスにおいても、権利の宣言は、政治的地位の相違を問題とすることなく、「人間」や「市民」や「人民」、そして「社会」に言及していた。けれどもフランスの人権宣言が起草される以前でさえ、抜け目のない憲法理論家シエイエス師は、一方での市民の自然的・市民的権利と他方での政治的権利との区別にかんして、こう論じていた。女性や子どもや外国人、そして税をまったく支払っていない人びとは、ただたんに「受動的な」市民であるべきだ。「国家体制に貢献する人びとのみが、巨大な社会的企てにおける真の株主のようなものである。彼らのみが真に能動的な市民である」と。(3)

おなじ原則が大西洋の反対側でも長いあいだ力をもっていた。一三植民地は、女性、アフリカ系アメリカ人、先住アメリカ人、無産者にたいして投票権を否定したのである。たとえば、デラウェア州では、五エーカーの土地をもち、すでに二年間デラウェアに住み、デラウェア生まれか帰化したもので、ローマ・カトリック教会の権威を否定し、旧約・新約聖書は神によって啓示されたものであることをみとめた白人成人男性に、選挙権は限定された。独立以後、いくつかの州ではより自由主義的な規定がさだめられた。たとえば、ペンシルヴェニア州では税をいくらかでも支払っている自由な成人男性すべてに投票権が拡大され、ニュージャージー州では財産をもつ女性たちに投票権が一時的にみとめられた。しかしほとんどの州では財産資格が維持され、多くの州では、宗教的基準がすくなくとも当分は保持された。ジョン・アダムズは当時の支配的な考え方をとらえていた。「人間の心の弱さははなはだしいので、なんら財産をもっていなくて自分自身で判断をくだすことができる人間はほとんどいない」(4)と。

権利の拡張にかんする基本的な出来事を年代順に配列することは、フランスでは、政治的権利が全国一律の法律によってさだめられたために、より容易である。他方、新生アメリカ合衆国ではそのような権利は個々の州ごとに規定された。一七八九年の一〇月二〇—二七日の週に、フランスの議員たちは、投票資格を獲得するための要件を規定した一連の法令を可決した。その要件とは、①フランス人であること、あるいは帰化によってフランス人になっていること、②当時二五歳とさだめられていた成年に達していること、③すくなくとも一年間選挙区に居住していること、④当地の三日分の労賃に等しい直接税を支払っていること、⑤召使いでないこと、であった。議員たちは、これらの要件を規定するさいに宗教や人種や性についてはなにも語らなかったが、女性と奴隷を除外することが想定されていることは明白であった。

つづく数カ月、さらに数年にわたって、さまざまな集団がつぎからつぎへと具体的な議論にのぼり、結局のところ、それらの集団のほとんどが平等な政治的権利を獲得した。プロテスタントの男性は、あらゆる職業の人びととともに、一七八九年一二月二四日に政治的権利をえた。ユダヤ人の男性は、一七九一年九月二七日にとうとう投票資格を入手する権利を獲得した。自由黒人のすべてではないが、その一部は、一七九一年五月一五日に政治的権利を獲得したが、九月二四日にはあいにくそれを失い、それから一七九二年四月四日によりひろく適用されるかたちでその権利をとりもどした。一七九二年八月一〇日には、投票権は、召使いや失業者をのぞく全男性に(フランス本国では)拡張された。一七九四年二月四日には奴隷制が廃止され、すくなくとも原則的に奴隷にも同等の権利がみとめられた。以前には権利を剝奪されていた集団にたいするこのほとんど信じられないような政治的権利の拡張にもかかわらず、その境界線は女性のところでひかれた。つまり女性は、フランス革命のあいだ同等の政治的権利をけっして獲得することがなかったのである。とはいえ、彼女たちもまた、同等な相続と離婚の権利を獲得した。

## 権利の論理——宗教的少数派

フランス革命は、ほかのどのような事件よりも、人権が内的論理をもっていることをしめした。議員たちはみずからの高遠な理想を個別の法律に翻案する必要に直面するにつれて、想像しうる可能性や実現可能と思われる可能性にかんする一種の尺度をはからずも広げていった。どの集団が議論の俎上にのぼることになるのか、それらの集団がいつ議論にのぼるのか、あるいはそれらの集団の地位にかんする決着がどのようなものになるのか、だれも前もってはわからなかった。しかし遅かれ早かれ、ある特定の集団(たとえばプロテスタント)に権利をみとめることは、他の集団(女性)にそれをみとめるよりもより容易に想像しうることだ、ということが明白になった。権利をあたえる優先順位の論理が、権利をあたえることがおおいに考えられる集団(財産をもつ男性、プロテスタント)が議論にのぼるとすぐに、おなじカテゴリーに属しながらも、優先順位ではより低い位置にある集団(財産をもたない男性、ユダヤ人)が、不可避的に協議事項にのぼることを決定づけた。この優先順位の論理はかならずしも事態を一直線に推し進めたわけではなかったが、しかし長い目で見れば、そうなる傾向があった。こうして、たとえばユダヤ人の権利の反対者たちは、プロテスタント(ユダヤ人とちがって、彼らはすくなくともキリスト教徒であった)の事例をもちいて、ユダヤ人の権利の問題を棚上げするために議員たちを説得した。しかしそれにもかかわらず二年たらずのうちに、ユダヤ人も同等の権利を獲得した。これは部分的には、ユダヤ人の権利にかんして表だって議論したことによって、彼らに同等の権利をみとめることがより想像しうるものとなったからであった。

このような論理のはたらきにおいて、「人間と市民の権利の宣言」の抽象的な性格といわれているものが、きわめて実際的な利点となることが判明した。まさに細目にかんする問題がひとまず等閑視されたために、一七八九年の七―八月の一般原則にかんする議論はある種の考え方を始動させるのに寄与したが、この考え方のおかげで、細目が問題となるさいにより急進的な解釈が助長されることになるのである。人権宣言は、人類の普遍的な権利とフランスの国民とその市民の一般的な政治的権利を明確にしめすために考えられた。それは、積極的な政治参加のための具体的資格をなんら提示していなかった。だが政府の形成には、一般的なものから特殊なものへの移行が必要であった。こうして選挙が提案されるとすぐに、投票することや官職につくことに必要な資格をさだめることが切迫した問題になった。そして一般的なものからはじめた効果が、いったん特殊なものが問題となったとたん明白になった。

プロテスタントは考慮の対象となった最初の個別集団であり、彼らにかんする議論がその後につづく論争の持続的な性格を確定した。つまりある集団が〔ほかの集団から〕切り離して考慮されることはありえなかったのである。プロテスタントは、ユダヤ人の問題が提起されることなしには議論にのぼることはありえなかった。同様に、俳優の権利は、死刑執行人にかんして騒ぎ立てることなしには問題とされえなかった。あるいは自由黒人の権利は奴隷に関心をひくことなしには問題とされえなかったのである。パンフレット作者が女性の権利について書いたとき、彼らは不可避的に女性の権利を財産のない男性や奴隷のそれと比較した。成人年齢(一七九二年に二五歳から二一歳に引き下げられた)にかんする議論でさえ、子ども期との比較に依拠していた。プロテスタント、ユダヤ人、自由黒人、あるいは女性の政治的地位と権利は、政体を構成する諸集団のより広いネットワークにおけるそれらの集団の位置によって、おおいに決定づけられたのである。

プロテスタントとユダヤ人は、宣言の起草にかんする論争においてすでにともに議論にのぼっていた。若い貴族の議員カステラーヌ伯は、プロテスタントとユダヤ人は「あらゆる権利のなかでもっとも神聖な権利である信仰の自由の権利」を享受すべきだと主張した。にもかかわらず彼でさえ、いかなる特定の宗教も宣言のなかに例示されるべきではないと強調した。多くのカルヴァン派教徒が住んでいたラングドック地方出身で自分自身もカルヴァン派の牧師であったラボ・サン＝テチエンヌは、自分の地元の陳情書のなかから非カトリックのための信仰の自由の要求をとりあげ、言及した。ラボは、ユダヤ人を非カトリックのなかにはっきりとふくめたが、しかし彼の議論は、論争における他のすべての人びとの議論と同様、少数派の政治的権利ではなく信仰の自由にかかわっていた。何時間もの騒々しい論争ののち、議員たちは八月に、政治的権利についてなんら言及しない折衷的な条項(人権宣言の第一〇条)を採用した。「いかなる人も、その意見のゆえに、たとえそれが宗教上のものであっても、その意見の表明が法によって定められた公的秩序を乱すことさえないなら、脅かされてはならない」。この定式化はわざとあいまいにされており、信仰の自由への反対を声高に叫ぶ保守派にとっての勝利だと解釈する人びとさえいた。プロテスタントによる礼拝式は「公的秩序を乱す」ことがないのだろうか、と。(5)

それにもかかわらず、六カ月足らずのちの一二月までに、議員たちのほとんどは、信仰の自由を当然なことと考えるようになった。しかしそのとき、信仰の自由は同時に、宗教的少数派のために平等な政治的権利をあたえることをも意味していたのだろうか。ブリュネ・ドゥ・ラチュクは、市町村選挙のための規則が作成されたちょうど一週間後の一七八九年一二月一四日に、プロテスタントの政治的権利の問題を提起した。彼は同僚議員に、非カトリックは選挙規則において名前があげられていいなかったという口実で投票者リストから除外されようとしている、と報告した。「みなさんは、宗教上の意見を、ある市民を排除したり別の市民を認めたりするための公式の根拠にすることを、きっと望んでいなかった」と、彼は期待をもってのべた。ブリュネのことばは効果的だった。議員たちはいまや、自分たちの以前の行動を現在の観点から解釈しなければならなくなろうとしていた。プロテスタントの反対者は、議会がその旨の法令を可決していないという理由でプロテスタントは政治に参加することができない、と主張しようとした。結局のところ、プロテスタントは、一六八五年のナントの勅令の廃止いらい法によって政治的役職から排除され、その後の法も彼らの政治的地位を公式にはなんら修正しなかった、と。それにたいしてブリュネと彼の支持者たちは、「人間と市民の権利の宣言」において宣言された一般原則はなんら例外をみとめておらず、被選挙資格にかんする年齢と財産の要件を満たす人びとはすべて、自動的に有資格者とみとめられるべきであり、したがってプロテスタントにたいする以前の制限はもはや妥当ではない、と論じた。(6)

いいかえるならば、人権宣言の抽象的な普遍主義がいまや自分にはね返ってこようとしていたのである。ブリュネもほかのだれも、この時点では女性の権利の問題をもちだすことはなかった。ここでの自動的な被選挙資格の承認は、あきらかに性差を包含するものではなかったのである。しかしプロテスタントの政治的地位がこのようなかたちで提起されたとたん、水門が開かれたのだ。議員のなかにはびっくり仰天して抵抗するものもいた。プロテスタントからさらにあらゆる宗教と職業に政治的権利を拡張しようとするクレルモン゠トネールの提案は、はげしい論争に火をつけた。プロテスタントはカトリトの権利の問題が議論のきっかけをあたえたが、ほとんどだれもがいまや、プロテスタンックとおなじ権利をもつべきだ、と認めていた。権利を死刑執行人や俳優に拡大することは、孤立した、大部分はとるに足らない反対しかひきおこさなかったが、政治的権利をユダヤ人に認めようとする提案は、猛烈な抵抗をひきおこした。いつかはおこるユダヤ人の解放に寛容であった議員でさえ、「彼らの怠惰、臨機応変の才の欠如、彼らが多くの場所でこうむっている法や屈辱的規定の必然的な結果、これらすべてが、彼らを憎むべき存在にするようにはたらいている」と主張した。彼の考えでは、ユダヤ人に権利をあたえれば、彼らにたいする民衆の突発的な反発を解き放つことになるだけであった(そしてじっさい、反ユダヤ人暴動がすでに東部フランスで発生していた)。一七八九年一二月二四日のクリスマス・イヴに、議会は「非カトリック」とあらゆる職業の人びとに平等な政治的権利を拡大することを可決したが、そのときでさえ、ユダヤ人の政治的権利の問題は棚上げされた。プロテスタントの政治的権利への賛成票は、参加者によるとあきらかに圧倒的多数だった。そしてひとりの議員は、日記に「法案が可決された瞬間に表明された喜びの様子」を記した。(7)

プロテスタントにかんする意見の急変は驚くべきものであった。一七八七年の寛容令以前、プロテスタントは礼拝をおこなったり、結婚したり、あるいは財産を譲渡したりすることが法的にできなかった。一七八七年以後には、彼らは礼拝をおこない、地元の役人の前で結婚し、子どもの出生を記録してもらうことができたのである。とはいえ、彼らは市民権を獲得しただけで、政治参加への平等な権利は獲得しておらず、礼拝を人前でおこなう権利をいまだもっていなかった。それはただカトリックにのみ確保されていたのである。高等法院のなかには、一七八八年や一七八九年になっても寛容令の適用に抵抗しつづけていたものもあった。それゆえ、一七八九年八月の時点では、大多数の議員が信仰の真の自由を支持することはけっして明白ではなかった。それにもかかわらず一二月末までに、彼らはプロテスタントに平等な政治的権利をみとめるようになっていたのである。

この意見の変化はどのように説明されたのだろうか。ラボ・サン゠テチエンヌはこの態度の変化を、プロテスタントの議員が市民としての責任をはっきりとしめしたことにもとめた。彼自身もふくむ二四人のプロテスタントが、一七八九年に議員として選出されていた。それ以前でさえプロテスタントは、公式には禁止されていたにもかかわらず、地元の役職に就いていた。そして一七八九年の最初の数カ月の不確かな状況において、多くのプロテスタントが全国三部会のための選挙に参加していた。国民議会にかんする卓越した歴史家であるティモシー・タケットは、プロテスタントにかんする意見の変化の由来を議会内部の政治闘争にもとめている。つまり、穏健派が右派の組織的妨害をしだいに嫌うようになり、それゆえ権利の拡大を支持してきた左派と提携したというのである。けれども組織的妨害の格好の事例としてタケットがとりあげた騒々しい聖職者議員のジャン・モーリ師でさえ、プロテスタントの権利に好意的な議論を展開していたのである。モーリの立場は〔意見が変化した〕プロセスを解明する手がかりを提供している。というのも彼は、プロテスタントの政治的権利を支持することをユダヤ人の政治的権利を否定することに関連づけていたからである。「プロテスタントは、われわれとおなじ宗教とおなじ法をもっている。……彼らはすでにおなじ権利を享受している」。モーリは、このようにしてプロテスタントとユダヤ人とを区別しようとした。とはいえ、南東フランスのスペイン・ポルトガル系のユダヤ人は、自分たちもまたすでに地方のレヴェルで政治的権利を行使していると主張し、ただちに国民議会に請願書を提出する準備をはじめた。ある宗教的少数派を別の宗

教的少数派と張り合わせようとする試みは、ドアの隙間を広げただけだったのである。(8)

プロテスタントの社会的地位は、理論と実践の双方によって、つまり、信仰の自由にかんする一般原則についての議論と、地方や国家の政務にプロテスタントがじっさいに参加したことによって、変化した。ブリュネ・ドゥ・ラチュクは、「宗教上の意見を、ある市民を排除し別の市民を認めるための公式の根拠にすること」を議員たちが望むことなどありえないと主張したとき、一般原則に訴えていた。モーリは、一般的主張は容認しようとしなかったが、プロテスタントはカトリックと同じ権利をすでに行使しているという実際的な主張は認めなくてはならなかった。〔一七八九年〕八月の一般的議論は、これらの問題をわざと未解決なままにしてのちの再解釈に道をひらき、さらに重要なことには、地方の政務への参加に門戸をとざさなかった。こうしてプロテスタントは、さらにはユダヤ人のなかのある人びとも、提供されたあらたな機会をできるだけ利用しようと躍起になったのだった。

一七八七年の寛容令以前のプロテスタントとはちがって、フランスのユダヤ人は、自分の信仰を公然と告白してもなんら処罰をうけなかった。しかし彼らは、市民権をほとんどもっていなかったし、政治的権利をまったくもっていなかった。じっさい、ユダヤ人のフランス人としてのあり方は、ある程度問題視されていた。カルヴァン派教徒は異端を奉じることによって道に迷ったフランス人であった。いっぽうユダヤ人は、もともと外国人で、フランス国内で別個の国民《ネイション》を構成していた。したがって、アルザスのユダヤ人は公式には「アルザスのユダヤ国民」として知られていた。しかし「国民」は、この当時は、のちの一九—二〇世紀におけるよりも国家主義的意味合いが薄かった。フランスにおける多くのユダヤ人とおなじく、アルザスのユダヤ人は、国王による特別勅許状によって権利と義務が記されたユダヤ人共同体の内部で生活しているかぎりで、一国民を構成していたのだ。彼らは自分たちの政務をある程度管理し、さらには事件を自分たちの法廷で裁く権利をもっていた。しかし彼らは同時に、たずさわることができる商売の種類、居住できる場所、そして希望しうる職業にかんして多くの制約をうけていた(9)。

啓蒙運動の作家たちは、かならずしも肯定的にではなかったが、ユダヤ人についてしばしば書いていた。そして一七八七年にプロテスタントに市民権が認められて以後は、ユダヤ人の情況を改善することに関心をうつした。ルイ一六世は一七八八年にその問題を検討する委員会を設置したが、これは遅すぎて、フランス革命以前に行動にうつすことはできなかった。ユダヤ人の政治的権利は、プロテスタントのそれよりも考えにくかったが、ユダヤ人は最終的にはプロテスタントに向けられた関心から利益をえた。とはいえ、率直な議論がただちに権利をあたえることにつながるわけではなかった。一七八九年春に起草された三〇七の陳情書はユダヤ人にはっきりと言及していたが、しかしその意見ははっきりと分裂していた。一七%はフランスに受けいれるユダヤ人の数を限定することを主張し、九%は彼らの国外追放を提唱していた。それにたいして九―一〇%だけが、ユダヤ人の状況を改善することを主張していた。何千もの陳情書のなかでたった八つの陳情書だけが、ユダヤ人に平等の権利を認めることを主張していたにすぎなかった。それでもその数は、女性にたいしてなされた同じ要求よりも多かった(10)。

ユダヤ人の権利は、権利の問題を提起する当初の取り組みがしばしば予想に反する結果をもたらすという一般的規則に合致するようにみえる。陳情書に示されたユダヤ人にたいする圧倒的に否定的な立場は、ユダヤ人に政治的権利をみとめることを一七八九年一二月に議員たちが拒否することを予示していた。とはいえ、それにつづく二〇カ月にわたって、権利の論理は、議論を前進させた。ユダヤ人の権利にかんする議論が提起されてからたった一カ月後、南フランスのスペイン・ポルトガル系のユダヤ人は議会に請願書を提出し、彼らはすでに、プロテスタントとおなじように、ボルドーのような南フランスのいくつかの都市で政治に参加していると主張したのである。自由主義的なカトリックの司教シャルル＝モーリス・ドゥ・タレイラン＝ペリゴールは、憲法委員会を代表して、彼らの立場を本質的に支持した。ユダヤ人はあらたに市民権を要求しようとしているのではないと彼は強調した。彼らはただ「それらの権利を享受しつづけること」を要求しようとしているにすぎない。というのも彼らは、プロテスタントとおなじく、すでにそれらの権利を行使しているからだ。こうして議会は、ユダヤ人一般の地位を変えることなく、特定のユダヤ人に権利を付与することができたのだった。このようにして、実践に由来する議論は、明白な差別をもとめた人びとにとって裏目に出たのである。(11)

タレイランの演説はとくに、最大のユダヤ人人口の居住地であったアルザス＝ロレーヌ地方出身の議員のあいだに大騒ぎをひきおこした。東部フランスのユダヤ人はアシュケナジであり、イディシュ語を話した。男性は、ボルドーのセファルディ〔スペイン・ポルトガル系ユダヤ人〕とはちがって、あごひげをはやし、フランスの法規は彼らの職業を金貸しや行商にほぼ限定していた。彼らと彼らから金を借りた農民とのあいだには、ほとんど親愛の情はなかった。その地方出身の議員たちは、タレイランの提言がもたらす必然的な帰結をただちに指摘した。「ボルドーのユダヤ人〔大部分はセファルディ〕の特別扱いは、すぐにフランス王国の他のユダヤ人も同様に特別扱いするという結果をもたらすだろう」と。騒々しい反対意見にもかかわらず、それでもなお議員たちは、三七四票対二二四票で「ポルトガル、スペイン、アヴィニョンのユダヤ人として知られているユダヤ人はすべて、彼らが現在まで行使してきた権利を行使しつづけること」、したがって「国民議会の法令によって規定された［能動市民のための］要件を満たすかぎり能動市民の権利を行使する」ことになる、と可決した(12)。

特定のユダヤ人に好意的なこの票決は、それを他のユダヤ人に拒否することを最終的には困難にした。一七九一年九月二七日、議会はユダヤ人にかんする従来の留保条件や特別扱いをすべて廃止し、こうして彼ら全員に平等な権利をみとめた。議会はまた、ユダヤ人が王政によって取り決められた特権や免除を放棄して、市民としての誓約をおこなうことを要求した。クレルモン゠トネールのことばによれば、「われわれは一国民としてのユダヤ人にはすべてを拒否し、個人としてのユダヤ人にはすべてをあたえなければならないのだ」。ユダヤ人独自の法廷や法律を放棄するのとひきかえに、彼らユダヤ人は、他のすべての人びととおなじく、それぞれフランスの市民となることになるのだ。ふたたび、実践と理論は、ダイナミックに関係しながらおたがいに作用しあった。理論、すなわち人権宣言において表明された原則がなければ、すでにこれらの権利を実践している特定のユダヤ人への言及は、ほとんどインパクトをもたなかったことだろう。また実践への言及がなければ、理論は死文にとどまったことであろう(女性にかんしてはあきらかにそうありつづけたように(13))。

とはいえ、権利はたんに立法府によって承認されただけではなかった。権利をめぐる論議は、少数派集団を刺激して、彼ら自身の利益のために主張し、平等な権利の承認を要求させるにいたった。プロテスタントは、国民議会にすでに選出されていた自分たちの代表をとおして語ることができたために、より大きな権利獲得の機会をもっていた。けれどもパリのユダヤ人たちは、なんら社団としての地位ももたず、全体でたった数百人の数であったが、はやくも一七八九年八月に国民議会に最初の請願書を提出したのである。彼らは「市民としてのわれわれの資格と権利を承認するように」議員たちにすでに要求していた。一週間後、アルザスとロレーヌのはるかに大きなユダヤ人共同体の代表たちもまた、市民権を要求する公開書簡を公表した。一七九〇年一月に議員たちが南フランスのユダヤ人の権利をみとめたとき、パリやアルザスやロレーヌのユダヤ人も団結して共同請願書を提出した。議員のなかには、ユダヤ人がほんとうにフランスの市民権をもとめているのかどうか疑問視するものもいたので、請願者たちは自分たちの立場を水晶のように明瞭にした。「彼らユダヤ人は、今日まで自分たちが耐えてきた不面目な差別が廃止され、市民だと宣言されるべきだと要求しているのだ」と。請願者たちは、どのボタンを押せばいいのかを正確に知っていた。ユダヤ人にたいする積年の偏見のすべてを長々と回顧したのちに、彼らは歴史的必然性を引き合いにだして、こう結論づけたのである。「すべてが変化している。ユダヤ人もすべて同時に変わらなくてはならない。毎日自分のまわりで目にしているあらゆる変化に比べれば、人びとがこの個別の変化によって驚くことは少ないだろう。……ユダヤ人全体の改善を革命に加えよ。いわば、この個別の革命を全体的な革命と融合させよ」と。彼らは、自分たちのパンフレットの日付を、議会が南フランスのユダヤ人をまさに特別扱いすることを可決した日にした。(14)

こうして、二年以内に、宗教的少数派はフランスでは平等の権利を獲得していた。偏見はたしかにまだ消滅してはいなかった。とくにユダヤ人にかんしてはそうだった。それでもやはり、きわめて短期間できわめて巨大な変化があったというある種の感覚は、単純な比較によって確証することができる。イギリスでは、カトリックが一七九三年に軍隊、大学、司法組織に入る権利をはじめて獲得した。イギリスのユダヤ人は、同じ譲歩を勝ちとるのに一八四五年まで待たねばならなかった。そしてカトリックは一八二九年以後にはじめて、ユダヤ人は一八五八年以後に、イギリス議会に選出される権利を得た。新生アメリカ合衆国の記録はもうちょっとましだった。イギリスの北アメリカ植民地におけるユダヤ人人口はたった二五〇〇人ほどであったが、政治的平等を享受していなかった。独立後、新生アメリカ合衆国のほとんどの州は、官職につくことをプロテスタントのみに(さらにいくつかの州では選挙権を)限定しつづけた。一七八九年九月に立案され、一七九一年に批准されたアメリカ合衆国憲法の最初の修正は、信仰の自由を保障した。そしてその後しだいに、州は宗教上の審査をなくしていった。そのプロセスは一般に、イギリスで見られたのとおなじく二段階で進行した。つまり最初にカトリックが、それからユダヤ人が完全な政治的権利を獲得したのである。たとえば、マサチューセッツ州は、一七八〇年に「キリスト教を信仰する」あらゆる人に官職を開放したが、あらゆる宗教についてそうなるのは一八三三年まで待たなければならなかった。ヴァージニア州はジェファソンの提言にしたがってもっとすばやく動いて、一七八五年に平等な権利をみとめ、サウス・カロライナ州とペンシルヴェニア州は一七九〇年にそれにつづいた。ロード・アイランド州は一八四二年にやっと行動した。(15)

## 自由黒人、奴隷制、人種

権利にかんする革命期の論理のブルドーザーのような力は、自由黒人や奴隷にかんするフランス人の決定において、さらに明白にみることができる。ふたたび比較が有効である。フランスは、奴隷所有を許容する他のどのような国家よりもはるか前に自由黒人に平等な政治的権利をみとめ(一七九二年)、奴隷を解放した(一七九四年)。新生アメリカ合衆国は宗教的少数派への権利を兄弟国イギリスよりもはるかに早くみとめたにしろ、奴隷制の問題になるとはるかに遅れた。クエーカー教の影響を受けた「奴隷貿易廃止協会」によって先導された何年にもわたる請願運動ののちに、イギリス議会は一八〇七年に奴隷貿易への関与をやめることを可決し、一八三三年にイギリス植民地において奴隷制を廃止することを決定した。アメリカ合衆国における記録は、一七八七年の憲法制定会議が奴隷制にたいする連邦政府の統制をみとめなかったために、より惨めなものだった。アメリカ合衆国議会も一八〇七年に奴隷の輸入を禁止することを可決したにしろ、アメリカ合衆国は、合衆国憲法修正第一三条が批准される一八六五年まで、奴隷制を公式には廃止しなかったのである。しかも、自由黒人の地位は一七七六年以後多くの州でじっさいに低下し、一八五七年の悪名高いドレッド・スコット判決でどん底におちこんだ。そのとき、合衆国最高裁判所は奴隷も自由黒人も市民ではないと宣告したのだ。ドレッド・スコット裁判は、一八六八年に合衆国憲法修正第一四条が批准され、「アメリカ合衆国で生まれ、あるいは帰化したあらゆる人間は、合衆国と彼らが住む州の市民である」と保証したときに、はじめてくつがえったのである。[16]

フランスの奴隷制廃止論者は、一七八八年にイギリスの奴隷貿易廃止協会をモデルとした姉妹のような協会を創設することによって、イギリス人の先例にならった。フランスの「黒人の友の会」は広範な支持を欠いていたので、一七八九年の事件がおこって彼らにスポットライトが当たらなかったら、崩壊していたかもしれない。「黒人の友」の意見は無視することができなかった。というのも、その著名な会員にはブリソ、コンドルセ、ラファイエット、そしてバティスト＝アンリ・グレゴワール師がおり、全員が他の舞台でよく知られた人権運動家だったからである。ロレーヌ地方出身のカトリックの聖職者であるグレゴワールは、一七八九年以前にさえ東部フランスのユダヤ人にたいする制約の緩和を主張しており、一七八九年には自由有色人のために平等な権利を唱道するパンフレットを刊行した。彼は、白人植民者における人種主義の高まりに注意をむけた。「白人たちは、権力を掌握しているのに、人は黒い皮膚によって社会の利益から排除されると不当にも公言した」と彼は主張したのである。[17]

にもかかわらず、自由黒人やムラート〔白人と黒人の混血〕に権利を承認することや奴隷制の廃止は、満場一致でおこなわれたのではまったくなかった。奴隷制廃止論者は、新しい国民議会においては、奴隷制やそれがもたらす巨大な富への干渉をおそれる人びとによって、数のうえで圧倒されていた。大西洋岸の港湾都市の白人農園主や商人は、「黒人の友」を、奴隷の蜂起を煽動することに熱心な狂信者として描きだすことにおおむね成功していた。一七九〇年三月八日には、議員たちは植民地を、憲法から、したがって「人間と市民の権利の宣言」から除外することを可決した。植民地委員会の代弁者アントワーヌ・バルナーヴは、「一般原則の厳密で普遍的な適用は［植民地に］ふさわしいということはありえない。……場所、道徳的慣習、風土、産物における違いは、法における違いを要請しているようにわれわれには思われる」と説明した。その法令はまた、植民地において不安や動揺をあおることを犯罪とした(18)。

このような拒絶にもかかわらず、権利にかんする議論は、植民地において社会階層の下のほうに不可避的にひろがっていった。それはまず頂点から、つまり最大で最富裕な植民地サン・ドマング（現在のハイチ）の白人農園主からはじまった。一七八八年のなかばに彼らは、植民地貿易の改革と来るべき全国三部会に代表者を出すことを要求したのである。まもなく彼らは、フランス政府が奴隷制に干渉しようとするなら、北アメリカ人のように独立を要求するぞと脅迫した。他方、より下層の白人たちは、フランスにおける革命によって、一介の手工業者や商店主とは政治権力をまったく分かち合おうとしないより裕福な白人にたいして彼らの立場が強化されることを期待した。

現状の存続にとってはるかに危険だったのは、自由黒人やムラートによる要求の高まりだった。王令によってほとんどの職業からしめだされ、あるいは白人の親戚の名前を名のることさえできなかった有色自由人は、それにもかかわらず莫大な財産を所有していた。たとえば、サン・ドマングのプランテーションの三分の一、奴隷の四分の一は、彼らの所有であった。彼らは、奴隷制を維持してさえも、白人と平等にあつかわれたいと願った。一七八九年にパリに派遣された彼らの代表のひとりヴァンサン・オジェは、プランテーション所有者としての共通の利害を強調することによって、白人農園主を味方に引きいれようとした。「われわれは、血が流れ、われわれの土地が侵略され、われわれの産品が破壊され、われわれの家が燃やされるのをみることになろう。……奴隷は反旗をひるがえすことになろう」と。彼の解決策は、自分のような有色自由人に平等な権利をみとめ、それによって有色自由人が、すくなくとも当面は、奴隷を抑えるのを助けるというものだった。白人農園主への彼の訴えが失敗し、「黒人の友」による支持も同様に有効でないとわかったとき、オジェはサン・ドマングにもどり、一七九〇年春に有色自由人の反乱をおこした。その反乱は失敗し、彼は刑車に縛りつけられて処刑された。[19]

とはいえ、有色自由人の権利にたいする支持は、そこにとどまらなかった。パリでは、「黒人の友」による持続的な運動によって、一七九一年五月に自由人の父と母から生まれた有色自由人のすべてに政治的権利をみとめる法令が勝ちとられた。サン・ドマングの奴隷たちが一七九一年八月に反乱してからまもなく、議員たちはこのきわめて限定的な法令さえ撤廃した。ただし、一七九二年四月により寛容な法令を可決することになるだけだったが。議員たちの行動が混乱したのは驚くべきことではない。というのも、植民地現地における情況は当惑させるものであったからだ。一七九一年八月なかばにはじまった奴隷の反乱は、八月末までに一万人もの叛徒を引きずりこみ、その数はうなぎ登りに増加しつづけたのである。武装した奴隷の一団が白人を虐殺し、サトウキビ畑と農園の屋敷を焼き尽くした。農園主たちはただちに、「黒人の友」と「人間の権利にかんする平凡な文句」の広がりを非難した。[20]

有色自由人は、この闘争においてどこに位置することになったのであろうか。彼らは逃亡奴隷をつかまえる任務をもつ民兵隊で服務し、ときには彼ら自身が奴隷を所有した。一七八九年に「黒人の友」は、彼らを、潜在的にありうる奴隷の蜂起への防波堤としてとともに、来るべき奴隷制の廃止における仲介者として思い描いていた。いまや奴隷たちは蜂起した。最初は「黒人の友」の見解を拒絶していたパリの議員たちは、一七九二年はじめに必死の思いでますますその見解を支持しはじめた。彼らは、有色自由人たちがフランスの部隊と下層の白人と提携し、農園主と奴隷に対抗してくれることを期待したのだ。以前貴族の海軍将校で農園主であった議員のひとりは、以下のような議論を展開した。「この階層〔貧しい白人〕は、財産を所有する有色自由人の階層によって補強されている。これは、この島における国民議会派である。……したがってわれわれ植民者〔白人農園主〕がいだく恐れは、彼らも奴隷にたいする革命の影響を恐れるべきあらゆる要件を兼ね備えているという点で、正当な根拠をもっている。人間の権利は、彼らの財産が依拠する制度をひっくりかえしている。……彼ら植民者は、原則を変えることによってのみ、みずからの生命と財産をすくうことができよう」。議員のアルマン＝ギ・ケルサンはさらにすすんで、奴隷制そのものを段階的に廃止することに賛成する議論をおこなった。じっさいには、自由黒人とムラートは、奴隷蜂起をとおしてあいまいな役割を演じた。ときには奴隷にたいして白人と提携し、ときには白人にたいして奴隷と提携したのである。(21)

理論(権利を宣言すること)と実践(この場合は明白な反抗と反乱)との結びつきの可能性が、ふたたび立法者に決断を下させた。ケルサンの議論がしめすように、人間の権利は植民地には適用されえないと宣言した議会においてさえ、それは不可避的に議論の構成要素となったのだ。そして事件が議員たちを後押しして、彼らがもともとはそれらの権利からしめだすことを望んでいた場所や集団にたいして、その適用可能性をみとめるようにうながしたのである。有色自由人に権利をみとめることに反対した人びとは、これらの権利をみとめることを支持した人びとと、ひとつの中心的な点にかんして考えが一致していた。つまり、有色自由人の権利は、奴隷制そのものを考察することと切り離すことができないという考えが、それであった。いったんこれらの権利が承認されると、つぎの一歩がなおさら不可避なものとなった。

一七九三年夏までに、フランスの植民地は全面的な動乱状態に入っていた。フランスでは共和国が宣言され、この新しい共和国はいまや、カリブ海でイギリスやスペインと戦っていた。白人植民者たちはイギリス人との連携をもとめた。サン・ドマングの反乱奴隷の一部は、その島の東半分サント・ドミンゴを支配していたスペイン人たちと、みずからの自由の約束とひきかえに連携した。しかしスペインは、奴隷制を廃止する意図はまったくなかった。一七九三年八月には、フランスから派遣されたふたりの委員が、フランスの権威の全面的な崩壊に直面して、フランス共和国のために戦う奴隷、さらにはまたその家族に解放を提案しはじめた。くわえて彼らは、土地の譲渡も約束した。八月末までに彼らは、その地域全体にたいして自由を提供しようとしていた。島の北部の奴隷を解放する法令は、「人間と市民の権利の宣言」の第一条「人間は自由かつ権利において平等なものとして生まれ、そうありつづける」から開始されていた。最初は奴隷を解放することによってフランスの支配力を弱めようとするイギリスの陰謀を恐れていたが、パリでは議員たちが一七九四年二月に全植民地で奴隷制を廃止することを決議した。彼らは、奴隷解放の必要性を説明するためにサン・ドマングから派遣された三人の人間——白人とムラートと解放奴隷——から直接に報告を聞いて、すぐに決定をくだした。議員たちは、「全植民地における黒人奴隷制の廃止」にくわえて、「植民地に居住するあらゆる人間は、肌の色の区別なくフランスの市民であり、憲法によって保障されたあらゆる権利を享受する」と法令でさだめたのである。[22]

奴隷制の廃止は、啓蒙時代の純粋な利他主義的行為だったのだろうか。けっしてそうではなかった。サン・ドマングにおける奴隷反乱の継続が多くの前線での戦争とむすびついたため、〔フランスから派遣された〕委員たち、したがってパリの議員たちには、植民地サン・ドマングがもたらすなんらかの分け前にしがみつこうとすれば、ほとんど選択の余地はなかったのである。それでも、イギリスやスペインの活動が明らかになるにつれて、奴隷制を維持するために策略をほどこす余地がおおいに残された。彼ら議員たちは奴隷制の全面的な廃止を提議するのではなく、彼らの側についた人びとにすこしずつ解放を約束することもできた。しかし「人間の権利」の普及によって、フランス人にとって奴隷制を維持することがはるかに困難になった。権利にかんする議論がフランスでひろがるにつれて、植民地を憲法の適用外にしておこうとする立法府のこころみは、立場を失っていった。ちょうどそのとき、権利にかんする議論によって有色自由人や奴隷自身が刺激され、あらたな要求をおこない、その要求のためにはげしく戦うにいたっていたのだ。農園主や彼らの味方は、まさに最初からその脅威を感知していた。パリにいた植民地出身の議員たちはひそかに故郷に手紙を書いて、友人たちに、「人間と物を監視し、要注意人物を逮捕し、ほかならぬ「自由」という語が表明されているどのような著作も押収する」ように指示していた。奴隷たちは人間の権利にかんする教義の微細な点をすべて理解していなかったかもしれないが、そのことばそのものが魔術的な効果をもつにいたったことは否定できない。奴隷あがりのトゥサン＝ルヴェルチュールはすぐに反乱の指導者となったが、一七九三年八月に、「わたしは自由と平等がサン・ドマングに行きわたってほしいと思う。わたしは自由と平等が実現するよう努力している。兄弟たちよ〔仲間の叛徒〕、われわれと団結せよ、そして同じ大義のためにわれわれとともに戦え」と宣言した。最初の宣言がなければ、一七九四年の奴隷制の廃止は、想像もおよばないままであったであろう(23)。

一八〇二年にナポレオンは、フランスから大規模な派遣軍をおくってトゥサン＝ルヴェルチュールをとらえ、フランスの植民地で奴隷制を復活した。トゥサン＝ルヴェルチュールはフランスに送られ、冷たい牢獄で死んだが、ウィリアム・ワーズワースによってほめたたえられ、いたるところで奴隷制廃止論者によって称賛された。ワーズワースは、自由にたいするトゥサンの熱意をこう受けとった。

汝自身は斃れ、二度と立ち上がることはなくとも、
生きよ、そして心安らかであれ。汝はあとに残したのだから、
汝のためにはたらく力を、大気を、大地を、そして空を。
どこにでも吹く風の息吹のひとつひとつに、
汝の記憶は宿っている。汝には大いなる味方がいる。
汝の友は歓喜、苦悩、
そして愛と人間の不撓不屈の精神。

ナポレオンの行動は、フランスの植民地における奴隷制の最終的な廃止を一八四八年まで、つまり

第二共和制が政権を掌握するまで遅らせた。にもかかわらず、彼は、時計を全面的にもとに戻すことには成功しなかった。サン・ドマングの奴隷たちは、自分たちの運命を受けいれることを拒否し、ナポレオン軍にその撤兵まで抵抗し、成功した。そして解放された奴隷によって率いられる最初の国家、ハイチという独立国家をあとに残した。その島に派遣された六万人のフランス人、スイス人、ドイツ人、ポーランド人の兵士のうち、わずか二、三千人が大西洋をこえてもどったのみだった。ほかの兵士ははげしい戦闘や黄熱病で倒れたのである。この病気は何千人もの兵士の命をうばったが、そのなかには派遣軍の総司令官もふくまれていた。とはいえ、奴隷制が首尾よく復活した植民地においてさえ、自由の味は忘れられていなかった。フランスにおける一八三〇年の革命が超保守的な王政にとって代わったとき、ある奴隷制廃止論者がグアドループを訪れ、一七九四年に共和国によって採用された三色旗にたいする奴隷たちの反応を報告した。「われわれの解放の名誉ある象徴、われわれは君に敬意を表する」と一五人か二〇人の奴隷が叫んだ。「やあ、われわれの友の勝利とわれわれの解放のときを、海の向こうから知らせにやってくる善意の旗よ」と。(24)

## 女性の権利を宣言する

議員たちは、権利の宣言は「肌の色の区別なくあらゆる人間」に適用されることに——圧力がかかるなかで——同意しえたが、一握りの議員が、その宣言は女性にも適用されるとのべる気になったのみであった。にもかかわらず、女性の権利はまさに議論される時期をむかえ、議員たちは女性の市民権を、あらたに重要な方向に拡大した。女子は男兄弟と同等の相続権を獲得し、妻は夫とおなじ根拠にもとづいて離婚する権利を獲得したのだ。離婚は、一七九二年におけるその制定までフランス法のもとでは許容されていなかった。一八一六年に復活した王政は離婚を廃棄し、離婚は一八八四年まで再制定されなかったが、そのときでさえ、離婚には一七九二年に適用されていたよりも多くの制約がともなっていた。一八世紀、そして人類の歴史の大部分で、女性はどこでも政治的権利から排除されていたことを考慮するなら――一九世紀以前には世界のどこでも、女性は国政レヴェルの選挙で投票権を獲得していなかった――、女性が最終的に権利を獲得しなかったことよりも、女性の権利が公的舞台で論議されることさえあったことのほうが、もっと驚くべきことである。

女性の権利が、「想像しうる可能性」の尺度において他の集団の権利よりも低いところに位置していたことは明白であった。「女性問題」は、ヨーロッパではしばしば一七―一八世紀に、とくに女性の教育やその欠如について論議にのぼった。しかし女性の権利は、アメリカ革命やフランス革命につながる時期に持続的な議論の焦点となることはなかった。フランスのプロテスタントやユダヤ人、あるいは奴隷とさえ対照的に、女性の地位がパンフレット合戦、公的な論文コンテスト、政府の委員会、あるいは「黒人の友」のような特別に組織された支持組織の主題となったことはなかったのだ。この軽視は、女性が迫害された少数派ではなかったという事実によるものだったのかもしれない。わたしたちの基準では、女性は抑圧され、しかも女性であるがゆえに抑圧されていた。しかし彼女たちは少数派ではなかったし、だれも彼女たちに、プロテスタントやユダヤ人にたいしてしたように、自分というものを変えるようにはたらきかけることはなかった。女性の運命を奴隷の身分にたとえるものはいても、比喩の領域をこえてこの類比を押し進めるものはほとんどいなかった。たしかに、法は女性の権利を制限していたが、しかし女性は奴隷とはちがって、ある種の権利をじっさいもっていた。女性は、知的にではないにしろ、道徳的に父や夫に従属すると考えられていたが、自律性を欠いていると思われてはいなかった。じっさい、自律を好む女性のつよい傾向は、考えられるすべての権力機関によるたえざる警戒を要請した。女性は、たとえ政治問題においてでさえ黙っているということもなかった。パンの価格をめぐる示威運動や暴動は、フランス革命期やそれ以前に、くりかえしその事実をしめしていた(25)。

女性は要するに、フランス革命以前には明白に独立した区別しうる政治的カテゴリーを構成していなかったのだ。フランス革命期に女性の政治的権利をもっとも率直に擁護した男性であるコンドルセの例は、多くを物語っている。はやくも一七八一年に、彼は奴隷制の廃止を要求するパンフレットを刊行した。自由取引の確立や天然痘の予防接種とともに、農民やプロテスタント、刑事司法制度のための改革の提案をふくむリストにおいて、女性は言及されていなかったのだ。この人権の先駆者にとってさえ、女性はフランス革命が開始してまるまる一年たってはじめて問題となったのである(26)。

少数の女性は全国三部会のための選挙で代理投票をおこない、わずかな議員が女性、すくなくとも財産を所有する未亡人は将来的には投票権を得てもよいと考えたが、そのような、権利を獲得しうる可能性をもつカテゴリーとしての女性は、一七八九年から一七九一年にかけて国民議会の議論にはまったくあらわれなかった。大部な『議会議事録』のアルファベット順の目録は、たった二度しか「女性」に言及していない。ひとつの事例は、市民としての誓約を要求するブルターニュの女性グループであり、もうひとつは、意見書をとどけたパリの女性グループだった。それと対照的にユダヤ人は、すくなくとも一七回のことなる機会に、議員たちによる直接の議論の対象となった。一七八九年末までに、俳優、死刑執行人、プロテスタント、ユダヤ人、自由黒人、さらに貧民さえもが、すくなくともかなりの数の議員たちによって市民として考えられうるものとなっていた。想像しうる可能性の尺度のたえざる再検討にもかかわらず、女性にたいする平等な権利は、男女を問わずほとんどすべての人びとにとって想像されえないものにとどまっていたのである。(27)

それでも、まさにここでも権利の論理は、たとえ断続的にではあっても、しだいに力をもつようになった。一七九〇年七月にコンドルセは、人を驚かせるような新聞論説「女性にかんする市民権の承認について」によって読者に衝撃をあたえた。そのなかで彼は、一八世紀後半に着実に進展した人権を擁護する原理的根拠をあきらかにした。「人間の権利は、人間が感覚を持つ存在であり、道徳的観念を獲得し、それらの観念について論理的に考えることができるという事実からのみ由来するのだ」と。女性は同じ特徴をもっていないだろうか。「女性も同じ特性をもっているのだから、彼女たちも同じ権利をとうぜんもっている」と彼は強調した。コンドルセは、仲間の革命家たちが自分ではなかなか引き出せなかった論理的帰結をひきだしたのだ。「人類のどのような個人も、真の権利をもっていないか、あるいはすべての人が同じ権利をもっているか、どちらかだ。したがって、たとえ宗教や肌の色、あるいは性別がどうあれ、ほかの人びとの権利に反対する人はだれでも、その瞬間から自分自身の権利を放棄したことになるのだ」と。

ここにおいて、人権にかんする近代哲学が純粋なかたちで、明確に表現された。人間の個別的特性

(子どもは自分自身で論理的に考えることがまだできないので、おそらく年齢はふくまれないが)は、たとえ政治的権利にかんする秤においてであっても、重きをおかれるべきではないというのだ。コンドルセはまた、なぜ、きわめて多くの女性が男性と同様に、正当化しえないはずの女性の従属を疑問視することなく受けいれてきたのかを説明した。「習慣によって、人間は自分たちの生得の権利が侵害されることに慣れてしまい、それらの権利を失った人びとにおいても、それを要求することをだれも夢にも思わず、自分が不当な仕打ちをこうむっているとだれも思わなくなることがありうるのだ」と。彼は読者に、女性はつねに権利をもっていたのであり、この根本的真実が社会的慣行によって見えなくなっているのだということをあえて認めさせようとしたのである。(28)

一七九一年九月に、奴隷制に反対した劇作家オランプ・ドゥ・グージュは、「人間と市民の権利の宣言」を完全にひっくりかえした。彼女の『女性の権利の宣言』は、「女性は自由なものとして生まれ、権利において男性と平等でありつづける」(第一条)ということを強調した。「あらゆる女性市民と男性市民は、その[法の]見地からは平等であるので、その能力におうじて、かつその徳と能力による区別以外の区別なく、平等にあらゆる公的な顕職、地位、職務に就くことができるべきである」(第六条)。一七八九年の人権宣言の用語のこの転倒は、現在のわたしたちにはほとんど衝撃的にはみえないが、しかしその当時衝撃的であったことはたしかだった。イギリスのメアリ・ウルストンクラフトは、女性のために完全に平等な権利を要求する点で、彼女と同じ立場のフランス人女性ほど進んではいなかったが、しかし彼女は、教育と伝統によって女性の知性の発達がどのようにさまたげられてきたかについて、はるかに詳細に、燃えるような情熱をもって書物を書いた。彼女は、一七九二年に刊行された『女性の権利の擁護』において、女性の解放を社会におけるあらゆるかたちの位階制度の打破とむすびつけた。ドゥ・グージュのように、ウルストンクラフトは、その大胆さのゆえに公衆から中傷をうけた。ドゥ・グージュの運命はさらに悲惨だった。というのも彼女は、「恥知らずな」反革命家として、自然に反する存在(「男のような女」)としてギロチンにかけられたからである。[29]

いったんはずみがつくと、女性の権利は、少数の先達の著書で論じられるにとどまらなかった。一七九一年から一七九三年にかけて、女性たちは、パリでと同様にすくなくとも五〇の大小の地方都市で政治クラブを創設した。女性の権利は、クラブ、新聞、そしてパンフレットにおいて論議にのぼった。共和国のためにあらたに提案された憲法のもとで市民権にかんする考察がなされていた一七九三年四月に、あるひとりの議員が女性に平等な政治的権利をみとめることを支持する議論を長々と展開した。彼の介入は、そのような考えがある程度の支持者を得ていたことをしめしていた。「性差という違いがあることはたしかだ」と彼はみとめたが、「しかし、性差がどうして権利の平等における相違をうみだすのか、わたしはわからない。……黒人の肌の色にたいする偏見からみずからをまさに解放したように、性差の偏見からもすすんでみずからを解放しようではないか」とのべたのだ。議員たちは彼の提唱にはしたがわなかった。[30]

それどころか、一七九三年一〇月に、議員たちは女性クラブに反対する措置をとった。革命的な三色の記章を身につけることをめぐる女性間の路上での争い(一七九三年九月の法令によって、女性も衣服に三色の記章をつけることが義務化され、その着用をめぐってしばしば女性間で争いが生じた)に対して国民公会は、そのようなクラブは女性にふさわしい家庭での義務から彼女たちの目をそらすだけだという理由で、女性の政治クラブをすべて廃止する決議をおこなったのである。この法令を提案した議員によれば、女性は、統治に必要とされる知識、勤勉、献身、あるいは自制心をもっていなかった。彼女たちは「女性が自然そのものによって運命づけられている私的な役割」を忠実にはたすべきだというのである。その論理的根拠にはほとんど新しい要素がみられなかった。新しかったのは、女性が政治クラブを形成したりそれに参加したりすることを禁じ、公言する必要性だった。女性が論議にのぼることは一番すくなく、一番最後だったかもしれないが、しかし女性の権利はけっきょく協議事項にのぼったのであり、一七九〇年代に彼女たちにかんして――とくに女性の権利に好意的に――論じられたことは、こんにちまでつづく影響力をもったのである。(31)

権利の論理によって、すくなくともフランスとイギリスでは、女性の権利でさえ、習慣というぼんやりとした霧のなかからひきだされた。アメリカ合衆国では、女性の権利が軽視されていたため、一七九二年以前には相対的に少数の公的論議しかおこらなかった。そして革命期には、コンドルセ、オランプ・ドゥ・グージュ、あるいはメアリ・ウルストンクラフトの著作に匹敵しうるようなアメリカ人の著作はまったくあらわれなかった。じっさい、ウルストンクラフトの『女性の権利の擁護』の出版以前には、女性の権利という考えは、イギリスでもアメリカでも事実上まったく聞かれなかった。ウルストンクラフト自身、この問題にかんして影響力をもった彼女の考えを、フランス革命に直接対応するなかで発展させたのだった。一七九〇年に刊行された権利にかんする彼女の最初の著作『人間の権利の擁護』において、彼女は、フランスの人権にかんするバークの弾劾に応答した。その結果彼女は、こんどは、女性の権利について考察するにいたったのである。(32)

男性の政治家による公式の宣言や法令のむこうに目をむければ、女性の権利にかんする可能性の変化はより印象的だ。たとえば、驚くべきことに、ウルストンクラフトの『女性の権利の擁護』は、共和制初期のアメリカのより私的な図書館では、ペインの『人間の権利』よりもおおく見られたのである。ペイン自身は女性の権利になんら注意を払わなかったが、ほかの人びととはちがったのだ。一九世紀はじめに、アメリカ合衆国では、討論クラブ、卒業式の挨拶、そして大衆向けの雑誌が、男性参政権の背後にある社会的・文化的な性にかんする前提を問いただしていた。フランスでは、出版の自由によってつくりだされたあらたな幕開けに乗じて、女性が以前よりも多くの書物やパンフレットを書いた。平等な相続への女性の権利は、女性たちがいまや正当にも自分たちのものとなったこの権利を手放すまいと決意したとき、無数の訴訟を誘発した。結局のところ、権利はイエスかノーかの提案ではなかったのだ。新しい権利は、たとえそれが政治的権利ではなかったとしても、女性にとって新しい機会への道をきりひらき、女性はその機会をただちに利用したのである。プロテスタント、ユダヤ人、そして有色自由人の先行する活動がすでにしめしているように、市民権はたんに権力当局によって承認されるものではなく、自分でつかみ取るべきものなのだ。道徳的自律のひとつの基準は、論議し、主張する能力、そしてある人びとにとっては、闘う能力なのである。(33)

一七九三年以後、女性はフランス政治の公的世界ではそれまでよりも抑圧されることになった。にもかかわらず、権利にかんする約束は完全には忘れさられてはいなかった。シャルル・テルマン『共和国における女性の境遇について』をめぐって一八〇〇年に公表された長大な論評において、詩人で劇作家のコンスタンス・ピプレ(のちにはコンスタンス・ドゥ・サルムとして知られた)は、女性たちはフランス革命の初期にはじめて言明された目標を見失っていないことをしめした。

［アンシャン・レジームにおいては］人類に属する権利のうちの半分を人類の半分に保障することが必要だと考えられなかったことは、だれでも理解できる。しかし、最近の一〇年間に女性の［権利を］認めることを完全に無視しえたということを理解することは、より困難であろう。この時期には、平等と自由ということばがいたるところで評判になり、経験によって裏打ちされた哲学が人間の真の権利についてたえず啓発しているのだから。

彼女は、この女性の権利の軽視の原因を、女性の力を制限し、さらに無力にすることは、男性の力を増大させることになる、と一般男性庶民が容易に信じたという事実にもとめた。ピプレは、その論評において女性の権利にかんするウルストンクラフトのことばを引用したが、しかし彼女は、女性の投票権や官職就任権を要求することはなかった(34)。

ピプレは、権利にかんする革命期の論理と慣習による拘束の持続との緊張を鋭敏に理解していることをしめしていた。「女性が、男性の例にならって、自分たちの真の本性についてもっとも論じ、結果としてもっとも行動したのは……とりわけ革命期だ」。不可解やあいまいさが女性の権利にかんして残存しているにしても(しかもピプレは、彼女の文章の多くでじつにためらいがちな論調を印象づけた)、それは、啓蒙運動がじゅうぶんに進展しなかったからであった。民衆、とくに一般の女性は教育を受けない状態にとどまっていた。女性が教育を手にするにつれて、彼女たちは必然的にその才能をしめすことになるだろう、才能に性別は関係ないのだから、とピプレは主張した。彼女は、女性は学校教師として採用されるべきであり、法廷において自分たちの「生得の譲渡しえない権利」を弁護することを許されるべきだという点で、テルマンに同調した。

ピプレ自身は、女性の完全な政治的権利を唱道することを思いとどまった。彼女はただ、彼女自身の時代に可能だ——想像しうる、論じうる——と彼女が考えたことに応答しようとしていただけであった。しかし他の多くの人びととおなじように、彼女は、自然権にかんする哲学は、人類のもう半分である女性の場合にはまだうまくいっていないにしろ、抗しがたい論理をもっている、と考えた。「人間の権利」という概念は、革命それじたいと同様に、予期しえない論議と抗争と変化の空間をひらいた。それらの権利の約束は否定され、抑圧され、あるいはじっさい実行されないままということもありうるが、しかしその約束は完全に消滅してはいないのである。

# 第五章

# 「人間性という柔らかい力《ソフト・パワー》」

## ——なぜ人権は失敗したが、長い目で見れば成功したのか

"THE SOFT POWER OF HUMANITY"

哲学者のジェレミー・ベンサムが主張したように、人権はたんに「修辞的に無意味で、無意味の上にも無意味」だったのだろうか。アメリカとフランスの革命における人権の最初の定式化から、一九四八年における国際連合の世界人権宣言にいたるまでの、人権の歴史における長期にわたる空白には、だれしも考えさせられる。諸権利は思想においても活動においても消滅しなかったが、しかし権利にかんする議論や法令はそのかん、もっぱら特定の国家の枠組みの内部でのみ生じることになった。憲法によって保障されたさまざまな権利——たとえば、労働者、宗教的少数派、そして女性の政治的権利——という考えは、一九—二〇世紀にひろがりつづけたが、しかしあらゆる人間に適用しうる生得の権利 natural rights を語ることは沈静化した。たとえば労働者は、イギリスの、フランスの、ドイツの、あるいはアメリカの労働者として権利を獲得したのである。一九世紀のイタリアの国民主義者《ナショナリスト》ジュゼッペ・マッツィーニが「われわれの個人的権利がもっとも保障されている場所でなくして……国

家とはなんだろうか」と反語的疑問を呈したとき、彼は国家にたいするあらたな関心を表現していた。国家へのこの信頼が粉砕されるためには、大きな被害をもたらしたふたつの世界大戦が必要だったのである。(1)

## 人間の権利の欠点

ナショナリズムは、ナポレオンの失脚とフランス革命の時代の終結とともに、一八一五年以後にはじめて、権利のための支配的な枠組みとしてしだいに優勢になった。一七八九年から一八一五年にかけては、権利にかんしてふたつのことなる考え方がはげしく対立していた。一方では人間の権利という考え方、他方では伝統的な位階社会という考え方が、それであった。どちらの側も民族性がアイデンティティを決定するとは主張はしなかったが、国民《ネイション》を引き合いにだした。定義上、「人間」の権利という考え方は、諸権利が国籍《ナショナリティ》に左右されるとするどのような考え方も否認した。他方で、エドマンド・バークは、歴史を重視し、自由は国民の歴史に根ざした政体によってのみ保障されうると主張することによって、位階社会を国民にかんするある種の考え方に関連づけようとした。諸権利は長年の伝統と経験から芽生えたときにのみ機能するのだ、と彼は主張したのである。

人間の権利の支持者たちは、伝統や歴史の重要性を否定した。まさにフランスの宣言は「形而上学的な抽象」に依拠したために、その宣言は服属をうながすのに十分な情緒的力をもちえなかったのだ、とバークは主張した。どうしてこれらの「インクのシミがついたくだらない紙くず」を、神への愛、王への畏敬、行政官にたいする義務、聖職者への敬意、そして自分よりすぐれた人びとにたいする尊敬と比べることができようか。革命家たちは権力の座にとどまるために暴力をもちいなければならなくなるだろうと、彼はすでに一七九〇年に結論づけていた。フランスの共和主義者たちが一七九三年から一七九四年にかけて国王を処刑し、承認された政体としての恐怖政治に移行したとき、バークの予言は的中したようにみえた。「人間と市民の権利の宣言」は、一七九一年憲法とともに棚上げされ、意見の相違を抑圧し、敵と認知された人びとを大規模に処刑することをさまたげなかったのである。

バークの非難にもかかわらず、ヨーロッパとアメリカ合衆国の多くの作家と政治家は、一七八九年の権利の宣言を熱狂的に歓迎した。とはいえ、フランス革命がより急進的になるにつれて、世論は分裂しはじめた。とりわけ、君主制の政府は、共和国の宣言と国王の処刑にたいしてつよく反発した。一七九二年一二月に、トマス・ペインが『人間の権利』の第二部で世襲王政を攻撃したことにたいしてイギリスの裁判所が彼を煽動罪で有罪と判決したとき、彼はフランスに逃れざるをえなかった。イギリス政府は、フランス思想の支持者たちを非難し迫害する組織だった運動を展開して追いつめた。一七九八年、あらゆる人間にかんして平等な権利を宣言してからたった二二年後、アメリカ合衆国議会は、アメリカ政府にたいする批判を制限するために「外国人・煽動関連法」を可決した。この時代の新しい精神は、エディンバラ大学の自然哲学の教授であったジョン・ロビソンによって一七九七年になされた発言にみてとることができる。彼は、「つねにみずからの権利を考え、いたるところからそれらの権利を切に要求するという、いまやあらゆる人びとの心を満たしている呪うべき処世法」を糾弾した。権利にたいするこの強迫観念は、ロビソンによれば、「破滅の最大の元凶」だった。というのも彼は、この強迫観念を、スコットランドにおいてさえ進行する政治的激動や、げんに全ヨーロッパを巻きこむ恐れがあるフランスとその近隣諸国との戦争の、最大の原因と考えたからであった。[2]

権利にかんするロビソンの用心深さも、ヨーロッパ大陸の反革命的王政主義者によって発射された攻撃ミサイルと比較すると見劣りした。歯に衣着せぬ保守主義者ルイ・ドゥ・ボナルドによれば、「革命は人間の権利の宣言とともに開始されたのであり、神の権利が宣言されるときにのみ終結することになるだろう」。権利の宣言は、啓蒙主義の哲学、それとともに無神論、プロテスタンティズム、フリーメーソン主義――それらをボナルドはひとまとめにしている――の邪悪な影響を表現しているのだ、と彼は主張した。この宣言のせいで人びとは自分の義務をおこたり、自分自身の個人的欲望だけを考えるようになったのだ。その宣言は人びとをそうした熱情と訣別させることには役立たなかったので、フランスを一直線に無秩序と恐怖と社会的崩壊に陥れることになったのだ、と。正当な復古王政によって保護されたカトリック教会の復活のみが、真の道徳的原則を植えつけることができるのだ。一八一五年に再建されたブルボン朝の国王のもとで、ボナルドは、離婚にかんする革命期の法を廃止し、出版前の厳格な検閲を復活させることに主導的な役割をはたしたのである。[3]

ブルボン朝の国王が復帰する以前に、フランスの共和主義者、そして後にはナポレオンが、軍事的征服をとおしてフランス革命のメッセージをひろめたとき、人間の権利は帝国主義的な侵略と絡み合うことになった。名誉なことには、フランスの影響によってスイスとオランダは一七九八年に拷問を廃止するにいたった。スペインもまた、ナポレオンの兄が国王として支配した一八〇八年にそうした。とはいえ、ナポレオンの失脚後、スイスは拷問を再導入し、スペインの国王は異端審問を復興し、そこでは自白を引き出すために拷問がもちいられた。フランス人はまた、彼らの軍隊が占領したところではどこでもユダヤ人の解放を奨励した。イタリアとドイツの諸国家では、復活した支配者があらたに獲得されたこれらの権利の一部をとりのぞいたが、ユダヤ人の解放はオランダでは永続的なものになった。ユダヤ人の解放はフランス的なものとみられたために、あらたに征服された領土の一部でフランスの部隊を悩ませた匪賊は、しばしばまたユダヤ人を標的とした。(4)

ナポレオンによる矛盾に満ちたさまざまな介入は、諸権利はただひとつのまとまりをかたちづくるとは考えないことが必要であることをしめした。彼は、自分が支配した地域ではどこでも、宗教的寛容と宗教的少数派にたいする平等な市民的・政治的権利を導入した。しかし彼は、フランス本国ではあらゆる人の言論の自由をきびしく制限し、出版の自由を基本的に排除した。フランスの皇帝は、「人間は生まれながらに自由なのではない。……自由は、大衆よりも高貴な知性を付与された少数の人びとによって感じられる欲求である。したがって自由は、罰を受けることなく抑圧することが可能なのだ。他方、平等は大衆を喜ばせる」と信じていた。彼の考えでは、フランス人は真の自由を望んではいなかったのであり、ただ社会の頂点に昇りつめることを切望していただけなのである。彼らは、法的平等を守るために政治的権利を犠牲にするだろう、と。(5)

奴隷制の問題にかんしては、ナポレオンは完全に首尾一貫していた。一八〇二年にヨーロッパにおける戦闘が小休止しているあいだ、彼はカリブ海の植民地に遠征軍を派遣した。解放された奴隷による全面的蜂起をひきおこさないように、最初は自分の意図を注意ぶかくあいまいなままにしていたが、司令官のひとりである義理の弟に宛てた通達から、彼の目的は明白であった。到着するとすぐに、兵士たちは拠点を占領し、地勢を掌握すべきだ。つぎに彼らは、「情け容赦なく叛徒を追撃し」、すべての黒人を武装解除し、彼らの指導者を逮捕し、フランスにまで搬送すべきであり、そうして奴隷制の復活への道をひらくべきである、というのである。ナポレオンは、「黒人共和国が誕生するという見込みはスペイン人とイギリス人とアメリカ人をひとしく当惑させることになる」と確信していた。彼の計画は、ハイチとして独立を達成したサン・ドマングでは失敗したが、しかしほかのフランス植民地では成功した。一五万もの人びとがサン・ドマングでの戦闘で死んだ。グアドループ島の住民の一〇分の一は殺害されるか流刑に処されたのである。(6)

ナポレオンは、人間の権利と伝統的な位階社会との混成物をつくりだそうとしたが、しかしけっきょく、双方の側が混成の所産を拒絶した。ナポレオンは、宗教的寛容、封建制の廃止、そして法の前での平等をあまりにも強調したために伝統主義者を満足させることができなかったし、あまりにも多くの政治的自由を切り詰めたためにもう一方の側にもアピールすることができなかったのである。彼はカトリック教会と和解することはできたが、しかし伝統主義者の見地からはけっして正統な支配者とはならなかった。権利の擁護者にとって、彼が法の前での平等を強調しても、彼が貴族制を復活したことや世襲帝政を創設したことを埋め合わせることにはならなかった。フランスの皇帝は、失脚するまで、伝統主義者と権利の擁護者の双方によって、暴君、専制君主、権力簒奪者として非難された。ナポレオンのもっとも執拗な批判者のひとりである作家のジェルメーヌ・ドゥ・スタールは、彼の唯一の遺産は「専制政治の手練手管の秘密をすこし多くしめしたこと」であったと、一八一七年に公言した。ドゥ・スタールは、左右両派の他のあらゆる論評者と同様に、この廃位された指導者に言及するときはつねに彼の姓であるボナパルトとだけ呼び、皇帝としての名前であるナポレオンと呼ぶことはけっしてなかったのである。(7)

## ナショナリズムが押しよせる

秩序を維持しようとする勢力の勝利は、長い目で見れば一時的なものにすぎなかったが、これは大部分、それらの勢力の大敵であるナポレオンによって開始されたさまざまな事態のおかげであった。一九世紀をとおしてナショナリズムは、フランス革命期の論争の両陣営を虜にし、権利にかんする議論を変容させ、最終的に伝統的な秩序をおびやかすことになる新種の位階秩序をつくりだした。コルシカ出身の成り上がり者の帝国主義的冒険は、ワルシャワからリマにいたるまでのナショナリズム勢力をはからずも刺激した。進出したところではどこでも、彼はあたらしい統一体(ワルシャワ公国、イタリア王国、ライン同盟)をつくりだしたり、あたらしい機会をうみだしたり、あたらしい敵意を誘発したりしたが、これらがのちに国民的熱望に流れこむことになるのである。ナポレオンが創設したワルシャワ公国は、プロイセンとオーストリアとロシアによって吸収合併される以前にはかつてポーランドがあったのだ、ということをポーランド人に思い出させた。イタリアとドイツのあたらしい政府がナポレオンの没落以後消滅したとしても、それらは国家の統一が実現可能であることをしめした。そしてスペイン王を廃位することによって、フランスの皇帝は、一八一〇年代と一八二〇年代の南アメリカの独立運動への扉をひらいた。ボリビア、パナマ、コロンビア、エクアドル、ペルー、そしてベネズエラの解放者であったシモン・ボリバルは、ヨーロッパにおける類似の人物とおなじく、ナショナリズムにかんする生まれたばかりの言葉を語った。「われわれの郷土は、優しい気持ちと楽しい思い出をめざめさせる。……愛や献身へのどのような要求も、郷土以上に強い感情をめざめさせることはありえないだろう」と彼は熱狂的に論じた。国民感情は、バークによって嘲笑された「インクのシミがついたくだらない紙くず」には欠けていた情緒的な力を提供したのである。(8)

フランスの帝国主義に反発して、ドイツの作家のなかには、すべてのフランス的なもの——人間の権利もふくめて——を拒絶し、あたらしい国民観念、つまり明白に民族性に依拠した国民観念を発展させたものもいた。単一の国民国家の構造を欠いていたため、ドイツの国家主義者《ナショナリスト》たちはその代わりに民族 Volk という神秘的なもの、つまり他の諸国民とはことなるドイツ人の内面的性格を強調した。ドイツの国家主義者フリードリヒ・ヤーンによって一九世紀初頭に表明された見解には、将来の紛争につながる最初の兆候をすでに見ることができた。「民族が純粋であればあるほど、よりいっそう良い」と彼は書いた。そして、自然の法は人種や民族の混交に反するかたちで働いていると主張した。ヤーンにとって「神聖な権利」とはドイツ民族のものであり、フランスの影響にたいへん激怒した彼は、自分の仲間のドイツ人たちにフランス語を話すことを完全にやめるように勧告した。ヤーンの後につづくあらゆる国家主義者と同様に、彼は祖国の歴史の著述と研究を奨励した。記念建造物、公式葬儀、そして民衆の祭りはすべて、普遍的な理念ではなく、ドイツ的なものに焦点を合わせるべきだというのである。ヨーロッパの人びとがナポレオンの帝国的野望にたいしてまさに極限の戦いを展開していたときに、ヤーンは、このあたらしいドイツのために驚くほど広大な境界線を提案した。そのあたらしいドイツは、スイス、北海沿岸の低地帯諸国〔オランダ・ベルギー・ルクセンブルク〕、デンマーク、プロイセン、オーストリアをふくむべきであり、このドイツのためにトイトナ Teutona と呼ばれるあたらしい首都が建設されるべきだ、と彼は主張したのである。(9)

ヤーンと同様、初期の国民主義者《ナショナリスト》の多くは、国民への帰属感覚を極限まで強化することになるという理由で、民主的な政体のほうが良いと考えた。その結果として伝統主義者たちは、人間の権利に反対していたのとちょうど同じように、ナショナリズムやドイツやイタリアの統一に当初は反対した。初期の国民主義者たちは救済者《メシア》的な普遍主義にもとづくフランス革命の言語を語ったが、しかし彼らにとっては、権利よりもむしろ国民が普遍主義への跳躍台としてはたらいた。ボリバルは、コロンビアは普遍的な自由と正義への道を照らし出すと信じた。また青年イタリアという国民主義的協会の創設者であるマッツィーニは、イタリア人は抑圧された諸人民の自由をもとめての普遍的な改革運動をリードすることになろうと公言した。そして詩人のアダム・ミツキェビィチは、ポーランド人は普遍的な解放への道を指ししめすことになろうと考えた。人権はいまや民族自決にかかっていた。そして優先順位は必然的に後者へとおかれた。

一八四八年以後、伝統主義者たちが国民主義者たちの要求に配慮しはじめ、ナショナリズムは政治的には左翼から右翼のものとなった。ドイツ、イタリア、ハンガリーにおける一八四八年の国民主義的・立憲主義的革命の失敗は、これらの変化への道をひらいた。あらたに提示された国家内で権利を保障することに関心をもつ国民主義者は、いともたやすく他の民族集団の権利を拒絶した。フランクフルトにおけるドイツ人の議会はドイツのために国民のあたらしい基本法を作成したが、しかし彼らが提案した国境内におけるデンマーク人やポーランド人、あるいはチェコ人にたいしては、どのような自決も否定した。オーストリアからの独立を要求したハンガリーは、ハンガリーの人口の半分以上をしめていたルーマニア人、スロヴァキア人、クロアチア人、そしてスロベニア人の利害を無視した。民族間の争いが一八四八年の諸革命の、それとともに権利と民族自決とのつながりの運命をさだめた。ドイツとイタリアの国家統一は一八五〇年代と一八六〇年代に戦争と外交によってなしとげられ、個人の権利の保障はほとんど何の役割もはたさなかったのである。

民族自決のひろがりをとおして権利を保障することがいったん熱狂的に噴出すると、ナショナリズムはますます閉鎖的で防衛的なものになった。この変化は国民を創造するという仕事が巨大なものであることを反映していた。ヨーロッパが相対的に均質な民族集団と文化をもつ国民国家にきちんと分割されうるという考えは、言語地図それじたいに反していた。どの国民国家も一九世紀には言語的・文化的少数派をふくんでおり、イギリスやフランスのように古くからの国家でさえも、そうであった。一八七〇年にフランスで共和政が宣言されたとき、市民の半数はフランス語を話すことができなかった。他の人びとは、ブルトン語、フランコ＝プロヴァンス語、バスク語、アルザス語、カタロニア語、オック語、あるいは植民地ではクレオール語のような方言や地域言語を話していたのである。大規模な教育キャンペーンが、あらゆる人を国民に統合するために着手されねばならなかった。国民統合を切望する諸国民は、民族的混交がより重大であるためにいっそう大きな苦難に直面した。たとえばあたらしいイタリア王国の首相カミッロ・ディ・カヴール伯は母語としてピエモンテ方言を話したのであり、彼の仲間の市民たちの三％しか標準的なイタリア語を話すことができなかったのである。多くのことなる民族集団が隣り合わせに生活していた東ヨーロッパでは、事態はいっそう混沌としていた。たとえば、復活したポーランドは、かなり大きなユダヤ人共同体だけでなく、リトアニア人、ウクライナ人、ドイツ人、ベラルーシ人をかかえており、それぞれが固有の言語と伝統をもっていたのである。

民族的な均質性をつくりだしたり維持したりすることが困難であったことによって、世界的規模の移民への関心が増大することになった。一八六〇年代以前には移民に反対する人はほとんどいなかったが、しかし一八八〇年代と一八九〇年代までには、移民受け入れ国において移民は非難の的となった。オーストラリアは、イングランドとアイルランドの特性を保持するためにアジア人の流入を防ごうとした。アメリカ合衆国は一八八二年に中国からの移民を、一九一七年に全アジアからの移民を禁止し、さらに一九二四年には、合衆国人口の当時の民族構成にもとづいてその他の地域の人びとにたいする年間移民割り当て数をもうけた。イギリス政府は一九〇五年に「外国人法」を可決して、「望ましくない者たち」――多くの人びとは東ヨーロッパのユダヤ人を意味すると解釈した――の移民を防止しようとした。これらの諸国では労働者や召使いでさえも平等な政治的権利を獲得しはじめていたが、おなじ民族的起源を共有していない人びとを国境が遮断したのである。

このようにあらたな防御的な雰囲気のなかで、ナショナリズムはより外国人嫌いで人種主義的な性格をおびた。外国人嫌いはどのような外国人集団をも標的としえるものであったが(合衆国における中国人、フランスにおけるイタリア人、あるいはドイツにおけるポーランド人)、一九世紀の最後の数十年間には反ユダヤ主義の驚くほどの高まりがみられた。ドイツ、オーストリア、そしてフランスの政治家たちは、新聞や政治クラブ、場合によっては新しい政党を利用して、真の国民の敵としてユダヤ人への敵意をあおった。右翼の新聞で二〇年間反ユダヤ主義のプロパガンダをおこなったあとで、ドイツ保守党は、一八九二年の党綱領で反ユダヤ主義を党の原則とした。ほぼ同じ時期に、ドレフュス事件がフランス政治に大混乱をひきおこし、ドレフュスの支持者と敵対者とのあいだの長期にわたる分裂をうみだした。この事件は、一八九四年に、ひとりのユダヤ人将校がドイツのためにスパイをはたらいたという罪でまちがって告訴されたときにはじまった。ドレフュスの無実をしめす証拠が増えているにもかかわらず彼が有罪を宣告されたとき、有名な作家であるエミール・ゾラは、大胆にも新聞の一面をつかって論説を公表し、ドレフュスに罪を着せるたくらみをフランスの軍部と政府が隠蔽したことを告発した。このようなドレフュスに好意的な世論の高まりにたいして、あたらしく形成されたフランスの反ユダヤ主義同盟は多くの都市や町で、ときには何千人ものデモ参加者によるユダヤ人の財産への攻撃をふくむ暴動を煽動した。この同盟はきわめて多くの人びとを動員することができたのだが、その理由は、いくつかの都市には日常的に反ユダヤ主義的非難を大々的におこなっていた新聞があったためであった。政府は一八九九年にドレフュスに恩赦をあたえ、一九〇六年に最終的に彼の容疑を晴らした。けれども反ユダヤ主義はどこでもますます有害なものになっていった。一八九五年には、カール・ルエガーが反ユダヤ主義的綱領をかかげてウィーンの市長に選出された。彼はヒトラーの英雄のひとりとなるであろう。

## 排除のための生物学的説明

ナショナリズムが民族性とより密接にからみあうようになるにつれて、差別を生物学的に説明することがますます重視されるようになっていった。人間の権利を擁護する議論は、文化や階級をこえて人間性は同一だという想定に依拠していた。フランス革命以後、伝統や慣習、あるいは歴史にもとづいて差別をただくりかえし主張することはますます困難になった。男が女にたいして、白人が黒人にたいして、あるいはキリスト教徒がユダヤ教徒にたいして自分たちの優越性を維持しようとするなら、差別はより堅固な根拠をもたなければならなかった。要するに、権利がけっして普遍的でも平等でも生得のものでもないとすれば、その理由があたえられなければならなかったのである。その結果として一九世紀は、差別の生物学的説明の急激な増加を目の当たりにすることになった。

したがって皮肉にも、まさに人権にかんする考え方そのものが、より悪質なかたちの性差別や人種主義、さらに反ユダヤ主義への扉を、はからずもひらいてしまったのである。じっさい、あらゆる人間の生得的な平等についての徹底的な主張が、生得的な差異にかんする同様に全面的な主張をひきだし、人権への伝統的な反対者よりも強力で危険をはらむ、新種の反対者をうみだした。これらのあたらしい形態の人種主義やユダヤ主義、そして性差別は、人間の差異が生得のものであることに生物学的な説明を提供した。あたらしい人種主義においては、ユダヤ人はただたんにキリスト殺害者ではなかったのであり、彼ら固有の人種的劣等性が通婚をとおして白人の純粋性を汚す恐れがあった。黒人は奴隷であるがゆえに劣っているのではもはやなかった。まさに奴隷制の廃止が全世界で進行するにつれて、人種主義はより無害ではなくより有害なものとなったのである。女性はただたんに男性よりも教育をうけていないという理由で男性よりも理性的でないのではなかった。女性にかんする生物学によって、彼女たちは私的な家庭生活を運命づけられ、政治やビジネス、あるいは専門職にはまったく向かないとされたのだ。これらのあたらしい生物学的教義によれば、教育や環境の変化は、人間性における先天的な階層構造を変えることはけっしてありえなかったのである。

性差別は、政治的に組織化されることがもっとも少なく、知的に体系化されることがもっとも少なく、あたらしい生物学的教義を感情的に拒絶することがもっとも少なかった。結局のところ、どのような国民も母なしでは再生産はできなかった。だから、アフリカ系アメリカ黒人奴隷はアフリカに送還されるべきだとか、ユダヤ人がある特定の場所に住むことは禁止されるべきだとか主張することは考えられるかもしれないが、女性を全面的に排除することは不可能だった。それゆえ彼女たちは、私的領域で重要なものとなりうる肯定的な特性をあたえられることがありえた。しかも、女性は生物学的に男性とは明白にことなっていたため(まさにどの程度ことなっているのかはいまだに論争のテーマでありつづけているが)、性差にかんする生物学的議論を即座にやめる人もほとんどいなかった。この議論は、人種にかんする生物学的議論よりもはるかに長い歴史をもっていたのだった。けれどもフランス革命は、性差さえ、あるいはすくなくとも性差の政治との関連は、疑問視されうることをしめしていた。女性の政治的平等にはっきりと賛成する議論が誕生するとともに、女性の劣等性にかんする生物学的議論は変化した。女性はもはや、男性と同じ生物学的階梯のより低い段をしめる、すなわち、たとえ男性に劣っているにせよ、生物学的には男性と同類だとは、考えられなくなったのである。女性はいまや生物学的に男性とはまったく異質なものとしての役を割り当てられることになったのだ。つまり女性は「異性」となったのである。(10)

女性についての考え方におけるこのような変化の正確な時期、さらにはその性格をあきらかにすることは容易ではないが、しかしフランス革命の時期が決定的であったようにみえる。フランスの革命家たちは、一七九三年に政治クラブで女性たちが会合することを禁止したとき、女性の差別のために主として伝統的な議論をもちいていた。「一般的に、女性は高尚な思索や真剣な内省ができない」と当時の政府の代弁者は公言した。とはいえ、それにつづく時期に、フランスの医者たちは、このようなあいまいな考え方により生物学的な基礎をあたえようと懸命に努力したのである。一七九〇年代と一八〇〇年代初頭のフランスで指導的な生理学者であったピエール・カバニスは、女性はより脆弱な筋肉繊維とより繊細な大脳物質しかもっていないために、公的な職業には適していないが、しかしその生物学的特性に由来する気まぐれな感受性を考えれば、女性は妻や母や看護婦の役割には適している、と主張した。そのような考え方は、あたらしい伝統を確立するのに寄与した。この伝統においては、女性は家庭の領域で、あるいは男性とは別個の女性の領域で自分の資質を発揮するように前もって運命づけられているようにみえたのである。(11)

イギリスの哲学者ジョン・スチュアート・ミルは、影響力の大きな小冊子『女性の従属』(一八六九年)において、これらの生物学的差異の存在そのものを疑問視した。われわれは男と女を現在の社会的役割においてしか見ることができないがゆえに、じっさいに彼らがどの程度ちがうのかを知ることはできないのだ、と彼は主張した。「現在女性の本性と呼ばれているものは、いちじるしく人為的なものだ」と彼は論じた。そしてミルは、女性の地位の改善を全面的な社会的・経済的進歩とむすびつけた。女性の法的従属は「それじたい間違っており、完全な平等の原則によってとって代わられるべきであり、一方の側の権力や特権をなんら認めず、他方の側の法的無能力も認めるべきではない」と彼は主張した。とはいえ、反ユダヤの同盟や政党に相当するものは、この〔性差をめぐる〕生物学的議論がさかんなままでありつづけるために必要とはされなかった。ルイス・ブランダイス判事は、一九〇八年の合衆国最高裁判所での画期的な判決事例において、なぜ性が分類のための法的基礎となりうるかを説明するさいに、いつもの古くさい説明をもちだした。「女性の身体的組織」、女性の母としての役割、子どもたちの養育、そして家庭の維持によって、女性は〔男性とは〕別個のことなるカテゴリーに分類されるのだ、と。「フェミニズム」は一八九〇年代に用語として一般に使用されるようになっていた。だがその要求への抵抗もはげしかった。女性は、オーストラリアでは一九〇二年に、合衆国では一九二〇年に、イギリスでは一九二八年に、そしてフランスでは一九四四年にやっと選挙権を獲得したのだった。(12)

性差別とおなじように、人種主義や反ユダヤ主義は、フランス革命以後あたらしい形態をとるようになった。人間の権利の提唱者は、ユダヤ人や黒人自身にかんして多くのネガティヴな固定観念をまだいだいていたが、偏見の存在を根拠として議論をすることはもはやできなくなった。フランスにおけるユダヤ人の権利がつねに制限されてきたということは、そのような制限は理性によって正当化されたのではなく、習慣や慣行が大きな力をもっていることをしめすだけであった。おなじように、奴隷制廃止論者にとって奴隷制は、アフリカ黒人が劣っていることをしめすものではなく、白人の奴隷商人や農園主の強欲をあきらかにするものであった。したがってユダヤ人や黒人のための平等な権利という考え方を拒否する人びとは、彼らの立場を補強するための理論──説得力のある合理的な主張──を必要とした。ユダヤ人が権利を獲得し、奴隷制がイギリスとフランスの植民地で一八三三年と一八四八年にそれぞれ廃止されて以後は、とりわけそうであった。一九世紀をとおして、ユダヤ人と黒人のための権利の反対者はしだいに科学、あるいは科学として通用するものに目を向け、そのような理論をみつけようとしたのである。

人種の科学は、一八世紀末の、世界の諸人民を分類する試みにまで遡及することができる。一八世紀に作りあげられたふたつの要素が、一九世紀にむすびつけられた。第一は、諸人民が文明にむかって継続的に発展したことが歴史によって明らかになっており、白人はそのうちもっとも進歩しているという議論であり、第二は、祖先から継承された不変の特性によって人民が人種ごとに分けられるという考え方であった。体系的な理論としての人種主義は、このふたつの要素の結合に依拠していた。一八世紀の思想家たちは、あらゆる人民がいつかは文明に到達すると想定した。いっぽう一九世紀の人種の理論家たちは、ある特定の人種だけがその固有の生物学的特性のゆえにそうなりうるのだと信じた。このような結合の基本的ありようは、フランスの博物学者ジョルジュ・キュヴィエのような一九世紀初頭の科学者にみることができる。彼は一八一七年に「特定の固有の原因が、モンゴル人種と黒人種の発達を停止させたのだ」と書いた。とはいえ、一九世紀なかば以後にはじめて、これらの考え方はじゅうぶん明確なかたちで表現されることになったのである。(13)

その種の典型的事例は、アルチュール・ドゥ・ゴビノーの『人種不平等論』(一八五三―一八五五年)にみることができる。このフランスの外交官で文人は、考古学、民族学、言語学、そして歴史に由来する議論をごちゃ混ぜにして、生物学的に基礎づけられた人種の優劣が人類の歴史を決定したのだ、と主張した。最下層に、動物的で非理知的できわめて好色な皮膚の黒い人種が位置した。階梯の次の段には、感情をあらわさず凡庸でほとんど黄色の人種がきた。そして階梯の頂点には、忍耐強く、知的に活力があり冒険心に富む白人が位置した。これら白人においては、「秩序への驚くべき本能」と「自由への明白な嗜好」とが均衡していた。白人種のなかでは、アーリア人種が最高位にあった。「地上の人間の作品のなかで、科学と芸術と文明において、偉大で高貴で実りあるあらゆるもの」はアーリア人種に由来する、とゴビノーは結論づけた。アーリア人種は、中央アジアの故地から移住し、インドやエジプトや中国やローマやヨーロッパの文明、さらには植民をとおしてアステカやインカの文明のために原種を提供したというのだ。(14)

他のゴビノーによれば、人種間の通婚が諸文明の盛衰双方を説明するものであった。「民族問題が歴史のあらゆる問題を支配し、歴史の鍵をにぎっている」と彼は書いた。とはいえ、ゴビノーは、後世の彼の一部の継承者とはちがって、アーリア人種は通婚をとおしてすでにその優位を失ってしまっており、彼には不快なことだったが、平等主義と民主主義が最終的には勝利して、文明そのものの終焉をしめすことになるのだ、と考えた。ゴビノーの突飛な考え方はフランスではほとんど人びとの注意を惹きつけなかったが、ドイツ皇帝ウィルヘルム一世(在位一八六一―一八八八年)は、ゴビノーの考え方をじつにすばらしいと考え、このフランス人に名誉市民の資格を授与した。それらの考え方はまた、ドイツの作曲家リヒャルト・ワーグナーによって、それからワーグナーの娘婿でイギリスの作家でドイツ崇拝者のヒューストン・スチュアート・チェンバレンによってとりあげられた。そしてチェンバレンの影響力をとおして、ゴビノーのアーリア人種論はヒトラーの人種イデオロギーの中心的な要素となったのである(15)。

ゴビノーは、西洋世界の多くの地域ですでに流布していた考え方に、現世的で一見体系的な形態をあたえたのだった。たとえば、一八五〇年にスコットランドの解剖学者ロバート・ノックスは『人種』を刊行し、そのなかで、「人種、あるいは遺伝的血統がすべてであり、それが人間を特徴づけるのだ」と主張した。その翌年には、フィラデルフィアの植字工組合の長ジョン・キャンベルが『黒人マニア、誤って想定された人種の平等にかんする検討』を出した。人種主義は合衆国南部に限定されるものではなかったのである。キャンベルはとりわけキュヴィエとノックスを引き合いに出して、黒人の凶暴性と野蛮さを強調し、白人と黒人とのあいだのどのような平等の可能性にも反対する議論をおこなった。ゴビノー自身は合衆国におけるアフリカ黒人奴隷の待遇を批判していたので、彼の著作が一八五六年に英語で公刊されたとき、ゴビノーのアメリカの翻訳者たちはその部分を削除して、奴隷制に賛成する南部の人びとがその著作をより気にいるようにしなければならなかった。奴隷制廃止の展望(それは合衆国では一八六五年にはじめて公式なものになった)は、こうして人種科学への関心を高めたにすぎなかったのである(16)。

ゴビノーやキャンベルの著作のタイトルがしめしているように、きわめて人種主義的な考え方に共通する特徴は、平等という考えにたいする感情的な反発であった。ゴビノーはトクヴィルに、フランスの一八四八年の革命に参加した「汚いつなぎを着た連中〔労働者〕」のせいで彼のなかに生じた嫌悪を告白した。キャンベルのほうも、有色人種と政治的綱領を共有することに嫌悪感を感じた。近代社会——下位の身分と交わらなければならない——の貴族的拒絶としてかつて定義づけられていたことが、いまや人種的意味をもつようになった。一九世紀後半の大衆政治の到来は、しだいに階級の違いの感覚を失わせたのかもしれない(あるいはそのような装いをあたえたのかもしれない)が、しかしそれは、違いをまったくとりのぞいたのではなかった。違いは、階級という領域から人種や性のそれへと移行したのである。男子普通選挙の確立は、奴隷制の廃止や大衆の移民の開始とむすびついており、平等をよりいっそう具体的で脅威を感じさせるものにしたのだった。(17)

帝国主義がさらにこれらの展開を悪化させた。ヨーロッパの列強がそのプランテーション植民地で奴隷制をまさに廃止したときに、それら列強はアフリカやアジアでの支配を拡大したのだ。フランス人は一八三〇年にアルジェリアを侵略し、最終的にそれをフランスに編入した。イギリス人は一八一九年にシンガポールを、一八四〇年にニュージーランドを併合し、インドの支配を容赦なく拡大した。一九一四年までにアフリカは、フランス、イギリス、ドイツ、イタリア、ポルトガル、ベルギー、そしてスペインのあいだで分割されていた。だからアフリカの諸国家のうち無傷で誕生した国はほとんどなかった。いくつかの場合には、外国の支配のせいで、帝国の中心部からの輸入が優先されて地元の産業が破壊され、アジア・アフリカ諸国がじっさいもっと「後進的」になったが、ヨーロッパ人は一般的には、それらの諸国の支配からただひとつの教訓しか引き出さなかった。つまり彼らは、自分たちが支配した後進的で野蛮な地域を「文明化」する権利——と義務——をもっているのだという教訓がそれであった。

これらの帝国主義的冒険の支持者がすべて、あからさまな人種主義を奨励したわけではなかった。何年間もイギリス東インド会社のためにはたらき、一八五八年までインドにおけるイギリス支配の実質的な行政担当者であったジョン・スチュアート・ミルは、差別を生物学的に説明することを拒絶した。それでも彼でさえ、インドの在来の国家は「野蛮で」、「法もほとんどないか全くなく」、「もっとも高等な動物とほぼ同然の」状態で生活していると信じていた。ミルのような存在にもかかわらず、ヨーロッパの帝国主義と人種科学は、共生関係を発展させた。つまり、「人種を征服する」という帝国主義によって人種にかんする主張がより信頼しうるものとなり、人種科学が「人種が帝国主義を正当化する」のに寄与したのである。一八六一年にイギリスの探検家リチャード・バートンは、すぐに一般的になる立場をとった。アフリカ人は「より劣ったオリエントのやつらの最悪の特徴――精神の沈滞、身体の怠惰、道徳的欠陥、迷信、子どもじみた感情――をほとんど共にしている」と、彼はのべた。一八七〇年以後、これらの態度は、安価で発行されるあたらしい新聞や絵入りの週刊誌、民族誌学的な展覧会などで大量の支持者を見いだした。一八四八年以後フランスの重要な一部とみなされたアルジェリアにおいてさえ、現地民はきわめて長期の時間をかけて権利を獲得したにすぎなかった。一八六五年に政府の法令が彼らを市民ではなく臣民であると言明したが、他方で、一八七〇年にフランスは、アルジェリアのユダヤ人を帰化した市民とした。ムスリム男性は、一九四七年に平等な政治的権利を獲得したにすぎなかった。「文明化の使命」は短期的なプロジェクトではなかったのである。(18)

ゴビノーはみずからの人種科学の展開においてユダヤ人を特別な事例とはみなしていなかったが、

彼の追従者たちはそうみなした。ヒューストン・スチュアート・チェンバレンは、一八九九年にドイツで刊行された『一九世紀の基礎』のなかで、人種についてのゴビノーの考えと民族《フォルク》についてのドイツ人の根拠のない信念を、ユダヤ人、つまり「われわれの政府、法、科学、商業、文学、芸術」を虜にした「この異質な民族」にたいする痛烈な攻撃とむすびつけた。チェンバレンはただひとつあたらしい議論を提供しただけだったが、しかしそれはヒトラーに直接的影響をおよぼした。すなわち、あらゆる民族のうちアーリア人とユダヤ人だけが民族的純粋性を維持しており、それは、両民族がいまや最後までたがいに闘わなくてはならないことを意味する、という議論がそれであった。他の点では、チェンバレンは、ますます一般的となっていた多様な考え方をひとまとめにしただけであった。(19)

近代の反ユダヤ主義は、何世紀ものあいだ流布していたユダヤ人にかんするキリスト教徒のネガティヴな固定観念にもとづいていたが、一八七〇年代以後その理論はあたらしい特質をもつようになった。黒人とはちがってユダヤ人は、たとえばかつて一八世紀にそうであったように、歴史的発展のより劣った段階を表現するものではもはやなかった。その代わりに彼らは、近代そのものの脅威を表象していた。つまり、過剰な物質主義、少数派集団の解放と彼らの政治参加、そして都市生活に由来する「腐敗した」「根なし草の」コスモポリタン主義を、である。新聞の諷刺漫画は、ユダヤ人を、貪欲で、不誠実で、好色なものとして描いた。そしてジャーナリストとパンフレット作者は、世界資本のユダヤ人による支配とユダヤ人の陰謀による議会政党の操作について書いた(図11)。一八九四年に発表されたアメリカの諷刺漫画のひとつは、ヨーロッパの同様の諷刺漫画の多くのものより悪意が少ないものだったが、世界の諸大陸がブリテン諸島の上に鎮座しているタコの触手によって取り囲まれているさまを描いている。そのタコには、富裕で強力なユダヤの家系にちなんで、ロスチャイルド ROTHSCHILD というラベルが貼られている。ユダヤ人の名誉を毀損しようとするこれら近代の試みは、『シオンの長老たちの議定書』という文書によってさらに油を注がれた。この詐欺的な文書は、全世界を支配することになる超政府的団体を創設しようとするユダヤ人の陰謀を暴露すると主張していたからである。最初一九〇三年にロシアで刊行され、一九二一年に偽作であるとあばかれたこの

Pourquoi l'on a fait 1789
Avant.
Aujourd'hui.

**図 11**　「フランス革命——それ以前と現在」(カラン・ダシュ作,『プス…！』紙所収, 1898 年)

カラン・ダシュはフランスの政治諷刺画家エマニュエル・ポワレの筆名で，フランスでドレフュス事件が進行中に反ユダヤ主義的な諷刺画を発表した．この諷刺画は 1789 年のフランス革命に由来する一般のイメージを利用しており，農民が(貴族はある種の税を免除されていたため)貴族の重みで押しつぶされている様子を描いている〔上〕．現代では，農民はさらに重い負担を背負わなければならない．すなわち，彼の肩には，共和主義の政治家とフリーメーソン，そして一番上にはユダヤ人金融家が乗っかっている．カラン・ダシュはまた，ゾラを笑いものにする諷刺画もいくつか発表した．『プス…！』37 号，1898 年 10 月 15 日より．UCLA チャールズ・E. ヤング研究図書館蔵．

『議定書』は、それにもかかわらずドイツのナチスによってくりかえし再版されたし、一部のアラブ諸国では今日まで学校で事実として教えられている。このようにあたらしい反ユダヤ主義は、伝統的な要素と近代の要素をむすびつけたのだ。つまり、ユダヤ人はあまりにも異質であまりにも強力であったために、権利から除外され、さらには国民《ネイション》から追放されるべきだというのである。

## 社会主義と共産主義

ナショナリズムは、一九世紀における唯一のあたらしい大衆運動ではなかった。ナショナリズムと同様に、社会主義や共産主義もあきらかに、憲法によって認められた個人の権利にかんする限界の認識への対応として具体化した。初期のナショナリズムが、すでに確立した国家をもつ国民のためだけというよりむしろ、あらゆる諸国民のための権利を望んだのにたいして、社会主義者と共産主義者は、下層階級がたんなる平等な政治的権利を享受することよりもむしろ社会的・経済的平等を享受することを確実にしようとした。けれども社会主義者や共産主義者の組織は、諸権利が人間の権利の提唱者によって不当に無視されてきたことをまさに指摘していたので、目標としての諸権利の重要性を不可避的に格下げした。マルクス自身の見解は明快だった。すなわち、政治的解放はブルジョワ社会内での法的平等をとおして実現されうるが、しかし人間の真の解放には、ブルジョワ社会とその憲法による私有財産の保護を破壊することが必要だというのである。社会主義者と共産主義者はそれでもなお、諸権利について永続的なふたつの問いを提起した。すなわち、政治的権利は十分なのだろうか、という問いと、私有財産保護への個人の権利は、より恵まれていない人びとの幸福を促進する社会の要請と両立しえるのだろうか、という問いがそれであった。

ナショナリズムが一九世紀にふたつの段階を経験し、民族自決をめぐる初期の熱狂から民族的アイデンティティをめぐるより防衛的な保護主義に移行したのとちょうど同じように、社会主義もまた時間とともに変化した。平和的だが非政治的な手段で社会を再構築することを強調する初期の社会主義者が、議会政治に好意的な社会主義者と暴力による政府の転覆を唱える社会主義者とに明確に分裂したのである。一九世紀の前半、労働組合が大部分の国で非合法で労働者が投票権をもっていなかったときには、社会主義者たちは、工業化によってもたらされたあたらしい社会関係に変革をもたらすことに努力を集中した。彼らは、労働者たちが投票できないことを思うと選挙で勝利することはほとんど期待できなかったのであり、そのことはすくなくとも一八七〇年代までは事実でありつづけた。そのかわり、社会主義のパイオニアたちは、模範となる工場、生産者と消費者の協同組合、そして社会集団間の紛争や疎外を克服するための実験的な共同体を設立した。彼らは、労働者や貧民があたらしい産業秩序から利益を得ることができるようにし、産業を「社会化」して競争を協同に代えようとしたのである。

これら初期の社会主義者の多くは、「人間の権利」にたいして不信を共有していた。一八二〇年代と一八三〇年代のフランスの指導的な社会主義者シャルル・フーリエは、憲法や譲渡しえない権利を語ることはごまかしだと主張した。貧民が「労働する自由もなく」、職を要求する権限もないのに、「市民の消滅することのない権利」がいったい何を意味しうるというのだろうか。彼の見解では、労働する権利が他のすべての権利に優越するものだった。フーリエのように、初期の社会主義者の多くは、先行する権利理論の破綻のしるしとして、女性に諸権利を認めることに失敗したことを引き合いにだした。私有財産と家父長支配をささえる法体系の廃止なくして、どうして女性は解放を勝ちとることができようか、というのである。[20]

ふたつの要素が、一九世紀の後半に社会主義の軌跡を変えた。男子普通選挙の出現と共産主義の台頭(「共産主義者 communist」は一八四〇年に用語として最初にあらわれた)がそれであった。社会主義者と共産主義者はその後、政党と公職をめざす選挙運動によって議会での政治活動を定着させることをめざす人びとと、ロシアにおけるボルシェヴィキのように、プロレタリアートの独裁と全面的な革命のみが社会的条件を変革することになるのだと主張する人びとに分裂した。前者は、すべての男性のために投票権を漸進的に確立することが、労働者が議会政治においてみずからの目標を達成しうる見通しをひらくのだと信じた。たとえばイギリス労働党は、労働者の権利と選出を促進するために、さまざまな既存の労働組合、政党、政治クラブを母体として一九〇〇年に組織された。他方、一九一七年のロシア革命は、いたるところで共産主義者を勇気づけ、全面的な社会的・経済的変革がまさに展望しうるところにあり、議会政治への参加は、それとは別種の闘争に必要とされるエネルギーを吸収してしまうだけだと信じさせた。

予想されうるように、この社会主義のふたつの分岐はまた、諸権利にかんする見解においてもことなっていた。政治的プロセスをうけいれた社会主義者と共産主義者はまた、諸権利という大義も信奉した。フランス社会党の創設者のひとりジャン・ジョレスは、社会主義国家は「個人の権利を保障するかぎりにおいてその正当性を保持しうるのだ」と論じた。彼は、ドレフュス、男子普通選挙、そして教会と国家の分離を、要するに、労働者の生活の改善とともにすべての男性のための平等な政治的権利を、支持したのだ。ジョレスは、「人間と市民の権利の宣言」を普遍的な意味をもつ文書と考えた。他方の側の人びとはマルクスにもっと厳密に追随し、フランスの社会主義者のなかのジョレスの敵対者がしたように、ブルジョワ国家は「保守主義と社会的抑圧の道具」でしかありえない、と論じた。(21)

カール・マルクス自身は、若き日にすこしくわしく人間の権利を論じただけだった。『共産党宣言』の五年前の一八四三年に公表された「ユダヤ人問題について」という論説において、マルクスは「人間と市民の権利の宣言」のまさに基礎となっているものを非難した。「想定された人間の権利はいずれも、利己主義的な人間をこえるものではない」と彼は不満をのべた。いわゆる自由は、人間を孤立した存在とだけみなし、階級や共同体の一部とみなさなかった。財産への権利は、他の人びとになんら配慮することなく自分自身の私欲を追求する権利を保障するだけだった。人間が必要としたのは宗教からの自由であったのに、人間の権利は宗教的な自由を保障した。また必要とされたのは財産からの自由であったのに、それは自分の財産への権利を承認した。そして必要とされたのは商取引からの自由であったのに、それは商取引に参加する権利をふくんでいた。マルクスはとくに、人間の権利を政治的に強調することが気にくわなかった。政治的権利はまさに手段であり目的ではない、と彼は考えた。「政治的人間」は「抽象的で人工的」であり、「真正なもの」ではなかった。人間の解放は政治によって獲得することはできず、私有財産の廃止と社会関係に焦点を当てた革命を必要とするのだ

ということを認めることによってのみ、人間はみずからの真正性を取り戻すことができるのだというのである。(22)

これらの見解とその後の展開は、何世代にもわたって社会主義者と共産主義者の運動に影響した。ボルシェヴィキは、一九一八年に「搾取された労働する人民の権利の宣言」を公表したが、それは政治的ないしは法的な権利をひとつもふくんでいなかった。その宣言の目的は、「人間の人間によるあらゆる搾取を廃止し、社会の階級分裂を完全に除去し、搾取者の抵抗を情け容赦なく粉砕し、社会の社会主義的組織化を確立する」ことだった。レーニン自身、個人の権利を強調する議論に反論するさいにマルクスを引用した。平等な権利という考え方は、「ブルジョワ的な法」に基礎をおいているがゆえに、それじたい平等の侵害であり不当であると断言した。いわゆる平等な権利は私有財産を保護し、したがって労働者の搾取を永続させるのだ。ヨシフ・スターリンは、言論、出版、宗教の自由を保障することをもとめる新憲法を一九三六年に発布したが、しかしその政府は、何十万人もの敵や反体制派、さらには仲間の党員さえも、政治犯収容所や即時処刑にゆだねて片付けることをためらわなかったのである。(23)

## 世界戦争とあらたな解決の探求

ボルシェヴィキがロシアでプロレタリアートの独裁をちょうど樹立しはじめたとき、まもなく勝利をおさめることになる連合国の指導者たちは、第一次世界大戦による死亡者数が天文学的なものになったために、平和を保障するあらたな機構を考え出すようにうながされていた。ボルシェヴィキが一九一八年三月にドイツ人と平和条約を締結したとき、ロシアはすでにほぼ二〇〇万人を失っていた。一九一八年一一月に西部戦線で戦争が終結したときまでに、一四〇〇万もの人びとが死亡したが、そのほとんどは兵士だった。ロシアとフランスで戦争のために動員された人の四分の三が、最終的には死傷した。一九一九年に、平和協定を作成した外交官たちは、平和を維持し、軍縮を監視し、国家間の争いを調停し、国内の少数派や女性や子どもの権利を保障するために、国際連盟を創設した。しかし国際連盟は、いくつかの貴重な試みをおこなったにもかかわらず失敗した。合衆国の上院は、アメリカの国際連盟への加入を追認することを拒絶した。ドイツとロシアは、最初はそのメンバーになる権利を拒否された。そして国際連盟はヨーロッパにおける民族自決を奨励するいっぽう、ドイツの旧植民地やいまや消滅してしまったオスマン帝国の領土を、ヨーロッパの他民族にたいする優越によってまたしても正当化された「委任統治」のシステムによって管理した。そのうえ、国際連盟は、イタリアにおけるファシズムやドイツにおけるナチズムの出現を阻止するには無力であることが判明し、したがって第二次世界大戦の勃発を防ぐことができなかった。

第二次世界大戦は、ほとんど理解しがたい六千万もの死者をともない、残虐行為にかんする新しい判断基準をすえることになった。しかも、このとき殺害された人びとの大多数は一般市民であり、そのうち六〇〇万は、ユダヤ人であるという理由だけで殺害されたユダヤ人であった。戦争の終結時には大混乱のさなかで何百万人もの難民がのこされたが、彼らの多くは、難民キャンプで生活する将来をかろうじて想像することができた。けれども他の人びとは、民族的理由で再定住を強いられた(たとえば二五〇万のドイツ人は、一九四六年にチェコスロヴァキアから追放された)。第二次世界大戦にかかわった列強はすべて、いろいろな折に一般市民を標的とした。しかしその戦争が終わったとき、ドイツ人によって入念に考えられたうえで犯された戦慄的犯罪の規模が暴露されて、一般の人びとに衝撃をあたえた。ナチの絶滅収容所の解放のさいにとられた写真は、アーリア人の人種的優越性と民族主義的浄化にかんする議論によって正当化されていた反ユダヤ主義に由来するぞっとするような結果をしめしていた。一九四五—一九四六年のニュルンベルク裁判は、そのような残虐行為に広範な人びとの目を向けさせただけでなく、支配者や官僚や軍人も「人道に反する」罪で処罰されうるのだという先例を確立した。

第二次世界大戦が終結する直前に、連合国——とくにアメリカ合衆国、ソ連、イギリス——は、国際連盟を改善することを決定した。一九四五年春にサンフランシスコで開催された会議は、あらたな国際機関である国際連合の基本構造を提示した。それは、五大国によって支配される安全保障理事会、全加盟国の代表で構成される総会、そして執行機関として活動するために事務総長を長とする事務局をもつことになった。その会議はまた、オランダのハーグに国際司法裁判所を設置することをさだめ、この裁判所は、一九二一年に国際連盟によって設置された同様の裁判所にとってかわった。五一カ国が、一九四五年六月二六日に設立メンバーとして国際連合憲章に署名した。

ユダヤ人、ジプシー、スラヴ人、その他の人びとにたいするナチの犯罪の証拠が明らかになったにもかかわらず、人権を協議事項にするためには、サンフランシスコに集まった外交官たちをせかし、押し動かさなければならなかった。一九四四年には、イギリスとソ連が双方とも、国際連合憲章に人権をふくめる提案を拒絶した。イギリスは、そのような行為が自国の植民地における独立運動にもたらすかもしれない刺激を恐れていた。そしてソ連は、いまや拡大しつつある自国の影響力がおよぶ範囲へのどのような干渉も望んでいなかった。くわえてアメリカ合衆国は、国連憲章はあらゆる民族は平等だという声明をふくむべきだとする中国の提案に最初は反対していた。

圧力は、ふたつの異なる方向からやってきた。ラテンアメリカとアジアの多くの中小規模の諸国は、会議のやり方にかんする大国の横暴な支配に憤慨したこともあって、人権にもっと関心を払うようにうながした。くわえて、たいていはアメリカ合衆国に拠点をおく多くの宗教、労働、女性、そして市民の組織が会議の各国代表に直接圧力をかけた。「アメリカ・ユダヤ人委員会」American Jewish Committee、「宗教的自由のための合同委員会」Joint Committee for Religious Liberty、「産業別労働組合会議」(CIO)、そして「全米有色人向上委員会」(NAACP)の代表団からの面と向かっての切迫した嘆願は、合衆国国務省の役人たちの気持ちを変えるのに寄与し、彼らは国際連合憲章のなかに人権を入れることに同意した。また国際連合はけっして一国の国内問題には干渉しないと憲章が保障していたために、ソ連とイギリスも同意した。[24]

人権の公約はまだけっして確約されたわけではなかった。一九四五年の国際連合憲章は国際的な安全保障問題を強調し、「人権の普遍的な尊重と遵守、人種、性別、言語、あるいは宗教による差別がないあらゆる人の基本的自由」にかんしては数行のみあてているだけであった。しかしこの憲章は人権委員会を設置したのであって、この委員会は、その最初の仕事は人権にかんする宣言を起草することでなければならないと決定したのである。その委員会の長として、エレノア・ルーズヴェルトは、宣言を起草させ、それからその宣言を複雑な承認過程をとおしてつぎつぎに通過させるうえで中心的な役割をはたした。カナダのマクギル大学の四〇歳の法律学教授ジョン・ハンフリーが、予備的草稿を準備した。それからその草稿は全員出席の委員会によって修正され、全加盟国に回覧され、さらに経済社会理事会によって再吟味され、もしそこで承認されれば、総会に送られねばならなかった。そして総会では、最初に、「社会・人道・文化問題第三委員会」Third Committee on Social, Humanitarian, and Cultural Affairs によって慎重に検討されなければならなかった。この第三委員会には全加盟国の代表がいて、草稿が論議されたとき、ソ連はほぼすべての条項の修正を提案した。第三委員会だけで八三回の会合がもたれ、約一七〇の修正をへて、ひとつの草案を投票に付すことが認可された。とうとう、一九四八年一二月一〇日、総会は世界人権宣言を承認した。四八カ国がそれに賛成の投票をし、ソ連ブロックの八カ国が棄権し、反対する国はなかった(25)。

一八世紀の先例とおなじく、世界人権宣言は前文で、そのような正式の声明がなぜ必要になったのかを説明していた。「人権の無視と軽蔑が、人間の良心を踏みにじった野蛮行為をもたらした」とそれは断言していた。この宣言の原型である一七八九年のフランスの宣言の言葉が変更されているのは印象的である。一七八九年には、フランス人たちは、「人権にかんする無知、無視あるいは軽蔑が公衆の不幸と政府の腐敗の唯一の原因である」と強調した。しかし「無知」、さらにたんなる「無視」でさえ、もはやありえなかった。一九四八年までにだれもが、人権が意味するものをおそらく知っていた。さらに、一七八九年の表現「公衆の不幸」では、直近に経験された出来事〔第二次世界大戦における残虐行為〕の重大さを表現することにはほとんどならなかった。人権にたいする意識的な無視と軽蔑が、ほとんど想像し得ない残虐行為を生みだしてしまったのだから。

世界人権宣言は、法の前での平等、言論の自由、信仰の自由、統治に参加する権利、私有財産の保護、そして拷問や残酷刑の廃棄といった個人的権利にかんする一八世紀の考え方(巻末付録参照)をただたんに再確認しただけではなかった。それはまた、奴隷制を明白に禁止し、だれもが平等に無記名投票での選挙権をもつことを規定していた。さらにそれは、移動の自由、国籍を取得する権利、結婚する権利、そしてもっと論議をよんだものとして、社会保障をうける権利、生活を維持できる賃金で、なおかつ同一労働同一賃金で労働する権利、休息と余暇をとる権利、初等教育レヴェルでは無償であるべき教育をうける権利を要求していた。冷戦で東西対立が激化しつつあった時代に、世界人権宣言は、すぐに達成できる現実というよりはむしろ、一群の願望を表現していた。それは、世界共同体にとっての一群の道徳的義務をはっきりしめしたが、しかし強制のための機構はなにももっていなかった。もしそれが強制のための機構をふくんでいたとしたら、それはけっして可決されなかったであろう。けれども、その欠点にもかかわらず、その文書は一八世紀の先例と似たような効果をもつことになった。五〇年以上ものあいだ、それは、人権にかんする国際的な議論と活動のための基準をしめしてきたのである。

世界人権宣言は、一五〇年間の諸権利をもとめる闘争が実を結んだものだった。一九世紀と二〇世紀初頭をとおして、諸国民が自分の殻に閉じこもったときにも、善意の諸団体のおかげで普遍的な人権の炎は燃えつづけた。これらの組織のなかでもっとも重要なのは、クエーカー教に感化され奴隷貿易と奴隷制とたたかうために設立された協会だった。一七八七年に創設された「奴隷貿易廃止イギリス協会」British Society for the Abolition of the Slave Trade は、奴隷制廃止論者の著作と画像を配布し、イギリス議会に向けて大衆請願運動を組織した。その指導者は、アメリカ合衆国やフランス、カリブ海の奴隷制廃止論者と緊密な関係を発展させた。一八〇七年にイギリス議会が奴隷貿易へのイギリスの関与をやめる法案を可決したとき、奴隷制廃止論者たちは自分たちの団体を「反奴隷制協会」Anti-Slavery Society と名称変更し、議会に奴隷制そのものを廃止させるべく大衆請願運動を組織することにとりかかった。そして最終的に一八三三年にそれを達成したのである。その後「イギリス反奴隷制協会」British and Foreign Anti-Slavery Society がバトンをひきとり、ほかの地域、とくにアメリカ合衆国における奴隷制の終結にむけて運動した。

アメリカの奴隷制廃止論者の示唆をうけて、イギリスの協会は一八四〇年にロンドンで反奴隷制世界大会を組織し、奴隷制にたいする国際的闘争を協調させようとした。その代表たちは、女性の奴隷制廃止論者がどれほど形式的なかたちであれ大会に参加することを拒否し、こうして女性参政権運動を促進することになったが、しかし新しい国際的接触を発展させ、奴隷の現状にかんする情報をあたえ、奴隷制を「神にたいする罪」と非難し、奴隷制を支持するとくにアメリカ合衆国南部の教会を断罪する決議をだして、国際的に反奴隷制の大義を宣伝した。たとえこの「世界」大会がイギリス人とアメリカ人によって支配されていたにしろ、それは、女性参政権、児童労働の保護、労働者の権利、そしてそれ以外の多くの問題の解決をめざす将来の国際的運動のための原型となった。これらの権利のなかにはたがいに関係しているものがあったが、禁酒のように、他の権利と関連しないものもあった。(26)

一九五〇年代と一九六〇年代には、国際的な人権の大義は、反植民地独立闘争にたいして第二義的なものとなった。第一次世界大戦の終結時にウッドロウ・ウィルソン大統領は、有名な話だが、恒久平和は民族自決の原則にもとづかなくてはならないと強調した。彼は「あらゆる民族はそのもとで生きることになる主権国家を選択する権利をもっている」と強調した。彼はそのとき、ポーランド人、チェコ人、セルビア人を――アフリカ人をではなく――念頭においていた。そして彼と連合国は、ポーランド、チェコスロヴァキア、ユーゴスラヴィアにたいして独立を承認した。それらの国自身も、敗戦国によってかつて支配されていた領土の帰趨をさだめる権利をもっていると考えていたからである。イギリスは、第二次世界大戦を戦うための英米の共同原則を説明した一九四一年の大西洋憲章に民族自決を挿入することに同意したが、しかしウィンストン・チャーチルは、この原則はヨーロッパのみに適用されるものであり、イギリス領植民地には適用されないと強調した。アフリカの知識人たちはそれに異議をとなえ、高まりつつある自分たちの独立運動にそれを組み込んだ。国際連合は最初のうちは脱植民地化の動きにたいして強い立場をとることができなかったが、一九五二年までには民族自決をそのプログラムの一部とすることに公式に同意していた。一九六〇年代には、アフリカ諸国の多くが、平和的にであれ武力によってであれ、独立を回復した。それらの諸国は、たとえば、一九五〇年の「ヨーロッパ人権条約」European Convention for the Protection of Human Rights and Fundamental Freedoms で列挙された権利をときとして憲法のなかに組み込んだが、権利の法的保障は、しばしば国際政治と部族間政治の予測のつかない変化の犠牲となった。(27)

一九四八年以後の数十年間には、人権を擁護することの重要性についての国際的な同意が思いがけないときに形成された。世界人権宣言は、到達点をしめすよりもむしろプロセスを開始するものであった。共産主義者における以上に人権の進展が明白であったところはなかった。彼らは、長いあいだ人権擁護の呼びかけに抵抗してきたにもかかわらず、である。一九七〇年代はじめに、西ヨーロッパの共産主義政党は、その世紀の転換点でフランスのジョレスによって提起されたものときわめて近い立場にもどった。それらの政党は、その公式綱領における「プロレタリアート独裁」を、民主主義とそれに支えられた人権の促進にとって代えた。一九八〇年代末には、ソ連ブロックが同じ方向に動きはじめた。共産党書記長ミハエル・ゴルバチョフは、モスクワでの一九八八年の共産党大会で、ソ連は今後、「ソ連の個々人の権利と自由を最大限保護して」法治国家となるべきだと提案した。同じ年に、人権学科がソ連のロースクールにはじめて設置された。ある種の歩み寄りがおこっていた。一九四八年の世界人権宣言は、社会的・経済的権利——たとえば、社会保障の権利、労働の権利、教育の権利——をふくんでいた。そして一九八〇年代までに社会主義と共産主義の政党の多くは、政治的・市民的権利にたいする以前の敵意を棄てさっていたのである。(28)

いまやNGOとよばれている非政府組織は歴史をとおしてけっして消滅することがなかったが、一九八〇年代はじめには、もっぱらグローバリゼーションの広がりによってより国際的な影響力をもつようになった。自分たちの地元以外では知られていない活動をおこなっている無数の地域集団にくわえて、「アムネスティ・インターナショナル」(一九六一年創設)、「反奴隷制インターナショナル」(反奴隷制協会の後身)、「ヒューマン・ライツ・ウオッチ」(一九七八年創設)、そして「国境なき医師団」(一九七一年創設)のようなNGOは、最近数十年間、人権のために決定的な支援を提供してきた。これらの

NGOは、国際連合そのもの以上に、犯罪的な政府にしばしば圧力をかけ、飢饉や疫病、そして反体制派や少数派の残酷な処遇を改善するために行動した。しかしそれらNGOのほとんどすべての行動計画は、世界人権宣言のある個所で明確に表現された権利にもとづいていたのである。[29]

いうまでもないが、人権はいまだに実施するよりも是認するほうが容易である。民族虐殺、奴隷制、拷問の使用、そして人種差別主義に反対し、女性や子どもや少数派の保護をもとめる国際的な会議や大会が相変わらず開催されていることは、人権がいぜん救援を必要としていることをしめしている。国際連合は、一九五六年に、奴隷制、奴隷貿易、そして奴隷制に似た制度と実践の廃止にかんする補足協定を採決したが、けれどもこんにちの世界には二七〇〇万人の奴隷がいると算定されているのである。国際連合は一九八四年に、拷問とその他の残酷、非人間的、あるいは下劣な処遇や処罰に反対する協定を承認した。というのも、司法手続きとしての拷問は一八世紀に廃止されたが、拷問は消滅していなかったからであった。拷問は、法的に承認された場でもちいられるよりはむしろ、近代国家の秘密の、さらにはそれほど秘密でもない警察や軍隊の舞台裏に移動したのである。ナチスは、共産主義者、エホヴァの証人、破壊活動家、テロリスト、反体制派、「反社会分子」、そして「ポーランドやソ連からの放浪者」にたいして「第三級」(精神的・肉体的拷問)の利用をあからさまに許容した。カテゴリーはもはや厳密に同じではないが、拷問という実践は存続している。南アフリカ、アルジェリアにおけるフランス人、チリ、ギリシア、アルゼンチン、アブ・グレイブにおけるアメリカ人——このリストはけっして終わることがない。「残虐行為」を止めさせるという希望は、いまだに達成されていないのである。[30]

## 共感の限界

わたしたちは、拷問や民族浄化の復活、戦争と女性の永続的な抑圧の武器としての強姦の利用の存続、子どもや女性の性売買の増加、そして奴隷制の実践の残存から、何を結論として導くべきなのであろうか。人権はじゅうぶんに機能していないことをしめして、わたしたちを失望させたのだろうか。現代においては、遠さと近さの逆説がはたらいている。いっぽうでは、読み書き能力の広がりや、小説、新聞、ラジオ、映画、テレビ、そしてインターネットの発達によって、ますます多くの人びとが、遠くで、まったくことなる条件で生活する人びとに共感することが可能となっている。バングラデシュの飢えた子どもたちの写真や、スレブレニツァやボスニアで殺害された何千人もの男性や少年にかんする記事は、何百万もの人びとを動かして、お金や品物を送り、ときには彼ら自身がおもむいてほかの地域の人びとを助けたりすることもありうるし、政府や国際機関に介入を促すということもありうる。他方で、現場からの報告は、どうしてルワンダの近隣の住民が部族間でおたがいに殺害しあったのか、しかもひどく残虐にそうしたのかを教えてくれる。この至近距離の暴力は、例外的だとか最近のものだとかいうことはけっしてない。ユダヤ教徒、キリスト教徒、イスラム教徒は、アダムとイヴの息子で聖書に出てくるカインが、なぜ弟のアベルを殺したのかを長いあいだ説明しようとしてきた。ナチスの残虐行為から長い年月がたったが、入念な研究によって、ふつうの人間が、心理的な異常や熱烈な政治的・宗教的信念もないのに、大量殺人として知られていることを「しかるべき」状況でやってしまうことがありうることがわかっている。アルジェリア、アルゼンチン、そしてアブ・グレイブで拷問をおこなった者もまたすべて、ふつうの兵士としてはじめたのだ。拷問者や殺人者はわたしたちと同じであり、彼らは、まさに自分たちの目の前にいる人びとにしばしば苦しみをあたえるのである(31)。

このように、現代のコミュニケーション形態のおかげで他者と共感する手段は広がったが、人間が共感にもとづいて行動することを確実にすることができなかったのである。共感の力についての相反する感情《アンビヴァレンス》は、一八世紀いらい見いだされうるものであり、共感のはたらきを説明しようとくわだてた人びとによってさえ表明された。アダム・スミスは、著書『道徳感情論』において、中国の地震で何億もの人びとが死んだことを耳にする「ヨーロッパのひとりの人間」の反応について考察している。彼はもっともなことをすべていい、何も起こらなかったかのように自分の仕事をつづけるだろう、とスミスは予測している。対照的に、彼が翌日自分の小指を失うことを知ったなら、一晩中寝返りを打ちつづけるだろうと。それでは彼は、自分の小指とひきかえに何億もの中国人を犠牲にしようとするだろうか。いや、彼はそうしないだろう、とスミスは主張する。しかし何によって人はこの取引に抵抗するのであろうか。われわれが利己心に反して行動することを可能にしてくれるのは、「人間性という柔らかい力《ソフト・パワー》ではない」とスミスは強調する。それはより強い力であり、良心の力だと。「それは、理性、原則、良心、胸の内の住人、心の内の人間 the man within、そしてわれわれの行為の偉大な裁判官で裁定者なのである(32)」。

一七五九年の著作にもとづくスミス自身のリスト——理性、原則、良心、心の内の人間——は、共感にかんする論争の現状におけるある重要な要素をとらえている。つまり、わたしたちは何によって自分たちの共感にもとづいて行動するように促されるのだろうか、ということである。スミスのリストにみられる異種混交状態が、彼自身がこの問題に解答するのにやや苦労したことをしめしている。「理性」は胸の内の住人と同じ意味なのだろうか。スミスは、現在の多くの人権活動家と同様に、権利原則への理性的な言及と共感への感情的な訴えが結合すれば、共感はじっさいに効果的になりうると信じていたようにみえる。当時の批評家や現在の多くの批評家は、共感を機能させるためには、より高次の宗教的義務のような感覚を作動させることが必要だと答えることだろう。彼らの見解では、人間は、無関心や悪に向かう心の傾向に独力で打ち勝つことはできないのだ。アメリカ法律家協会の前会長は、この共通の見解を表現した。彼は、「人間が神の姿で視覚化されていないとき、人間の基本的な権利が形而上学的な存在理由を失うことは当然である」とのべたのである。[33]

アダム・スミスは、じっさいにはふたつの問題があるのに、ひとつの問題に焦点を当てているのだ。スミスは、遠くの人びとにたいする共感を、わたしたちに近い人びとにたいする感情と同類であるとみなしている。たとえ彼が、わたしたちがじかに直面していることは、遠くの人びとが直面する問題よりもはるかに大きな動機づけとなると認めているにしても、である。したがって、ふたつの問題とは、こうである。わたしたちは、何ゆえに遠くの人びとにたいする自分の感情にもとづいて行動するように促されるのだろうかという問題と、何ゆえに共感がまったく無効になって、自分たちに近い人びとを拷問し、傷つけ、さらには殺害することさえできるようになるのだろうかという問題が、それである。遠さと近さ、ポジティヴな感情とネガティヴな感情、すべての要素が考慮されなければならないのだ。

一八世紀のなかば以後、まさに人権という観念が出現したために、そのような緊張がいっそうはげしいものとなった。奴隷制、司法手続きとしての拷問、そして残酷刑に反対する一八世紀後半の運動家たちはみな、感情的に悲痛な語り口で残酷さをきわだたせた。彼らははげしい嫌悪を引き起こそうとしたが、しかし苦痛についての読書や苦痛をあからさまに描いた版画を見ることをとおして強い感情を覚醒させることは、つねに注意深く方向づけられえたわけではなかった。同様に、ふつうの少女たちの労苦に人の注意をつよく引きつけた小説は、一八世紀末までにより不気味な他の形態をとるようになった。マシュー・ルイスの『修道士』(一七九六年)を典型例とするゴシック小説は、近親相姦、強姦、拷問、そして殺人のシーンを特色にしたのであり、これらの煽情的なシーンは、内面の感情や道徳的結果の学習よりもむしろ、ますます小説の力の入れどころになったようにみえた。サド侯爵はゴシック小説をもう一歩すすめて、苦しみにかんするあからさまなポルノグラフィに仕立て、リチャードソンの『クラリッサ』のような以前の小説の長い、延々とつづく誘惑のシーンを切り詰めて、故意に性的な核心部分だけを残したのだった。サドは、以前の小説に隠されていた意味をあらわにすることをねらったのだ。つまり、愛や共感や慈悲心よりもむしろ、セックスや支配や苦しみや権力を、である。彼にとって「自然権」とは、できるだけ大きな権力を手にして、その権力を他者にふるうことを楽しむ権利だけをたんに意味していた。サドが彼の小説のほぼすべてをフランス革命期の一七九〇年代に書いたのは、なんら偶然ではないのである。(34)

人権の観念は、そのようにやつぎばやに不吉な双生児をもたらしたのだ。普遍的で、平等で、生得の権利への要求は、新しい、ときとして狂信的な差別のイデオロギーの発達を刺激した。共感的な理解を獲得する新しい様式は、暴力にかんする煽情主義に道をひらいた。残酷さを法の、司法手続き上の、そして宗教的なよりどころから除去する努力は、支配と人間性抹殺のための日常的な手段として、残酷さをより近づきやすいものとした。人間性を完全に抹殺する二〇世紀の犯罪は、だれもが人類という家族の平等なメンバーであると主張しえるようになったときにのみ、考え得るものとなったのだ。これらの二面性を認めることは、人権の将来にとって本質的である。共感は、ある人たちが主張したように枯渇してしまったわけではない。それは、以前よりもより強力な善への力となっている。しかし、暴力や苦しみや支配という対抗する作用もまた、以前よりも大きいのである。(35)

人権は、これらの悪事にたいしてわたしたちが唯一共有している防波堤である。わたしたちは、いぜん人権にかんする一八世紀の考え方をたえず発展させ、世界人権宣言における「人間 Human」に、「人間の権利」における「人間」にともなうあいまいさをいっさい残さないようにしなければならない。権利にかんする滝のような流れは、その滝がどのように流れるべきかについてつねに大きな争いがあるものの、つづいている。たとえば、胎児の生きる権利に対する女性の選択の権利、生命の絶対的な権利に対する尊厳死の権利、身体障害者の権利、同性愛者の権利、子どもの権利、動物の権利——議論は尽きなかったし、尽きないだろう。人間の権利をもとめる一八世紀の運動家たちは、自分たちの敵対者を、平等や普遍性や自然権＝生得権よりもむしろ不平等や個別性や歴史的慣行にもとづいた社会秩序を維持することだけに関心をもつ無情な伝統主義者として、非難することができた。しかしわたしたちは、古い見方をたんに拒絶して満足することはもはやできない。人権への信仰がより普及したとき、人権のための闘争の対極で、わたしたちはそのような努力によってもたらされた世界に直面しなければならないのだ。わたしたちは、拷問者や殺人者にどう対応するのか、いかにして将来に彼らの出現をふせぐかを、彼らはわたしたちなのだということを同時に認めながら、解決しなければならない。わたしたちは彼らを許容することも、人間として抹殺することもできないのだ。

国際団体、国際裁判や国際協定をそなえた人権の枠組みは、対応が遅かったり、その最終的な目標を達成できないことが繰り返されたりと、いらだちをおぼえさせるかもしれない。しかしこれらの問題に立ち向かうために手にしうるよりよい枠組みは、なんら存在しないのである。国際裁判や政府組織は、いかにその権限が国際的であっても、地政学的考慮によってつねにペースを減速させられる。人権の歴史は、権利は結局のところ、自分の内面の怒りの感覚と一致する対応を要求する多くの個人の感情や確信や活動によってもっとも良く守られるのだということをしめしている。プロテスタントの牧師ラボ・サン＝テチエンヌは、一七八七年にこの真理をすでに理解していた。そのとき彼は、プロテスタントに宗教的寛容を提供する新しい勅令の欠点について不満をのべるために、フランス政府に手紙を書いた。「世界中できわめてよく知られている人間の権利を明白にくつがえす法律は、もはや容認できない時代がやってきたのです」と彼はのべた。一七七六年、一七八九年、そして一九四八年の宣言は、これらの人間の権利の基準を提供した。そして「もはや容認できない」ものの感覚を引きだし、それがまた違反をいっそう容認できないものとするのに寄与した。そのプロセスは、以下のような否定しがたい循環性をもっていたし、いまでもそうである。つまり、あなたは人権が侵されたときに心の痛みを感じるがゆえに人権の意味を知っているのだ。人権をめぐる真実は、この意味で逆説的であるかもしれないが、しかしにもかかわらずいまだに自明なのである。

# 付録　三つの宣言――一七七六年、一七八九年、一九四八年

## アメリカ独立宣言（一七七六年）

一七七六年七月四日、コングレスにおいて、
アメリカの一三の連合諸州が同意した宣言

人間世界の出来事が展開するなかで、ある人民が、別の人民とむすんできた政治的絆を解消し、自然の法と自然の神の法によって認められている独立・対等な地位に世界の国々に伍して就くことが必要となるとき、人類のさまざまな意見にしかるべき敬意を払おうとするなら、その人民は、独立へと駆りたてられた理由を宣言することが必要であろう。

われわれはこれらの真理を自明なものと考える。つまり、あらゆる人間は平等に創造されていること、彼らはその創造主によっていくつかの譲渡しえない権利をあたえられていること、そしてこれら

の権利には生命、自由、そして幸福の追求がふくまれていること、がそれである。また、これらの権利を保障するために人間が協力して政府が組織され、その正当な権力は被治者の同意に由来するものであることを自明と考える。そしていかなる政府形態も、これらの目的にとって有害となるときはいつでも、その政府を改変または廃止して、新しい政府を組織し、人民にとって安全と幸福をもっとも実現しうるように思える原理にその政府の基礎をおき、その政府の権力もそのように思える形態で組織することは、人民の権利であることを自明と考える。たしかに、慎重に考えれば、長年にわたって確立された政府は、軽微かつ一時的な原因のために変えられるべきではないであろう。それゆえ過去の経験もすべて、人間が悪弊に耐えうるうちは、慣れ親しんできた政府形態を廃止することによって権利を回復するよりも、むしろ耐えようとする傾向をしめしている。しかし、一貫して同一の目的を追求して長期にわたって権力濫用と権利侵害が続き、人民を絶対的な専制支配に服従させる意図が明白であるときには、そのような政府と関係を絶ち、将来の安全のために新たな防衛手段を準備することは、人民の権利であり、人民の義務である。——これらの植民地が耐え忍んできた苦難はきわめて大きかったので、いまやこれらの植民地が以前の政治体制を変更せざるをえない必要性もきわめて大きい。イギリスの現国王の歴史は、これら諸州にたいする侮辱と権利侵害のくりかえしの歴史であり、これらはすべて、それら諸州に絶対的専制体制を樹立することを直接の目的としておこなわれた。これを証明するために、偏見のない世界にむかって一連の事実をあえて提示しよう。

国王は、公益にとってもっとも適正で必要な法律に裁可をあたえることを拒否した。

彼は、自分の裁可が得られるまで法律の実施が一時停止されないかぎり、即座の差し迫った重大性をもつ法律を可決することを総督に禁じ、そのように一時停止させた以後、それらの法律に留意することをまったく閑却した。

彼は、人民が本国議会において代表される権利を放棄しないかぎり、広範な地域の人民のために他の法律を可決することを拒否した。そのような権利は人民にとってかけがえのないものであり、ただ暴君にとってのみ恐るべきものである。

彼は、植民地議会を、公文書の保管所から離れた、異常なほど不便な場所に招集し、こうしてただひたすら議会を疲弊させることにより、自分の施策に従わせようとした。

彼は、人民の権利の侵害にたいして毅然とした断固たる態度で反対したという理由で、代議院をくりかえし解散した。

彼は、そのような解散ののち、長きにわたって、新たな代議院が選出されるようにすることを拒否した。これにより、消滅することのない立法権の行使は、人民全体の手にもどった。そのあいだもこの国は、外部からの侵略、内部の騒乱というあらゆる危険にさらされたままであった。

彼は、これら諸州の人口を抑制しようと努めた。そのために外国人の帰化のための法律を妨害し、この地への移民を促進する他の法律の可決を拒否し、土地のあらたな占有の条件を引き上げた。

彼は、司法権を確立させる法律への裁可を拒否することによって、司法の執行を妨害した。

彼は、裁判官を、その任期、俸給の額と支払いにかんし、自分の意思にのみ依存する立場においた。

彼は、多くの新たな官職を創設し、この地に大勢の役人を送って、われわれの人民を悩ませ、彼らの物資を食い尽くした。

彼は、われわれの議会の同意なく、平時において、われわれのうちに常備軍を駐留させた。

彼は、軍部を文民権力から独立させ、それに優越させようとした。

彼は、われわれの政体にとって異質で、われわれの法律によって認められていない権限のもとにわれわれを従わせるべく、本国議会と共謀し、以下の目的をもつ、不当な立法行為による議会制定法に裁可をあたえた。すなわち――

われわれのうちに大規模な軍隊を宿営させる、

それらの軍隊がこれら諸州の住民にたいしてどのような殺人を犯しても、見せかけの裁判によって処罰を免れさせる、

世界各地とわれわれとの通商を遮断する、

われわれの同意なくしてわれわれに税を課す、

多くの事件において、陪審による裁判の恩恵をわれわれから奪う、

でっちあげの犯罪を理由として裁くべく、われわれを海の向こうへ移送する、

隣接する植民地においてイギリス法の自由な体制を廃止し、そこに専横な政府を樹立し、その境界を拡張することによって、その地を、われわれの植民地にも同様の専制的統治を導入するための先例かつ格好の道具とする、

われわれの特許状を取り上げ、もっとも貴重なわれわれの法律を廃止し、われわれの政府の形態を根本的に変更する、

われわれ自身の議会を停止し、いかなる場合においてもわれわれに代わって立法する権限が自分たちにあると宣言する。

国王は、われわれを彼の保護の外にあると宣言し、われわれに戦争をしかけることによって、この地の統治を放棄した。

彼は、われわれの海を収奪し、沿岸を荒らし、町を焼き、人民の生命を奪った。

彼は、いま外国人傭兵の大軍を移送しているところであり、それによって、もっとも野蛮な時代にさえほとんど類例がなく、文明国の首長の行為にまったく値しない残虐と背信の事態のもとに始められた死と荒廃と暴政の事業を完成させようとしている。

彼は、公海において捕らえられたわれわれの同胞市民を、祖国にたいして武器をとらせ、その友人兄弟の処刑人となるか、彼らの手にかかって自らが命を落とさざるをえないようにした。

彼は、われわれのうちに内乱をひき起こし、われわれの辺境の住人にたいして無慈悲なインディアンの野蛮人をけしかけようと努めた。彼らの戦い方が、年齢、性別、身分を問わず無差別に殺害するものであることはよく知られている。

これらの暴虐行為のあらゆる段階において、われわれはもっとも謙虚なことばで不正の除去を請願してきた。しかしわれわれがくりかえしおこなった請願は、度重なる侮辱によって応じられただけだった。このように暴君を定義しうるあらゆる行為によって特徴づけられる性格をもつ君主は、自由な人民の統治者たるには不適任である。

われわれはイギリスの同胞にたいしても配慮を怠ってきたわけではない。われわれは、彼らの議会が不当な権限をわれわれにまで及ぼそうとしていることに、折にふれて警告してきた。われわれが移民として自国を出てこの地に定住した事情を、彼らに想起させてきた。われわれは彼らの生まれつきの正義心と度量の大きさに訴え、われわれに共通する血縁の絆にもとづいて、われわれ相互のつながりと交流を不可避的に分断することになるこれらの権利侵害を否認するように彼らに懇願してきた。しかし彼らもまた、正義と親族の声を聞こうとしなかった。したがってわれわれは、われわれの離脱を宣言する必要性に同意せざるをえず、彼らを、人類のその他の人びと同様に、戦時においては敵、平時においては友とみなさなければならない。

それゆえに、われわれアメリカの連合した諸州の代表は、全体会議に集合し、世界の至高なる審判者にたいしてわれわれの意図の正当性を訴え、これらの植民地の良き人民の名と権限において、厳粛に公布し宣言する。「これらの連合した植民地は自由で独立した国家であり、また当然そうあるべきである。これらの植民地は、イギリス国王にたいするあらゆる忠誠から免除されており、なおかつイギリスとのあらゆる政治的関係は完全に解消されており、またそうあるべきである。これらの植民地は、自由で独立した国家として、戦争を始め、講和条約を締結し、同盟をむすび、通商を確立し、独立国家が当然おこないうるその他のあらゆる行為をおこなう全面的な権限をもっている」。そしてこの宣言を支えるため、われわれは、神の摂理による保護を確固として信頼し、われわれの生命、財産、そして神聖なる名誉をおたがいに捧げあうことを誓う。

# 人間と市民の権利の宣言（一七八九年）

国民議会を構成しているフランス人民の代表者たちは、人権にかんする無知、無視あるいは軽蔑が公衆の不幸と政府の腐敗の唯一の原因であることを考慮して、厳粛な宣言において、人間の生得の、譲渡しえない神聖な権利について述べることを決意した。その意図は、社会体のすべての構成員にこの宣言がつねに提示されていることによって、彼らがたえずその権利と義務を思い出すためであり、立法権力と行政権力の諸行為がつねにあらゆる政治制度の目的と比較されうることによって、よりいっそう尊重されるためであり、市民の要求が以後単純で明白な原理に基礎づけられることによって、つねに憲法の維持とすべての人びとの幸福にむかうものとなるためである。

その結果として、国民議会は、最高存在の前でかつその庇護のもとに、人間と市民にかんする以下の権利を承認し、宣言する。

第一条　人間は自由かつ権利において平等なものとして生まれ、そうありつづける。社会的区別は、共通の利益にのみもとづいて設けることができる。

第二条　あらゆる政治的結合の目的は、人間の生得の消滅することのない権利を保持することにある。これらの権利とは、自由、所有権、安全、および圧政への抵抗である。

第三条　あらゆる主権の根源は、本質的に国民にある。いかなる団体も、いかなる個人も、明白に国民に由来するものでない権限を行使することはできない。

第四条　自由とは、他人を害さないことなら何でもすることができることである。したがって、各人の生得の権利の行使は、社会の他の構成員にこれと同一の権利の享受を保障する以外の限界をもたない。これらの限界は、法によってのみ定めることができる。

第五条　法は、社会にとって有害な活動を禁止する権利しかもたない。法によって禁止されていないことはすべて妨げられないし、いかなる人も法が命じていないことをすることを強制されることはありえない。

第六条　法は、総意の表現である。あらゆる市民は、自分自身で、あるいはその代表者を介して、その制定に参加する権利をもっている。法は、保護するにしろ、処罰するにしろ、だれにとっても同一のものでなければならない。あらゆる市民は、法の見地からは平等であるので、その能力におうじて、かつその徳と能力による区別以外の区別なく、平等にあらゆる公的な顕職、地位、職務につくことができる。

第七条　いかなる人も、法によって定められた場合で、法が規定する手続きによるのでなければ、訴追されることも、逮捕されることも、拘留されることもありえない。恣意的命令を要求し、発令し、執行し、あるいは執行させる者は、処罰されなければならない。しかしながら法の名において出頭を命じられ、あるいは逮捕された市民はだれでも、ただちに従わなければならず、抵抗すれば犯罪者となる。

第八条　厳密かつ明白に必要な刑罰のみが法によって定められなければならず、いかなる人も、犯罪に先立って制定、公布され、合法的に適用された法の名においてでなければ、処罰されえない。
第九条　人はだれでも、有罪を宣告されるまでは無実とみなされるので、たとえある人の逮捕が不可欠と判断されるとしても、その人の身柄を確保するために必要でないような厳しさはすべて、法によって厳格に抑止されなくてはならない。
第一〇条　いかなる人も、その意見のゆえに、たとえそれが宗教上のものであっても、その意見の表明が法によって定められた公的秩序を乱すことさえないなら、脅かされてはならない。
第一一条　思想と意見の自由な伝達は、人間のもっとも貴重な権利のひとつである。したがってあらゆる市民は、自由に話し、書き、印刷することができる。ただし、法によって定められた場合のこの自由の濫用については責任をとらなければならない。
第一二条　人間と市民の権利の保障は、警察力を必要とする。したがってこの力は、すべての人びとの利益のために設けられるものであって、その力がゆだねられる人びとの私的利益のために設けられるものではない。
第一三条　警察力を維持するため、そして行政による出費をまかなうために、共通の租税は不可欠である。それはすべての市民のあいだで、その能力に応じて、平等に分担されなければならない。
第一四条　すべての市民は、自分自身であるいはその代表者を介して、公的租税の必要性を確認し、それに自発的に同意し、その使途を追及し、その税額、課税基準、徴収および期間を決定する権利をもっている。
第一五条　社会は、あらゆる役人にその行政について説明をもとめる権利をもっている。

第一六条　権利の保障が確保されておらず、権力の分立も確立していないあらゆる社会は、なんら憲法をもっていない。

第一七条　所有権は、不可侵で神聖な権利であるので、いかなる人もそれを奪われることはありえない。ただし、法によって確認された公的な必要性が明白にそれを要求し、しかも前もっての正当な補償がなされるという条件がある場合は、そのかぎりではない。

# 世界人権宣言（一九四八年）

前　文

人類という家族のあらゆる構成員の固有の尊厳と平等で譲渡しえない権利とを承認することは、世界における自由と正義と平和の基礎であるがゆえに、

人権の無視と軽蔑が、人類の良心を踏みにじった野蛮行為をもたらし、言論と信仰の自由、恐怖や欠乏からの解放を人間が享受しうるような世界の到来が、一般の人びとの最高の願望として宣言されたがゆえに、

人間が暴政と抑圧にたいする最後の手段として反乱に訴えざるをえないことがないようにするためには、法の支配によって人権が守られることが肝要であるがゆえに、

諸国家間の友好関係の発展を促進することが肝要であるがゆえに、

国際連合の諸国民は、国際連合憲章において、基本的人権、人間の尊厳と価値、そして男女の同権についての信念を再確認し、いっそう大きな自由のなかで社会的進歩と生活水準の向上とを促進することを決意したがゆえに、

加盟国は、国際連合と協力して、人権と基本的自由をだれもが尊重し遵守することを促進することを誓ったがゆえに、

これらの権利と自由にたいする共通の理解は、この誓いを完全に実現するためにもっとも重要であ

るがゆえに、

それゆえ、ここに、国際連合総会は、すべての人民とすべての国家が達成すべき共通の基準としてこの世界人権宣言を公布する。その目的は、加盟国自身の人民のあいだにも、加盟国の管轄下にある地域の人民のあいだにも、社会の各個人と各組織が、この世界人権宣言をつねに念頭におきながら、これらの権利と自由を尊重することを指導と教育によって促進するよう努力するためであり、それら権利や自由をだれもが現実に承認し遵守することを国内的・国際的な漸進的措置によって確実にするよう努力するためである。

第一条　すべての人間は、生まれながらにして自由であり、尊厳と権利において平等である。人間は、理性と良心とを授けられており、同胞愛の精神をもって行動しなければならない。

第二条　すべての人は、人種、皮膚の色、性、言語、宗教、政治上その他の意見、国民的・社会的出身、財産、出自その他の地位、これに類するいかなる事由による差別も受けることなく、この宣言に掲げるすべての権利と自由とを享受することができる。さらに、個人が属する国や地域が独立国であれ、信託統治地域であれ、非自治地域であれ、あるいは他のなんらかの主権制限のもとにあるのであれ、その国や地域の政治上の、管轄上の、あるいは国際的な地位にもとづくいかなる差別もしてはならない。

第三条　すべての人は、生命、自由、そして身体の安全にたいする権利を有する。

第四条　何人も、奴隷にされ、苦役に服することはない。奴隷制と奴隷売買は、いかなる形においても禁止する。
第五条　何人も、拷問、あるいは残虐、非人道的もしくは屈辱的な取り扱いや処罰を受けることはない。
第六条　すべての人は、いかなる場所においても、法の下において、人として認められる権利を有する。
第七条　すべての人は、法の下において平等であり、いかなる差別もなしに法の平等な保護を受ける権利を有する。すべての人は、この宣言に違反するいかなる差別にたいしても、そしてそのような差別をそそのかすいかなる行為にたいしても、平等な保護を受ける権利を有する。
第八条　すべての人は、憲法や法律によってあたえられた基本的権利を侵害する行為にたいして、権限を有する国内裁判所による効果的な救済を受ける権利を有する。
第九条　何人も、恣意的に逮捕、拘禁、または追放されることはない。
第一〇条　すべての人は、自己の権利と義務、ならびに自己にたいする刑事責任が決定されるに当たっては、独立の公平な裁判所による公正な公開の審理を受けることについて完全に平等の権利を有する。
第一一条　1　犯罪の訴追を受けた者はすべて、自己の弁護に必要なすべての保障をあたえられる公開の裁判において法律に従って有罪の立証があるまでは、無罪と推定される権利を有する。
2　何人も、実行の時に国内法や国際法により犯罪ではなかった作為や不作為のために有罪とされることはない。また、犯罪がおこなわれた時に適用される刑罰より重い刑罰は科されない。

第一二条　何人も、自己の私事、家族、家庭あるいは通信にたいして恣意的に干渉されることも、自己の名誉と信用にたいして攻撃を受けることもない。人はすべて、このような干渉や攻撃にたいして法の保護を受ける権利を有する。

第一三条　１　すべての人は、各国の境界内において自由に移転し居住する権利を有する。

２　すべての人は、自国その他いずれの国をも立ち去り、かつ自国に帰る権利を有する。

第一四条　１　すべての人は、迫害を免れるため、他国に避難することを求め、かつ避難する権利を有する。

２　この権利は、非政治犯罪あるいは国際連合の目的と原則に反する行為をもっぱら原因とする訴追の場合には、援用することはできない。

第一五条　１　すべての人は、国籍をもつ権利を有する。

２　何人も、恣意的にその国籍を奪われることも、その国籍を変更する権利を否認されることもない。

第一六条　１　成年の男女は、人権、国籍、あるいは宗教によるいかなる制限も受けることなく、婚姻し、かつ家庭をつくる権利を有する。成年の男女は、婚姻中およびその解消に際し、婚姻に関して平等の権利を有する。

２　婚姻は、両当事者の自由かつ完全な合意によってのみ成立する。

３　家庭は、社会の自然かつ基礎的な集団単位であって、社会と国の保護を受ける権利を有する。

第一七条　１　すべての人は、単独でも他の者と共同しても財産を所有する権利を有する。

2　何人も、勝手に自己の財産を奪われることはない。
第一八条　すべての人は、思想、良心、および宗教の自由にたいする権利を有する。この権利は、宗教や信念を変更する自由、ならびに単独で、あるいは他の者と共同して、公的または私的に、布教、行事、礼拝そして儀式によって宗教や信念を表明する自由を含む。
第一九条　すべての人は、意見と表現の自由にたいする権利を有する。この権利は、干渉を受けることなく自己の意見をもつ自由、ならびに、あらゆる手段により、国境を越えると否とにかかわりなく、情報と思想を求め、受け、伝える自由を含む。
第二〇条　1　すべての人は、平和的集会と結社の自由にたいする権利を有する。
2　何人も、結社に属することを強制されない。
第二一条　1　すべての人は、直接に、あるいは自由に選出された代表者を通じて、自国の政治に参与する権利を有する。
2　すべての人は、自国においてひとしく公務につく権利を有する。
3　人民の意思は、統治の権力の基礎とならなければならない。この意思は、定期のかつ真正な選挙によって表明されなければならない。この選挙は、平等の普通選挙によるものでなければならず、秘密投票、あるいはこれと同等の自由が保障される投票手続によっておこなわれなければならない。
第二二条　すべての人は、社会の一員として、社会保障を受ける権利を有し、かつ、国家的努力と国際的協力により、そして各国の組織や資源に応じて、自己の尊厳と自己の人格の自由な発展にとって欠くことができない経済的、社会的、文化的権利を実現する権利を有する。
第二三条　1　すべての人は、勤労し、職業を自由に選択し、公正かつ有利な勤労条件を確保し、失業にたいする保護を受ける権利を有する。
2　すべての人は、いかなる差別をも受けることなく、同等の勤労にたいして同等の報酬を受ける権利を有する。
3　勤労する者はすべて、自己と家族にたいして人間の尊厳にふさわしい生活を保障する公正かつ有利な報酬を受ける権利、そして必要な場合には、他の社会的保護手段によって補充を受ける権利を有する。
4　すべての人は、自己の利益を保護するために労働組合を組織し、これに参加する権利を有する。
第二四条　すべての人は、労働時間の合理的な制限および定期的な有給休暇を含む休息と余暇をもつ権利を有する。
第二五条　1　すべての人は、衣食住、医療、必要な社会的施設等により、自己と家族の健康と福祉にとって十分な生活水準を保持する権利、そして失業、疾病、心身障害、配偶者の死亡、老齢その他不可抗力による生活不能の場合には保障を受ける権利を有する。
2　母と子とは、特別の保護と援助を受ける権利を有する。すべての児童は、嫡出であると否とを問わず、同じ社会的保護を受ける。
第二六条　1　すべての人は、教育を受ける権利を有する。教育は、少なくとも初等の基礎的な段階においては、無償でなければならない。初等教育は、義務的でなければならない。技術教育と職業教育は、一般に利用できるものでなければならず、高等教育は、能力に応じて、すべての者にひとしく開放されていなければならない。

2 教育は、人格の完全な発展、ならびに人権と基本的自由の尊重の強化を目的としなければならない。教育は、すべての国と人種的・宗教的集団の相互間の理解、寛容、友好関係を増進し、平和の維持に向けて国際連合の活動を促進するものでなければならない。

3 親は、子にあたえる教育の種類を選択する優先的権利を有する。

第二七条 1 すべての人は、自由に社会の文化生活に参加し、芸術を鑑賞し、科学の進歩とその恩恵にあずかる権利を有する。

2 すべての人は、自分が創作した科学的・文学的・美術的作品から生ずる精神的・物質的利益を保護される権利を有する。

第二八条 すべての人は、この宣言に掲げる権利と自由が完全に実現される社会的・国際的秩序にたいする権利を有する。

第二九条 1 すべての人は、その人格の自由かつ完全な発展がその中にあってのみ可能である社会にたいして義務を負う。

2 すべての人は、自己の権利と自由を行使するに当たっては、他人の権利と自由の正当な承認と尊重を保障すること、ならびに民主的社会における道徳、公の秩序、そして一般の福祉の正当な要求を満たすことをもっぱら目的として法律によって定められた制限にのみ服する。

3　これらの権利と自由は、いかなる場合にも、国際連合の目的と原則に反して行使してはならない。

第三〇条　この宣言のいかなる規定も、いずれかの国、集団、あるいは個人にたいして、この宣言に掲げる権利と自由の破壊を目的とする活動に従事する権利、あるいはそのような目的を有する行為をおこなう権利を認めるものと解釈してはならない。

〔各条の条文は、基本的に「国際連合広報センター」ホームページ上の訳文を踏襲した。http://www.unic.or.jp/〕

# 訳者あとがき

本書は、Lynn Hunt, *Inventing Human Rights: A History*, New York, W. W. Norton, 2007 の全訳である。

本書の著者リン・ハントにかんしては、わが国でもよく知られていよう。すでに単著として『フランス革命の政治文化』や『フランス革命と家族ロマンス』が、編著として『文化の新しい歴史学』や『ポルノグラフィの発明』が邦訳されており、いずれにおいてもハントの経歴や研究についてふれられているからである。現在、カリフォルニア大学ロサンゼルス校の近代ヨーロッパ史ユージン・ウェーバー講座教授。二〇〇二年にはアメリカ歴史学会の会長にも選出されており、世界のフランス革命史研究だけでなく、アメリカ合衆国の歴史学をリードする歴史家のひとりでもある。最近では、本来の専門領域であるフランス革命史にとどまらず、ジェンダー史や文化史、さらには歴史理論もカヴァーするにいたっており、論究する時代もフランス革命期に限定されない広がりをもつにいたっている。

本書『人権を創造する』は、そのようなハントの現在を象徴する著作である。だが本書は、これまでに邦訳されたハントの著作とはかなりことなる様相をしめしている。二点あげよう。

第一に指摘すべきは、本書が研究書であると同時に「啓蒙書」という性格を色濃くあわせもっているという点である。ハント自身が「謝辞」で述べているように、「本書の着想は、学部学生を教育するためにわたしが編集し翻訳した一冊の史料集」から生まれたのである。じっさいハントは、『フランス革命と家族ロマンス』(一九九二年)を刊行したのち、学生のためのテキストや教養層を対象とした大部なヨーロッパ史の教科書などを編集・執筆したりしている。つまり本書は、学問研究の成果の何を、どのように伝えるべきかを考えながら、教育・啓蒙活動にたずさわるなかで着想された著作なのである。本書が人権の歴史にかんするもっとも包括的な研究書でありながら、現代世界において生起するさまざまな出来事にも言及してメッセージ性の強い一書となっているのは、そのためである。ハントは、一八世紀以後の人権の歴史をたどりながら、普遍的で、平等で、生得的な人権という観念の出現が、同時に狂信的な差別のイデオロギーの発達をもたらしたことを確認し、現状についても、「共感」が「以前よりも強力な善への力」となっているとしながらも、同時にまた「暴力や苦しみや支配という対抗する作用」も以前より大きくなっていることに注意を喚起する。そしてこのように人権の可能性だけでなくその限界をも見据えながら、拷問者や大量殺人者の出現をどうふせぐかという問題は、「彼らはわたしたちなのだということを同時に認めながら、解決しなければならない」と結論づけている。ここには、事実を冷厳にみつめる歴史家のまなざしと、希望をけっして失わない実践者のまなざしが併存しているといえよう。

第二に、本書があつかう対象は、これまでのハントの著作にくらべて時間的にも空間的にも大幅に拡大している。ハントは「日本語版への序文」で述べている。権利の平等など思いもよらない位階的な社会において、どうして権利の平等が自明の真理となったのか。奴隷所有者であるジェファソンや貴族であるラファイエットが、どうして権利の平等を信奉するようになったのか。このような「疑問を発すれば発するほど、わたしはいつのまにか時間をさかのぼり、国境をまたいでいました」と。フランスの「人権宣言」(一七八九年)だけでなく、アメリカ独立宣言(一七七六年)や世界人権宣言(一九四八年)までもとりあげているのだから、それも当然であろう。じっさい、「人間の権利」の誕生にとってきわめて重要な一七六〇年代に議論が集中しているものの、人権の系譜をもとめて中世から現代までが議論の射程に入っている。だがより注目すべきは、空間的な拡大であろう。「大西洋世界」という枠組みが設定され、フランスやアメリカ合衆国だけでなく、イギリス、ドイツ、イタリア、オランダなども人権の出現という観点から論じられている。いいかえるならば、人権の創造は、フランス一国に限定して理解できるものではなく、「大西洋世界」の現象としてとらえてはじめて理解できるのだという主張が表明されているのである。この主張は人権の創造にかんしてはきわめて説得的であり、フランス革命をはじめとする一八世紀の諸事件や諸現象を「大西洋世界」という枠組みで再考してみる必要性を示唆しているといえよう。

しかしながら、ハントのこれまでの著作との違い以上に印象的なのは、本書が、人権について論究した類書とは、方法論的にも内容的にもまったくことなっている点である。

そもそも、人権にかんする従来の研究は、「人権」をたんに「文書において明確にのべられた教義」としてとらえてきた。そして人権が出現するにいたった社会的・文化的コンテクストや「人権宣言」の成立までの議会での議論などを検討したり、「人権宣言」において政治権力を基礎づけるものとされた「被治者の同意」や主権者「国民」という考え方の意味をさまざまな角度から論じてきた。

しかしハントは、「人権」をたんに文書において表明された抽象的観念とか政治的スローガンだとは考えない。人権の出現のような社会的・政治的変化は、多くの個人が同様の心の経験をもったために生じたのであり、個人の心の変化が歴史的変化の根本的なファクターであると主張するのである。これまでもハントは、史料による検証が可能な方法論的個人主義の立場をとっていたが、本書においては「個人の心の内部で進行すること」に関心を集中することが表明され、これまで以上に方法論的個人主義の立場を鮮明にしているといえよう。こうしてハントは、普遍的で、平等で、生得的な人権という考え方が自明となるためには、人間が独自の道徳的判断を行使しうる個人として認知されなければならず、なおかつ、そのような自律的な個人が他者に共感し、わたしたちの「内面の感情」は根本的に似ていることがひろく承認されなくてはならない、と考える。そしてこのような個人の自律性や共感は、文化的実践であり、感情的にはもちろん、身体的にも表現されるのだ、と主張するのである。こうしてハントは、人間の身体の分離とその尊重にもとづく個人の自律性と共感する自我のルーツを歴史的に追求してゆく。とりわけ一七六〇年代が「人間の権利」の誕生にとってきわめて重要な時期であったと確認し、その前後における身体と自我の変化を探し求めることになるのである。

じつにユニークだが同時にきわめて困難なこの課題にたいして、ハントはどう対処しようとするのだろうか。彼女は、いっぽうで、『新エロイーズ』『パミラ』『クラリッサ』などのベストセラー書簡体小説とその読者の反応をとりあげ、読者が小説の主人公との心理的同一化をつうじて社会的境界をこえて共感し、その結果として、だれもが同じような内面の感情をもつと感じるようになったことを実証する。他方では、カラス事件とこの事件をめぐるヴォルテールの弁論を手がかりとしながら、残酷刑や拷問にかんする人びとの態度の変化を追い、一七六〇年以後に「共感」の発見にくわえて人間の身体にかんする考え方の転換があったことを検証している。つまり、一八世紀後半には、個人の身体が共同体の修復という、高次の宗教的・政治的目的のために「いけにえ」とされることがなくなり、個人の身体は個人にだけ属するものとして尊厳を獲得するようになる。こうして新しい人間モデルの浸透とともに、身体への暴力である拷問への拒絶反応があらわれ、拷問が「共感」の対象となって廃止されるにいたるのである。身体がより独立し、個性化し、積極的な価値を獲得するというこの新しい人間モデルは、静かに音楽を聴き、住宅に個人用の部屋が増加し、肖像画が増加するなどの一八世紀後半の新しい文化的実践とも照応するものであった。こうしてハントは、新しいかたちで読み、聴き、見ることによって新しい個人的経験としての「共感」がうみだされ、それが今度は新しい社会的・政治的観念としての「人権」を可能にしたのだ、と主張するのである。

総じてハントの学の特徴は、歴史学だけでなく隣接諸科学の考え方を駆使して、広い視野から対象にアプローチし、独創性に富む一連の仮説を提示する点にあるが、本書でもその特徴は遺憾なく発揮されているといえよう。思想史、文化史、政治史、心理学的歴史などをむすびつけて「人権」の出現を可能とする身体と自我の変化という新しい問いを提示し、その回答をもとめて時間と空間を横断して多様な史料を渉猟し、みごとな総合《サンテーズ》をなしとげているからである。けれどもそのような新しい問いかけとその回答への探求が、多大なエネルギーと時間を要するものであったこともまちがいない。本書の「着想から完成までの道のり」は、「長期にわたり、ときとしてつらいものでした」とハントが述懐しているように。じっさい本書の完成までには、『フランス革命と家族ロマンス』の出版から数えて一五年の年月が経過しているのである。

最後に、翻訳の問題に言及しておこう。

ハントの文章は、一見簡単なように見えて、うっかりすると誤訳をしかねない文章である。できるだけ正確で、わかりやすい日本語に訳すことを心がけたが、その意図が達成できたかどうかは、読者の判断にゆだねるほかはない。しかしより問題なのは、内容上の問題であった。すでに指摘したように、本書が論究する対象は、時代的には中世から現代におよび、空間的にはフランスだけでなく「大西洋世界」を構成する多くの国家におよんでいるからである。なおかつ、論及されているテキストも多岐にわたっている。今から思えば、フランス革命史を専門にしている訳者が本書の翻訳を引き受けたのはあまりにも無謀であった。一再ならず専門というものの両義性を思い知らされた。とりわけ、本書においては小説や詩がかなり引用・参照されており、文学にはほとんど縁のない訳者がどこまで原文のニュアンスを伝えきれているのかは、汗顔の至りである。また、英語圏以外の人名・地名の英語表記にも悩まされた。本訳書では、英語音表記ではなく原語音表記を原則としたが、まだ思いがけないミスがあるかもしれない。

訳者泣かせの言葉も多々あった。たとえば、日本語では「国民」「国家」「民族」という三つの訳語の意味が含まれている nation、その派生語である nationalism は、文脈に応じて訳し分けたが、かならずしも明確に訳し分けることができるわけではない。最終的に選択された訳語はそうとう迷った結果である。また、単数・複数の別を日本語では表現できない言葉は、原語を併記した。たとえば、「人間 homme, hommes」のように、である。それから、イングランドとスコットランドが合併してグレートブリテン王国が成立した一七〇七年を基準として、原則的に、それ以前はイングランド、それ以後はイギリスと表記した。

なお、付録として収録したアメリカの独立宣言、フランスの「人権宣言」、世界人権宣言はすでに既訳があるが、本訳書では、それらの宣言が引用されている前後の文脈にあわせるため、すべて訳し直した。ただし、世界人権宣言の条文にかんしては、基本的に「国際連合広報センター」ホームページ上の訳文を踏襲している。

いうまでもなく、本書が完成するまでには、多くの人びとの有形・無形の助力をえた。原著者のハント女史は、訳者の求めに応じて、『フランス革命の政治文化』から本書にいたるまでの知的遍歴を中心とする「日本語版への序文」をよせてくれた。この「序文」によって本書の理解はいっそう深まると確信している。また、岩波書店編集部の杉田守康さんにも感謝しなければならない。杉田さんは一般読者の視点で、ともすれば生硬になりがちな訳者の訳文を容赦なく批判してくれた。もし本訳書が、日本語としてわかりやすいものとなっているとすれば、それはひとえに杉田さんのおかげである。だがありうべき誤訳や悪訳は、ひとり訳者の責任に帰されるべきものであることはいうまでもない。読者諸賢の忌憚ないご批判をいただければ、と思う。

二〇一一年九月

松浦義弘

リン・ハント(Lynn Hunt)
1945年生まれ．現在，カリフォルニア大学ロサンゼルス校名誉教授．
著書に『なぜ歴史を学ぶのか』(長谷川貴彦訳，岩波書店，2019年)，『グローバル時代の歴史学』(長谷川貴彦訳，岩波書店，2016年)，『フランス革命の政治文化』(松浦義弘訳，平凡社，1989年)，『フランス革命と家族ロマンス』(西川長夫・平野千果子・天野知恵子訳，平凡社，1999年)，編著に『文化の新しい歴史学』(筒井清忠訳，岩波書店，1993年)など多数．

松浦義弘
1952年生まれ．現在，成蹊大学名誉教授．フランス近代史専攻．
著書に『ロベスピエール』(山川出版社，2018年)，『フランス革命とパリの民衆』(山川出版社，2015年)，『フランス革命の社会史』(山川出版社，1997年)，『世界歴史大系　フランス史』2(共著，山川出版社，1996年)，論文に「食糧と政治」(『思想』1043号，2011年)など多数．

人権を創造する　リン・ハント

2011年10月13日　第1刷発行
2022年11月15日　第3刷発行

訳　者　松浦義弘《まつうらよしひろ》

発行者　坂本政謙

発行所　株式会社 岩波書店
〒101-8002 東京都千代田区一ツ橋2-5-5
電話案内 03-5210-4000
https://www.iwanami.co.jp/

印刷・三秀舎　カバー・半七印刷　製本・牧製本

ISBN 978-4-00-023498-6　　Printed in Japan

# 索　引

（人名・組織名・書名）

## サ　行

## タ　行



## ナ　行

## ハ 行

## マ　行



## ヤ　行



## ラ　行

## ワ 行

# 注

## 序　章

(1)　*The Papers of Thomas Jefferson*, ed. Julian P. Boyd, 31 vols.(Princeton: Princeton University Press, 1950– ), vol. 1(1760–1776), esp. p. 423. しかしまた pp. 309–433 も参照.

(2)　D. O. Thomas, ed., *Political Writings / Richard Price*(Cambridge and New York: Cambridge University Press, 1991), p. 195. バークの引用は，インターネットで入手可能な *Reflections on the French Revolution*. vol. XXIV, Part 3. New York: P. F. Collier & Son, 1909–1914; Bartleby.com, 2001. www.bartleby.com/24/3/(2005 年 1 月 21 日閲覧)の第 144 段落からのもの.

(3)　国連教育科学文化機関(ユネスコ)の人権の理論的基礎にかんする委員会 Committee on the Theoretical Bases of Human Rights の指導者のひとり，ジャック・マリタン Jacques Maritain のことばで，Mary Ann Glendon, *A World Made New: Eleanor Roosevelt and the Universal Declaration of Human Rights*(New York: Random House, 2001), p. 77 で引用されている．アメリカ独立宣言にかんしては，Pauline Maier, *American Scripture: Making the Declaration of Independence*(New York: Alfred A. Knopf, 1997), pp. 236–241 を参照.

(4)　アメリカ独立宣言と 1689 年のイギリスの権利の宣言との違いについては，Michael P. Zuckert, *Natural Rights and the New Republicanism*(Princeton: Princeton University Press, 1994), esp. pp. 3–25 を参照.

(5)　ジェファソンの引用は，Andrew A. Lipscomb and Albert E. Bergh, eds., *The Writings of Thomas Jefferson*, 20 vols.(Washington, DC: Thomas Jefferson Memorial Association of the United States, 1903–1904), vol. 3, p. 421 からのもの．わたしは，「人権」という用語をジェファソンがどうもちいているかを，ヴァージニア大学図書館のウェブサイトでたどることができた. http://etext.lib.virginia.edu/jefferson/quotations. 人権という用語の問題につい

ては，もっとなされるべきことがある．オンラインデータベースが発展し，洗練されるにつれて，そのような研究はよりやりやすいものとなるだろう．「人権 human rights」は，イギリスでは18世紀のごく初期から使用されているが，しかしきわめてしばしば，「神と人間の権利 divine and human rights」とか，さらに「神聖な神の権利 divine divine right」対「神聖な人間の権利 divine human right」といったように，宗教とむすびつけて使用されている．後者の表現は，Matthew Tindal, *The Rights of the Christian Church Asserted, against the Romish, and All Other Priests who Claim an Independent Power over It*(London, 1706), p. liv にあらわれ，前者の表現は，たとえば，*A Compleat History of the Whole Proceedings of the Parliament of Great Britain against Dr. Henry Sacheverell*(London, 1710), pp. 84, 87 で使用されている．

(6) 人権という用語は，13世紀から20世紀までの約2000のフランス語テキストのオンラインデータベースである ARTFL のおかげで，フランス語ではきわめて簡単にたどることができる．ARTFL はフランス語で書かれたテキストだけを選んで提供するものであり，しかも文学的テキストをほかのジャンルのテキストより優先している．この資料の説明にかんしては，http://humanities.uchicago.edu/orgs/ARTFL/artfl.flyer.html を参照．Nicolas A. Lenglet-Dufresnoy, *De l'usage des romans, où l'on fait voir leur utilité et leurs différents caractères. Avec une bibliothèque des romans, accompagnée de remarques critiques sur leurs choix et leurs éditions*(Amsterdam: Vve de Poilras, 1734; Geneva: Slatkine Reprints, 1970), p. 245; Voltaire, *Essay sur l'histoire générale et sur les moeurs et l'esprit des nations, depuis Charlemagne jusqu'à nos jours*(Geneva: Cramer, 1756), p. 292. わたしは，ヴォルテール全集の検索可能な CD-ROM である *Voltaire électronique* を調べてみて，「人間の権利 droit humain」が7回(複数形の droits humains はまったくなし)，そのうち4回は『寛容論』のなかで，3回はほかの3つの作品で1回ずつ使用されていることがわかった．ARTFL では，その表現は，Louis-François Ramond, *Lettres de W. Coxe à W. Melmoth*(Paris: Belin, 1781), p. 95 に一度顔を出しているが，しかし文脈からして，それは神の法に対立するものとしての人間の法を意味している．*Voltaire électronique* の検索機能では，ヴォルテールが「人間の権利 droits de l'homme」や「人類の権利 droits de l'humanité」を彼の作品のどこで使用したのかをすばやく確定することが事実上不可能である(ARTFL とはちが

って連続する語句では検索できず，たとえば，同じ作品において何千もの droits や homme の出典個所を提供するだけであろう）．

(7)　ARTFL は，引証として Jacques-Bénigne Bossuet, *Méditations sur L'Evangile*(1704; Paris: Vrin, 1966), p. 484 をあげている．

(8)　ルソーは，「人間の権利」という用語をジャン＝ジャック・ビュルラマキから借用したのかもしれない．というのも，ビュルラマキは，その用語を *Principes du droit naturel par J. J. Burlamaqui, Conseiller d'Etat, & ci-devant Professeur en droit naturel & civil à Genève*(Geneva: Barrillot et fils, 1747), part one, chap. VII, sect. 4("Fondement général des Droits de l'homme")で使用しているからである．それは，ヌージェント Nugent による英訳(London, 1748)では，"rights of man" と訳されている．ルソーは，自然権にかんするビュルラマキの考えを *Discours sur l'origine et les fondements de l'inégalité parmi les hommes, 1755, Oeuvres Complètes*, ed. Bernard Gagnebin and Marcel Raymond, 5 vols.(Paris: Gallimard, 1959–1995), vol. 3(1966), p. 124〔本田喜代治・平岡昇訳『人間不平等起原論』岩波文庫，1972 年〕で論じている．『マンコ』にかんする報告は，*Mémoires secrets pour servir à l'histoire de la République des lettres en France, depuis MDCCLXII jusqu'à nos jours*, 36 vols.(London: J. Adamson, 1784–1789), vol. 1, p. 230 からのもの．この『秘密報告』は 1762 年から 1787 年までにわたるものであった．ひとりの作家(ルイ・プチ・ドゥ・バショモン Louis Petit de Bachaumont は 1771 年に死んだ)ではなく，おそらく数人の手になる作品である『報告』は，書物，パンフレット，演劇，音楽演奏，美術展，そしてセンセーショナルな裁判事件にかんする論評を含んでいた．Jeremy D. Popkin and Bernadette Fort, *The Mémoires secrets and the Culture of Publicity in Eighteenth-Century France*(Oxford: Voltaire Foundation, 1998); Louis A. Olivier, "Bachaumont the Chronicler: A Questionable Renown", in *Studies on Voltaire and the Eighteenth Century*, vol. 143 (Voltaire Foundation: Banbury, Oxford, 1975), pp. 161–179 を参照．それらの巻は，取り扱うと主張された時期以後に出版されたから，「人間の権利」の使用が 1763 年までにその書き手が推論するほどありふれたものだったかどうか，わたしたちは全面的に確信できない．第 1 幕第 2 場で，マンコは朗唱する．「〔われわれは〕彼らのように森で生まれたが，すぐに自分自身を知り／われわれ人間の資格や権利を要求した／われわれは彼らの驚い

た心に思い出させた／あまりにも長いあいだ冒瀆されてきたこの資格とこれらの権利の双方を」．Antoine Le Blanc de Guillet, *Manco-Capac, Premier Ynca du Pérou, Tragédie, Représentée pour la premiere fois par les Comédiens François ordinaires du Roi, le 12 Juin 1763*（Paris: Belin, 1782）, p. 4 を参照．

（9）「人間の権利 rights of man」は，William Blackstone, *Commentaries on the Laws of England*, 4 vols.（Oxford, 1765–1769）, vol. 1（1765）, p. 121 に一度でてくる．わたしが見いだした英語での最初の使用は，John Perceval, Earl of Egmont, *A Full and Fair Discussion of the Pretensions of the Dissenters, to the Repeal of the Sacramental Test*（London, 1733）, p. 14 にみられる．それはまた，1773 年の「韻文体の書簡」である *The Dying Negro* や，奴隷制廃止論の指導者による初期の小冊子 Granville Sharp, *A Declaration of the People's Natural Right to a Share in the Legislature . . .*（London, 1774）, p. xxv にもでてくる．わたしは，これらの使用例を Thomson Gale, Eighteenth-Century Collections Online のオンライン・サーヴィスを利用して見つけた．この検索を助けてくれたジーナ・ギブス＝ボイヤー Jenna Gibbs-Boyer に感謝する．コンドルセからの引用は，Condorcet, *Oeuvres complètes de Condorcet*, ed. by Marie Louise Sophie de Grouchy, marquise de Condorcet, 21 vols.（Brunswick: Vieweg; Paris: Henrichs, 1804）, vol. XI, pp. 240–242, 251, 249 からのもの．シエイエスは，「人間の権利 droits de l'homme」という用語をたった一度だけもちいた．「その［第三身分の］要求を，人間の権利について多かれ少なかれ知っている何人かの作家の孤立した観察から判断すべきではない」と．Emmanuel Sieyès, *Qu'est-ce que le tiers état ?*（1789; Paris: E. Champion, 1888）, p. 36〔稲本洋之助・伊藤洋一・川出良枝・松本英実訳『第三身分とは何か』岩波文庫，2011 年〕．トマス・ジェファソンは，1789 年 1 月 12 日付けのパリからジェイムズ・マディソンに宛てた手紙において，ラファイエットの宣言の草稿をマディソンにおくった．その第 2 段落は，「人間の権利は，人間の財産，自由，名誉，生命を保障する」という文言ではじまっていた．*Jefferson Papers*, vol. 14, p. 438. コンドルセの草稿は，1789 年 5 月 5 日の全国三部会の開会にすこし先立つ時期のものである．Iain McLean and Fiona Hewitt, *Condorcet: Foundations of Social Choice and Political Theory*（Aldershot, Hants: Edward Elgar, 1994）, p. 57.「人間の権利」という表現をもちいているが，しかしタイトルにはないコンドルセの「権利の」宣言の草稿にかんしては，

pp. 255–270 を参照．宣言にかんする多様な案のテキストについては，Antoine de Baecque, ed., *L'An I des droits de l'homme*(Paris: Presses du CNRS, 1988)を参照．

(10) Blackstone, *Commentaries on the Laws of England*, vol. 1, p. 121; P. H. d'Holbach, *Système de la Nature*(1770; London, 1771), p. 336〔高橋安光・鶴野陵訳『自然の体系』全 2 冊，法政大学出版局，1999–2001 年〕; H. Comte de Mirabeau, *Lettres écrites du donjon*(1780; Paris, 1792), p. 41.

(11) Lynn Hunt, ed., *The French Revolution and Human Rights: A Brief Documentary History*(Boston: Bedford Books / St. Martin's Press, 1996), p. 46 で引用されている．

(12) Denis Diderot and Jean Le Rond d'Alembert, eds., *Encyclopédie ou Dictionnaire raisonné des sciences, des arts et des métiers*, 17 vols.(Paris, 1751–1780), vol. 5(1755), pp. 115–116. この巻には，「生得の権利／自然法 Droit Naturel」にかんする 2 つのことなる論考がふくまれている．最初の論考は「(道徳上の)生得の権利 Droit Naturel(Morale)」というタイトルがつけられ，ディドロを特徴づける編集上の星印(彼が著者であることをしめしている)ではじまっている(pp. 115–116)．それにたいして第 2 の論考は「自然の法，あるいは自然法 Droit de la nature, ou Droit naturel」と題され，「A」(Antoine-Gaspard Boucher d'Argis)とサインされている(pp. 131–134)．著者の情報については，John Lough, "The Contributors to the *Encyclopédie*", in Richard N. Schwab and Walter E. Rex, *Inventory of Diderot's Encyclopédie*, vol. 7: *Inventory of the Plates, with a Study of the Contributors to the Encyclopédie by John Lough*(Oxford: Voltaire Foundation, 1984), pp. 483–564 を参照．ブシェ・ダルジスによる第 2 の論考は，自然法という概念の歴史からなり，ビュルラマキの 1747 年の論文『自然法の原理』に主として依拠している．

(13) Burlamaqui, *Principes du droit naturel*, p. 29(強調はビュルラマキによるもの)．

(14) J. B. Schneewind, *The Invention of Autonomy: A History of Modern Moral Philosophy*(Cambridge: Cambridge University Press, 1998), p. 4. 自律性は，18 世紀なかばにいたるまで自然法理論に欠けていた決定的な要素であるようにみえる．ホーコンセンが主張するように，「17・18 世紀のおおくの自然法学者によれば，道徳的行為主体とは，自然法に服し，自然法によって課

された義務を遂行するものであり，他方，権利は派生的なものであり，義務の遂行のためのたんなる手段であった」．Knud Haakonssen, *Natural Law and Moral Philosophy: From Grotius to the Scottish Enlightenment*（Cambridge: Cambridge University Press, 1996), p. 6 を参照．この点で，1760 年代と 1770 年代にアメリカ人に多大な影響をあたえたビュルラマキは，おそらく重要な変化を画している．ビュルラマキは，人間は上級の権力に服しているが，しかしこの権力は，人間の内面の自然＝本性と一致していなくてはならない，と強調していたからである．「法が人間の行動を規制するためには，法は人間の自然と性質に完全に一致し，最終的に人間の幸福につながらなければならない．幸福こそ，人間が理性によってかならず捜し出そうとするものだからである」と．Burlamaqui, *Principes*, p. 89 を参照．人権にとっての自律性の一般的重要性にかんしては，Charles Taylor, *Sources of the Self: The Making of Modern Identity*（Cambridge, MA: Harvard University Press, 1989), esp. p. 12〔下川潔・桜井徹・田中智彦訳『自我の源泉——近代的アイデンティティの形成』名古屋大学出版会，2010 年〕を参照．

(15) わたしは，ARTFL で「拷問 torture」という用語を追跡した．マリヴォー の文章は，*Le Spectateur français*（1724) in Frédéric Deloffre and Michel Gilet, eds., *Journaux et oeuvres diverses*（Paris: Garnier, 1969), p. 114 に由来する．Montesquieu, *The Spirit of the Laws*, trans. and ed. Anne M. Cohler, Basia Carolyn Miller, and Harold Samuel Stone（Cambridge: Cambridge University Press, 1989), pp. 92–93〔野田良之・稲本洋之助・上原行雄・田中治男・三辺博之・横田地弘訳『法の精神』全 3 冊，岩波文庫，1989 年〕.

(16) わたしの見解は，ミシェル・フーコーによって詳論された見解よりもはるかに楽観的なものであることは明白だ．フーコーは，心理的な深層よりもむしろその表層を強調し，身体にかんする新しい見解を自由よりもむしろ規律の出現とむすびつけているからである．たとえば，Michel Foucault, *Discipline and Punish: The Birth of the Prison*, trans. Alan Sheridan（New York: Vintage, 1979)〔田村俶訳『監獄の誕生——監視と処罰』新潮社，1977 年〕を参照．

(17) Benedict Anderson, *Imagined Communities: Reflections on the Origin and Spread of Nationalism*（London: Verso, 1983), esp. pp. 25–36.〔白石隆・白石さや訳『定本　想像の共同体——ナショナリズムの起源と流行』書籍工房早

山，2007 年〕

(18) Leslie Brothers, *Friday's Footprint: How Society Shapes the Human Mind*(New York: Oxford University Press, 1997); Kai Vogeley, Martin Kurthen, Peter Falkai, and Walfgang Maier, "Essential Functions of the Human Self Model Are Implemented in the Prefrontal Cortex", *Consciousness and Cognition*, 8(1999): 343–363.

## 第 1 章

(1) François-Marie Arouet de Voltaire to Marie de Vichy de Chamrond, marquise du Deffand, March 6, 1761, in *Correspondance complète de Jean Jacques Rousseau*, ed. R. A. Leigh, 52 vols.(Geneva: Institut et Musée Voltaire, 1965–1998), vol. 8(1969), p. 222; Jean Le Rond d'Alembert to Rousseau, Paris, February 10, 1761, in *Correspondance complète de Jean Jacques Rousseau*, vol. 8, p. 76. この段落とつぎの段落で引用されている読者の反応にかんしては，Daniel Mornet, *J.-J. Rousseau: La Nouvelle Héloïse*, 4 vols.(Paris: Hachette, 1925), vol. 1, pp. 246–249 を参照.

(2) 英語の翻訳にかんしては，Jean-Jacques Rousseau, *La Nouvelle Héloïse*, trans. Judith H. McDowell(University Park, PA: Pennsylvania State University Press, 1968), p. 2 を参照．フランス語版については，Jo-Ann E. McEachern, *Bibliography of the Writings of Jean Jacques Rousseau to 1800*, vol. 1: *Julie, ou la Nouvelle Héloïse*(Oxford: Voltaire Foundation, Taylor Institution, 1993), pp. 769–775 を参照.

(3) Alexis de Tocqueville, *L'Ancien Régime et la Révolution*, ed. J. P. Mayer(1856; Paris: Gallimard, 1964), p. 286〔小山勉訳『旧体制と大革命』ちくま学芸文庫，1998 年〕. オリヴィエ・ザンツ Olivier Zunz は，親切にもわたしにこの出典をしめしてくれた.

(4) Jean Decety and Philip L. Jackson, "The Functional Architecture of Human Empathy", *Behavioral and Cognitive Neuroscience Reviews*, 3(2004): 71–100, esp. p. 91.

(5) フランス小説の展開全般にかんしては，Jacques Rustin, *Le Vice à la mode: Etude sur le roman français du XVIIIe siècle de Manon Lescaut à l'apparition de La Nouvelle Héloïse (1731–1761)*(Paris: Ophrys, 1979), p. 20 を参照．フランスの

新しい小説の刊行にかんする数値は，Angus Martin, Vivienne G. Mylne, and Richard Frautschi, *Bibliographie du genre romanesque français, 1751–1800*(London: Mansell, 1977)からまとめた．イギリスの小説にかんしては，以下を参照．James Raven, *British Fiction 1750–1770*(Newark, DE: University of Delaware Press, 1987), pp. 8–9; James Raven, "Historical Introduction: The Novel Comes of Age", in Peter Garside, James Raven, and Rainer Schöwerling, eds., *The English Novel, 1770–1829: A Bibliographical Survey of Prose Fiction Published in the British Isles*(London and New York: Oxford University Press, 2000), pp. 15–121, esp. pp. 26–32. レイヴンは，全小説にしめる書簡体小説の割合は，1770年代には44% だったが，1790年代には18% に低下したことをしめしている．

(6) ここは，網羅的な作品リストを提供する場ではない．わたしにもっとも影響をあたえた作品は，Benedict Anderson, *Imagined Communities: Reflections on the Origin and Spread of Nationalism*(London: Verso, 1983)であった〔前掲『定本　想像の共同体』〕．

(7) [abbé Marquet], *Lettre sur Pamela*(London, 1742), pp. 3, 4.

(8) わたしは，原著の句読点をそのままにした．*Pamela: or, Virtue Rewarded. In a Series of Familiar Letters from a Beautiful Young Damsel to her Parents: In four volumes. The sixth edition; corrected. By the late Mr. Sam. Richardson*(London: William Otridge, 1772), vol. 1, pp. 22–23.〔海老池俊治訳『筑摩世界文学大系21　リチャードソン　スターン』所収，筑摩書房，1972念.『クラリッサ』の邦訳は出版されていないが，渡辺洋氏がウェブ上で公開されている．http://yorific.cll.hokudai.ac.jp/〕

(9) エアロン・ヒルからサミュエル・リチャードソンへの1740年12月17日の手紙．ヒルは，疑いもなく作者はリチャードソン自身だと気づいて，作者の名前をあきらかにするようにリチャードソンにもとめている．Anna Laetitia Barbauld, ed., *The Correspondence of Samuel Richardson, Author of Pamela, Clarissa, and Sir Charles Grandison. Selected from the Original Manuscripts* . . . , 6 vols.(London: Richard Phillips, 1804), vol. I, pp. 54–55を参照．

(10) T. C. Duncan Eaves and Ben D. Kimpel, *Samuel Richardson: A Biography*(Oxford: Clarendon Press, 1971), pp. 124–141.

(11) 1749年1月11日付けのブラッドシャイの手紙は，Eaves and Kimpel,

*Samuel Richardson*, p. 224 で引用されている．1749 年 1 月 26 日のエドワーズの手紙は，Barbauld, ed., *Correspondence of Samuel Richardson*, vol. III, p. 1.

(12) フランス人の個人蔵書にかんしては，François Jost, “Le Roman épistolaire et la technique narrative au XVIIIe siècle”, *Comparative Literature Studies*, 3 (1966): 397–427, esp. pp. 401–402 を参照．これは，1910 年以後のダニエル・モルネによる研究に依拠している．時事通信（フランス文化の最新の展開を追跡したいと願う外国の支配者のためにフランスの知識人によって書かれたもの）の反応にかんしては，*Correspondance littéraire, philosophique et critique par Grimm, Diderot, Raynal, Meister, etc., revue sur les textes originaux, comprenant outre ce qui a été publié à diverses époques les fragments supprimés en 1813 par la censure, les parties inédites conservées à la Bibliothèque ducale de Gotha et à l'Arsenal à Paris*, 16 vols.（Paris: Garnier, 1877–1882; Nendeln, Lichtenstein: Kraus, 1968）, pp. 25, 248（1751 年 1 月 25 日 と 1753 年 6 月 15 日）を 参 照．ギヨーム・トマ・レイナル師 Abbé Guillaume Thomas Raynal が最初のものの作者で，フリードリヒ・メルヒオール・グリム Friedrich Melchior Grimm が第 2 のものを書いた可能性がきわめて高い．

(13) リチャードソンは，ルソーの賛辞に返答しなかった．彼は，『ジュリ』を読むのは不可能だとわかったと断言した（とはいえ彼は，フランスで『ジュリ』が出版された年にじつは死んだのだが）．ルソーの引用とリチャードソンの『ジュリ』への反応にかんしては，Eaves and Kimpel, *Samuel Richardson*, p. 605 を 参 照．Claude Perroud, ed., *Lettres de Madame Roland*, vol. 2（1788–1793）（Paris: Imprimerie Nationale, 1902）, pp. 43–49, esp. p. 48.

(14) Robert Darnton, *The Great Cat Massacre and Other Episodes in French Cultural History*（New York: W. W. Norton, 1984）, quote p. 243〔海保眞夫・鷲見洋一訳『猫の大虐殺』岩波現代文庫，2007 年〕; Claude Labrosse, *Lire au XVIIIe siècle: la Nouvelle Héloïse et ses lecteurs*（Lyon: Presses Universitaires de Lyon, 1985）, quote p. 96.

(15) 書簡体小説にかんする著作についての最近の論評にかんしては，Elizabeth Heckendorn Cook, *Epistolary Bodies: Gender and Genre in the Eighteenth-Century Republic of Letters*（Stanford: Stanford University Press, 1996）を参照．このジャンルの起源にかんしては，Jost, “Le Roman épistolaire” を

参照.

(16) W. S. Lewis, ed., *The Yale Edition of Horace Walpole's Correspondence*, vol. 22 (New Haven, 1960), p. 271(1764年12月20日のサー・ホーラス・マン Sir Horace Mann への手紙); *Remarks on Clarissa, Addressed to the Author. Occasioned by some critical Conversations on the Characters and Conduct of that Work. With Some Reflections on the Character and Behaviour of Prior's Emma*(London, 1749), pp. 8, 51.

(17) *Gentleman's Magazine*, 19(June 1749), pp. 245–246, and 19(August 1749), pp. 345–349, quotes on pp. 245, 346.

(18) N. A. Lenglet-Dufresnoy, *De l'usage des romans, où l'on fait voir leur utilité et leurs différents caractères*, 2 vols.(1734; Geneva: Slatkine Reprints, 1979), quotes pp. 13, 92 [vol. 1: 8 and 325 in original]. 20年後, ラングレ＝デュフレノワは, ディドロの『百科全書』にかんして他の啓蒙運動家と協力するように誘われた.

(19) Armand-Pierre Jacquin, *Entretiens sur les romans*(1755; Geneva: Slatkine Reprints, 1970), quotes pp. 225, 237, 305, 169, 101. 小説批判の文献は, Daniel Mornet, *J.-J. Rousseau: La Nouvelle Héloïse*, 4 vols.(Paris: Hachette, 1925), vol. 1 で論じられている.

(20) Richard C. Taylor, "James Harrison, 'The Novelist's Magazine', and the Early Canonizing of the English Novel", *Studies in English Literature, 1500–1900*, 33(1993): 629–643, quote p. 633; John Tinnon Taylor, *Early Opposition to the English Novel: The Popular Reaction from 1760 to 1830*(New York: King's Crown Press, 1943), p. 52.

(21) Samuel-Auguste Tissot, *L'Onanisme*(1774; Latin edn., 1758; Paris: Editions de la Différence, 1991), esp. pp. 22, 166–167; Taylor, *Early Opposition*, p. 61.

(22) Gary Kelly, "Unbecoming a Heroine: Novel Reading, Romanticism, and Barrett's *The Heroine*", *Nineteenth-Century Literature*, 45(1990): 220–241, quote p. 222.

(23) (London: Printed for C. Rivington, in St. Paul's Church-Yard; and J. Osborn [etc.], 1741).

(24) Jean-Jacques Rousseau, *Julie, or The New Heloise*, trans. Philip Stewart and Jean Vaché, vol. 6 of Roger D. Masters and Christopher Kelly, eds., *The Collected*

*Writings of Rousseau*（Hanover, NH: University Press of New England, 1997）, quotes pp. 3, 15.〔安士正夫訳『新エロイーズ』全4冊，岩波文庫，1960–1961年〕

（25） "Eloge de Richardson", *Journal étranger*, 8（1762; Geneva: Slatkine Reprints, 1968）: 7–16, quotes pp. 8–9. このテキストにかんするもっと詳細な分析は，Roger Chartier, "Richardson, Diderot et la lectrice impatiente", *MLN*, 114（1999）: 647–666を参照．ディドロがリチャードソンをいつ最初に読んだのかは知られていない．ディドロの書簡における彼への言及は，1758年に出現しはじめるだけである．グリムは，書簡でリチャードソンにはやくも1753年に言及した．June S. Siegel, "Diderot and Richardson: Manuscripts, Missives, and Mysteries", *Diderot Studies*, 18（1975）: 145–167を参照．

（26） "Eloge", pp. 8, 9.

（27） *Ibid.*, p. 9.

（28） Henry Home, Lord Kames, *Elements of Criticism*, 3rd edn., 2 vols.（Edinburgh: A. Kincaid & J. Bell, 1765）, vol I, pp. 80, 82, 85, 92. また，Mark Salber Phillips, *Society and Sentiment: Genres of Historical Writing in Britain, 1740–1820*（Princeton: Princeton University Press, 2000）, pp. 109–110も参照．

（29） Julian P. Boyd, ed., *The Papers of Thomas Jefferson*, 31 vols.（Princeton: Princeton University Press, 1950– ）, vol. 1, pp. 76–81.

（30） ジャン・スタロバンスキーは，小説の主人公との同一視にかんするこの論争は演劇にも同様にあてはまることを例証しているが，しかしリチャードソンにかんするディドロの分析は，そのような同一視にたいする新しい態度の発達において重要な転換点であると論じている．Jean Starobinski, "'Se mettre à la place': la mutation de la critique de l'âge classique à Diderot", *Cahiers Vilfredo Pareto*, 14（1976）: 364–378を参照．

（31） この点については，とくにMichael McKeon, *The Origins of the English Novel, 1600–1740*（Baltimore: Johns Hopkins University Press, 1987）, p. 128を参照．

（32） Andrew Burstein, *The Inner Jefferson: Portrait of a Grieving Optimist*（Charlottesville, VA: University of Virginia Press, 1995）, p. 54; J. P. Brissot de Warville, *Mémoires (1754–1793); publiés avec étude critique et notes par Cl. Perroud*（Paris: Picard, n.d.）, vol. 1, pp. 354–355.

(33) Immanuel Kant, "An Answer to the Question: What is Enlightenment?" in *What Is Enlightenment? Eighteenth-Century Answers and Twentieth-Century Questions*, ed. James Schmidt (Berkeley: University of California Press, 1996), pp. 58–64, quote p. 58〔篠田英雄訳『啓蒙とは何か』岩波文庫，1974年〕. 自律にかんする年表を正確にしめすのは容易ではない．歴史家の多くは，個人の意思決定の機会は，西洋世界では16世紀から20世紀にかけて一般に拡大したということに——どのようにして，なぜそうなったのかについては意見が分かれるにしても——同意している．数え切れないほどの著書と論文が，哲学的・社会的理論としての個人主義の歴史について，キリスト教，プロテスタントの意識，資本主義，近代，そしてもっと一般的に西洋の諸価値と個人主義との関連について書かれてきた．Michael Carrithers, Steven Collins, and Steven Lukes, eds., *The Category of the Person: Anthropology, Philosophy, History* (Cambridge: Cambridge University Press, 1985)〔厚東洋輔・中島道男・中村牧子訳『人というカテゴリー』紀伊国屋書店，1995年〕を参照．文献にかんする簡単な論評は，Michael Mascuch, *Origins of the Individualist Self: Autobiography and Self-Identity in England, 1591–1791* (Stanford: Stanford University Press, 1996), pp. 13–24にみられる．これらの展開を人権に関連づけている数少ない文献のひとつは，Charles Taylor, *Sources of the Self: The Making of Modern Identity* (Cambridge, MA: Harvard University Press, 1989)〔前掲『自我の源泉』〕である．

(34) Jay Fliegelman, *Prodigals and Pilgrims: The American Revolution Against Patriarchal Authority, 1750–1800* (Cambridge: Cambridge University Press, 1982), p. 15で引用されている．

(35) Jean-Jacques Rousseau, *Émile, ou l'Éducation*, 4 vols. (The Hague: Jean Néaume, 1762), vol. I, pp. 2–4〔今野一雄訳『エミール』全3冊，岩波文庫，1962–1964年〕; Richard Price, *Observations on The Nature of Civil Liberty, the Principles of Government, and the Justice and Policy of the War with America to which is added, An Appendix and Postscript, containing, A State of the National Debt, An Estimate of the Money drawn from the Public by the Taxes, and An Account of the National Income and Expenditure since the last War*, 9th edn. (London: Edward & Charles Dilly and Thomas Cadell, 1776), pp. 5–6〔永井義雄訳『市民的自由』未来社，1963年〕.

(36) Lynn Hunt, *The Family Romance of the French Revolution*(Berkeley: University of California Press, 1992), pp. 40–41.〔西川長夫・平野千果子・天野知恵子訳『フランス革命と家族ロマンス』平凡社，1999 年〕

(37) Fliegelman, *Prodigals and Pilgrims*, pp. 39, 67.

(38) Lawrence Stone, *The Family, Sex and Marriage in England 1500–1800* (London: Weidenfeld & Nicolson, 1977)〔北本正章訳『家族・性・結婚の社会史――1500 年–1800 年のイギリス』勁草書房，1991 年〕. 産着，離乳，用便のしつけにかんしては，Randolph Trumbach, *The Rise of the Egalitarian Family: Aristocratic Kinship and Domestic Relations in Eighteenth-Century England* (New York: Academic Press, 1978), pp. 197–229 を参照.

(39) Sybil Wolfram, "Divorce in England 1700–1857", *Oxford Journal of Legal Studies*, 5(Summer 1985): 155–186; Roderick Phillips, *Putting Asunder: A History of Divorce in Western Society*(Cambridge: Cambridge University Press, 1988), p. 257; Nancy F. Cott, "Divorce and the Changing Status of Women in Eighteenth-Century Massachusetts", *William and Mary Quarterly*, 3rd ser., vol. 33, no. 4 (October 1976): 586–614.

(40) Frank L. Dewey, "Thomas Jefferson's Notes on Divorce", *William and Mary Quarterly*, 3rd ser., vol. 39, no. 1, *The Family in Early American History and Culture*(January 1982): 212–223, quotes pp. 219, 217, 216.

(41) 「共感 empathy」は，美学と心理学における用語として 20 世紀初頭にはじめて英語に入った．ドイツ語の「感情移入 Einfühlung」の翻訳であるこの用語は，「自分の人格を観照の対象に投影し(そして完全に理解する)力」と定義された．http://dictionary.oed.com/cgi/entry/00074155? を参照.

(42) Francis Hutcheson, *A Short Introduction to Moral Philosophy, in Three Books; Containing the Elements of Ethicks and the Law of Nature*, 1747; 2nd edn. (Glasgow: Robert & Andrew Foulis, 1753), pp. 12–16.〔田中秀夫・津田耕一訳『道徳哲学序説』京都大学学術出版会，2009 年〕

(43) Adam Smith, *The Theory of Moral Sentiments*, 3rd edn.(London, 1767), p. 2.〔水田洋訳『道徳感情論』上・下，岩波文庫，2003 年〕

(44) Burstein, *The Inner Jefferson*, p. 54.『同情の力 *The Power of Sympathy*』は，ウィリアム・ヒル・ブラウン William Hill Brown によって書かれた．Anne C. Vila, "Beyond Sympathy: Vapors, Melancholia, and the Pathologies of

Sensibility in Tissot and Rousseau", *Yale French Studies*, no. 92, *Exploring the Conversible World: Text and Sociability from the Classical Age to the Enlightenment* (1997): 88–101.

(45) エクイアーノの素性——彼は自ら主張したようにアフリカ生まれだったのか，あるいは合衆国生まれだったのか——にかんしては多くの論争がなされてきたが，しかしこれは，ここでのわたしの論点とは関係がない．もっとも最近の議論にかんしては，Vincent Carretta, *Equiano, the African: Biography of a Self-Made Man* (Athens, GA: University of Georgia Press, 2005) を参照．

(46) Abbé Sieyès, *Préliminaire de la constitution française* (Paris: Baudoin, 1789).

(47) H. A. Washington, ed., *The Writings of Thomas Jefferson*, 9 vols. (New York: John C. Riker, 1853–1857), vol. 7 (1857), pp. 101–103. ウルストンクラフトにかんしては，Phillips, *Society and Sentiment*, p. 114, また，とくに Janet Todd, ed., *The Collected Letters of Mary Wollstonecraft* (London: Allen Lane, 2003), pp. 34, 114, 121, 228, 253, 313, 342, 359, 364, 402, 404 を参照．

(48) *The Writings of Thomas Jefferson*, ed. Andrew A. Lipscomb and Albert E. Bergh, 20 vols. (Washington, DC: Thomas Jefferson Memorial Association of the United States, 1903–1904), vol. 10, p. 324.

## 第2章

(1) カラス事件にかんする最良の概観は，いぜんとして，David D. Bien, *The Calas Affair: Persecution, Toleration, and Heresy in Eighteenth-Century Toulouse* (Princeton: Princeton University Press, 1960). カラスの拷問は，Charles Berriat-Saint-Prix, *Des Tribunaux et de la procédure du grand criminel au XVIIIe siècle jusqu'en 1789 avec des recherches sur la question ou torture* (Paris: Auguste Aubry, 1859), pp. 93–96 で記述されている．刑車に縛りつけての死刑にかんするわたしの叙述は，パリでのこの処刑の目撃証人の報告にもとづいている．James St. John, Esq., *Letters from France to a Gentleman in the South of Ireland: Containing Various Subjects Interesting to both Nations. Written in 1787*, 2 vols. (Dublin: P. Byrne, 1788), vol. II: Letter of July 23, 1787, pp. 10–16 を参照．

(2) ヴォルテールは，1762年8月に21ページのパンフレット『エリザベス・カニングとカラス家の歴史 *Histoire d'Elisabeth Canning et des Calas*』を刊

行した．彼は，イギリスの司法がフランスよりもすぐれたかたちで機能していることをしめすためにエリザベス・カニング事件を利用しているが，しかしパンフレットの大部分は，カラス事件に当てられている．宗教的不寛容という観点からヴォルテールがカラス事件をとらえたことは，『ジャン・カラスの死にさいしての寛容論 *Traité sur la tolérance à l'occasion de la mort de Jean Calas*』(1763年)〔中川信訳『寛容論』中公文庫，2011年〕にもっとも明瞭にみることができる．本文の引用は，Jacques van den Heuvel, ed., *Mélanges / Voltaire*(Paris: Gallimard, 1961), p. 583からとられている．

(3) ヴォルテールにおける拷問とカラスとのむすびつけは，*Voltaire électronique*, CD-ROM, ed. Ulla Kölving(Alexandria, VA: Chadwyck-Healey; Oxford: Voltaire Foundation, 1998)で追跡することができる．拷問にかんする1766年の非難は，*An Essay on Crimes and Punishments, Translated from the Italian, with a Commentary Attributed to Mons. De Voltaire, Translated from the French*, 4th edn.(London: F. Newberry, 1775), pp. xli–xliiにみられる．『哲学辞典』の「拷問」にかんする項目にかんしては，Theodore Besterman, et al., eds., *Les Oeuvres complètes de Voltaire*, 135 vols.(1968–2003), vol. 36, ed. Ulla Kölving (Oxford: Voltaire Foundation, 1994), pp. 572–573を参照．ヴォルテールは，1778年の著作『裁判と人間性の価値 *Prix de la justice et de l'humanité*』ではじめて拷問を現実に廃止することを主張した．Franco Venturi, ed., *Cesare Beccaria, Dei Delitti e delle pene, con une raccolta di lettere e documenti relativi alla nascita dell'opera e alla sua fortuna nell'Europa del Settecento*(Turin: Giulio Einaudi, 1970), pp. 493–495を参照．

(4) J. D. E. Preuss, *Friedrich der Grosse: eine Lebensgeschichte*, 9 vols.(Osnabrück, West Germany: Biblio Verlag, 1981; reprint of 1832 Berlin edn.), vol. I, pp. 140–141. フランスの王令は，経験的に必要だとなれば，予審を復活させる可能性をのこしていた．しかもこれは，高等法院の権威を低下させるための王権側の努力にかかわる多くの王令のひとつだった．その王令を「親裁座 lit de justice」で登録させたのち，ルイ16世は，1788年9月にこれらすべての王令の実施を中断した．その結果として拷問は，国民議会が1789年10月8日に廃止するまで，最終的には廃止されなかったのである．Berriat-Saint-Prix, *Des Tribunaux*, p. 55; David Yale Jacobson, "The Politics of Criminal Law Reform in Pre-Revolutionary France", PhD diss., Brown Univer-

sity, 1976, pp. 367–429 を参照．拷問廃止の王令のテキストにかんしては，Athanase Jean Léger, et al., eds., *Recueil général des anciennes lois françaises depuis l'an 420 jusqu'à la Révolution de 1789*, 29 vols.（Paris: Plon, 1824–1857），vol. 26（1824），pp. 373–375, and vol. 28（1824），pp. 526–532 を参照．Benjamin Rush, *An Enquiry into the Effects of Public Punishments upon Criminals, and Upon Society. Read in the Society for Promoting Political Enquiries, Convened at the House of His Excellency Benjamin Franklin, Esquire, in Philadelphia, March 9th, 1787*（Philadelphia: Joseph James, 1787），in *Reform of Criminal Law in Pennsylvania: Selected Enquiries, 1787–1810*（New York: Arno Press, 1972），with original page numbering, quote p. 7.

（5） ヨーロッパにおける拷問の導入と廃止の概要にかんしては，Edward Peters, *Torture*（Philadelphia: University of Pennsylvania Press, 1985）を参照．拷問は，スイスのいくつかの州では 19 世紀なかばまで廃止されなかったが，その実施（少なくとも法的に承認されたかたちでの）は，フランス革命とナポレオン戦争の過程でヨーロッパではほとんど消滅した．たとえば，ナポレオンは，1808 年にスペインで拷問を廃止し，それは二度と復活することがなかった．陪審員の発達の歴史にかんしては，Sir James Fitzjames Stephen, *A History of the Criminal Law of England*, 3 vols.（1883; Chippenham, Wilts: Routledge, 1996），vol. 1, pp. 250–254 を参照．魔女裁判と拷問の使用にかんしては，Alan Macfarlane, *Witchcraft in Tudor and Stuart England: A Regional and Comparative Study*（London: Routledge & Kegan Paul, 1970），pp. 139–140; Christina A. Larner, *Enemies of God: The Witch-hunt in Scotland*（London: Chatto & Windus, 1981），p. 109 を参照．ラーナーが指摘しているように，スコットランドとイングランドの裁判官からたえず魔女裁判での拷問の廃止をもとめる指令があったことは，拷問がいぜんとして争点であったことをしめしている．James Heath, *Torture and English Law: An Administrative and Legal History from the Plantagenets to the Stuarts*（Westport, CT: Greenwood Press, 1982），p. 179 は，16・17 世紀における拷問台の使用についての言及をいくつか列挙しているが，しかしこれは，コモンローでは認められていなかった．また，Kathryn Preyer, "Penal Measures in the American Colonies: An Overview", *American Journal of Legal History*, 26（October 1982）: 326–353, esp. p. 333 を参照．

(6) 処罰の一般的方法にかんしては，J. A. Sharpe, *Judicial Punishment in England*(London: Faber & Faber, 1990)を参照．さらし台での処罰は，犯罪者の耳を切断したり，さらし台に釘で固定することをともなうことがあった(p. 21)．さらし枷は，犯罪者の足を拘束するための木製の装置だった．さらし台は，犯罪者の頭と手を2枚の板にはさみこんで立たせる装置だった．Leon Radzinowicz, *A History of English Criminal Law and Its Administration from 1750*, 4 vols.(London: Stevens & Sons, 1948), vol. I, pp. 3–5, 165–227を参照．いまきわめてさかんに研究されているこの分野の最近の概観にかんしては，Joanna Innes and John Styles, "The Crime Wave: Recent Writing on Crime and Criminal Justice in Eighteenth-Century England", *Journal of British Studies*, 25(October 1986): 380–435を参照．

(7) Linda Kealey, "Patterns of Punishment: Massachusetts in the Eighteenth Century", *American Journal of Legal History*, 30(April 1986): 163–186, quote p. 172; William M. Wiecek, "The Statutory Law of Slavery and Race in the Thirteen Mainland Colonies of British America", *William and Mary Quarterly*, 3rd ser., vol. 34, no. 2(April 1977): 258–280, esp. pp. 274–275.

(8) Richard Mowery Andrews, *Law, Magistracy, and Crime in Old Regime Paris, 1735–1789*, vol. 1: *The System of Criminal Justice*(Cambridge: Cambridge University Press, 1994), esp. pp. 385, 387–388.

(9) Benoît Garnot, *Justice et société en France aux XVIe, XVIIe et XVIIIe siècles*(Paris: Ophrys, 2000), p. 186.

(10) ロミリーは，Randall McGowen, "The Body and Punishment in Eighteenth-Century England", *Journal of Modern History*, 59(1987): 651–679, p. 668で引用されている．ベッカリーアの有名な文章は，*Crimes and Punishments*, p. 2〔風早八十二・風早二葉訳『犯罪と刑罰』岩波文庫，1959年．小谷眞男訳『犯罪と刑罰』東京大学出版会，2011年〕にみられる．ジェレミー・ベンサムは，ベッカリーアのモットーを彼の功利主義理論の基礎と考えた．彼にとってベッカリーアは，「わたしの師匠，理性の最初の伝道者」にほかならなかった．以下を参照．Leon Radzinowicz, "Cesare Beccaria and the English System of Criminal Justice: A Reciprocal Relationship", in *Atti del convegno internazionale su Cesare Beccari promosso dall'Accademia delle Scienze di Torino nel secondo centenario dell'opera "Dei delitti e delle pene"*, Turin, October 4–6,

1964(Turin: Accademia delle Scienze, 1966), pp. 57–66, quote p. 57. フランスやヨーロッパの他の地域でのベッカリーアの受容にかんしては，Venturi, ed., *Cesare Beccaria*, esp. pp. 312–324 に収録された手紙を参照．ヴォルテールは，1765 年 10 月 16 日の手紙でベッカリーアを読んだと書き，また同じ手紙においてカラス事件とシルヴァン Sirven 事件(これもまたプロテスタントを巻き込んだ事件だった)に言及している．Theodore Besterman, et al., eds., *Les Oeuvres complètes de Voltaire*, 135 vols.(1968–2003), vol. 113, ed. Theodore Besterman, *Correspondence and Related Documents, April–December 1765*, vol. 29[1973], p. 346 を参照．

(11) ドイツの研究者ペーター・シュピーレンブルクは，刑罰の穏健化の起源を共感の高まりにもとめている．「仲間の人間の死や苦しみは，ますます苦痛をあたえるものと感じられるようになった．というのも，自分以外の人びとがますます仲間の人間だと感知されるようになったからであった」と．以下を参照．Peter Spierenburg, *The Spectacle of Suffering: Executions and the Evolution of Repression: From a Preindustrial Metropolis to the European Experience*(Cambridge: Cambridge University Press, 1984), p. 185; Beccaria, *Crimes and Punishments*, quotes pp. 43, 107, 112〔前掲『犯罪と刑罰』〕. ブラックストーンもまた，犯罪に見合った刑罰を主張し，死刑となる犯罪がイギリスでは多いことをなげいた．William Blackstone, *Commentaries on the Laws of England*, 8th edn., 4 vols.(Oxford: Clarendon Press, 1778), vol. IV, p. 3 を参照．ブラックストーンは，このページの注でモンテスキューとベッカリーアを引用している．ブラックストーンへのベッカリーアの影響については，Coleman Phillipson, *Three Criminal Law Reformers: Beccaria, Bentham, Romilly*(Montclair, NJ: Patterson Smith, 1970), esp. p. 90 を参照．

(12) 最近，研究者たちは，ベッカリーア，あるいはもっと一般的に啓蒙運動が，司法手続き上の拷問の除去や刑罰の穏健化になんらかの役割を果たしたのかどうか，さらには拷問の廃止はそんなに良いことだったのかどうかとさえ，疑問を呈した．John H. Langbein, *Torture and the Law of Proof: Europe and England in the Ancien Régime*(Chicago: University of Chicago Press, 1976); Andrews, *Law, Magistracy, and Crime*; J. S. Cockburn, “Punishment and Brutalization in the English Enlightenment”, *Law and History Review*, 12(1994): 155–179; とくに，Michel Foucault, *Discipline and Punish: The Birth of the Prison*,

trans. Alan Sheridan(New York: Vintage, 1979)〔前掲『監獄の誕生』〕を参照.

(13) Norbert Elias, *The Civilizing Process: The Development of Manners*, trans. Edmund Jephcott(German edn., 1939; New York: Urizen Books, 1978), quotes pp. 69–70〔赤井慧爾・中村元保・吉田正勝訳『文明化の過程(上)——ヨーロッパ上流階層の風俗の変遷』法政大学出版局, 1977年. 波田節夫・溝辺敬一・羽田洋・藤平浩之訳『文明化の過程(下)——社会の変遷／文明化の理論のための見取図』法政大学出版局, 1978年〕. この作品にかんする批判的見解にかんしては, Barbara H. Rosenwein, "Worrying About Emotions in History", *American Historical Review*, 107(2002): 821–845 を参照.

(14) James H. Johnson, *Listening in Paris: A Cultural History*(Berkeley: University of California Press, 1995), quote p. 61.

(15) ジェフリー・S. ラヴェルは, Jeffrey S. Ravel, *The Contested Parterre: Public Theater and French Political Culture, 1680–1791*(Ithaca, NY: Cornell University Press, 1999)において, 1階立ち見席の騒々しさが続いたことを強調している.

(16) Annik Pardailhé-Galabrun, *The Birth of Intimacy: Privacy and Domestic Life in Early Modern Paris*, trans. Jocelyn Phelps(Philadelphia: University of Pennsylvania Press, 1991); John Archer, "Landscape and Identity: Baby Talk at the Leasowes, 1760", *Cultural Critique*, 51(2002): 143–185.

(17) Ellen G. Miles, ed., *The Portrait in Eighteenth Century America*(Newark, DE: University of Delaware Press, 1993), p. 10; George T. M. Shackelford and Mary Tavener Holmes, *A Magic Mirror: The Portrait in France, 1700–1900* (Houston: Museum of the Fine Arts, 1986), p. 9. ウォルポールの引用は, Desmond Shawe-Taylor, *The Georgians: Eighteenth-Century Portraiture and Society* (London: Barrie & Jenkins, 1990), p. 27 からのもの.

(18) *Lettres sur les peintures, sculptures et gravures de Mrs. de l'Académie Royale, exposées au Sallon du Louvre, depuis MDCCLXVII jusqu'en MCDDLXXIX* (London: John Adamson, 1780), p. 51(1769年のサロン). また, Rémy G. Saisselin, *Style, Truth and the Portrait*(Cleveland: Cleveland Museum of Art, 1963), esp. p. 27 を参照. 肖像画や「つまらないジャンルの絵」にかんする不満は, 1770年代にもつづいた. *Lettres sur les peintures*, pp. 76, 212, 229 を参照. ジョクールの論考は, *Encylopédie ou Dictionnaire raisonné des sciences,*

*des arts et des métiers*, 17 vols.(Paris, 1751–1780), vol. 13(1765), p. 153 にみられる．1780 年代からのメルシエのコメントは，Shawe-Taylor, *The Georgians*, p. 21 で引用されている．

(19) イギリスの北アメリカ植民地における織物の重要性と消費主義の肖像画への影響については，T. H. Breen, "The Meaning of 'Likeness': Portrait-Painting in an Eighteenth-Century Consumer Society", in Miles, ed., *The Portrait*, pp. 37–60 を参照．

(20) Angela Rosenthal, "She's Got the Look! Eighteenth-Century Female Portrait Painters and the Psychology of a Potentially 'Dangerous Employment'", in Joanna Woodall, ed., *Portraiture: Facing the Subject*(Manchester: Manchester University Press, 1997), pp. 147–166(ボズウェルの引用は p. 147). また，Kathleen Nicholson, "The Ideology of Feminine 'Virtue': The Vestal Virgin in French Eighteenth-Century Allegorical Portraiture", in *ibid.*, pp. 52–72 を参照. Denis Diderot, *Oeuvres complètes de Diderot, revue sur les éditions originales, comprenant ce qui a été publié à diverses époques et les manuscrits inédits, conservés à la Bibliothèque de l'Ermitage, notices, notes, table analytique. Etude sur Diderot et le mouvement philosophique au XVIIIe siècle, par J. Assézat*, 20 vols.(Paris: Garnier, 1875–1877; Nendeln, Lichtenstein: Kraus, 1966), vol. 11: *Beaux-Arts II, arts du dessin (Salons)*, pp. 260–262.

(21) Sterne, *A Sentimental Journey through France and Italy by Mr. Yorick with The Journal to Eliza and A Political Romance*(Oxford: Oxford University Press, 1984), pp. 158, 164.〔松村達雄訳『センチメンタル・ジャーニー』岩波文庫，1952 年〕

(22) Howard C. Rice, Jr., "A 'New' Likeness of Thomas Jefferson", *William and Mary Quarterly*, 3rd ser., vol. 6, no. 1(January 1949): 84–89. より一般的なプロセスにかんしては，Tony Halliday, *Facing the Public: Portraiture in the Aftermath of the French Revolution*(Manchester: Manchester University Press, 1999), pp. 43–47 を参照．

(23) ミュヤールは，キリスト教を擁護するパンフレットに自分の名前を付さなかった．*Motifs de ma foi en Jésus-Christ, par un magistrat*(Paris: Vve Hérissant, 1776); *Preuves de l'authenticité de nos évangiles, contre les assertions de certains critiques modernes. Lettre à Madame de ***. Par l'auteur de motifs de ma foi en Jésus-*

*Christ*（Paris: Durand et Belin, 1785）.

（24） Pierre-François Muyart de Vouglans, *Réfutation du Traité des délits et peines, &c.*, printed at the end of his *Les Loix criminelles de France, dans leur ordre naturel*（Paris: Benoît Morin, 1780）, pp. 811, 815, 830.

（25） *Ibid.*, p. 830.

（26） Spierenburg, *The Spectacle of Suffering*, p. 53.

（27） Anon., *Considerations on the Dearness of Corn and Provisions*（London: J. Almon, 1767）, p. 31; Anon., *The Accomplished Letter-Writer; or, Universal Correspondent. Containing Familiar Letters on the Most Common Occasions in Life*（London, 1779）, pp. 148–150; Donna T. Andrew and Randall McGowen, *The Perreaus and Mrs. Rudd: Forgery and Betrayal in Eighteenth-Century London*（Berkeley: University of California Press, 2001）, p. 9.

（28） St. John, *Letters from France*, vol. II: Letter of July 23, 1787, p. 13.

（29） *Crimes and Punishments*, pp. 2, 179.〔前掲『犯罪と刑罰』〕

（30） 苦痛をめぐる18世紀の作品にかんしては，Margaret C. Jacob and Michael J. Sauter, "Why Did Humphry Davy and Associates Not Pursue the Pain-Alleviating Effects of Nitrous Oxide?", *Journal of the History of Medicine*, 58（April 2002）: 161–176 を参照．ダッグは，McGowen, "The Body and Punishment in Eighteenth-Century England", p. 669 で引用されている．植民地での罰金にかんしては，Preyer, "Penal Measures", pp. 350–351 を参照．

（31） イーデンは McGowen, "The Body and Punishment in Eighteenth-Century England", p. 670 で引用されている．わたしの分析は，多くの点でマクゴワンの分析にしたがっている．Benjamin Rush, *An Enquiry*, esp. pp. 4, 5, 10, 15 を参照．

（32） カラス事件にかんしてだけでなく，もっと一般的に拷問という実践にかんする基本資料は，Lisa Silverman, *Tortured Subjects: Pain, Truth, and the Body in Early Modern France*（Chicago: University of Chicago Press, 2001）. また Alexandre-Jérôme Loyseau de Mauléon, *Mémoire pour Donat, Pierre et Louis Calas*（Paris: Le Breton, 1762）, pp. 38–39 も参照．エリ・ドゥ・ボーモンは，カラスの口から出たまさに同じことばを報告している．ヴォルテールもまた，そのことばを彼の説明のなかに入れていた．Jean-Baptiste-Jacques Elie de Beaumont, *Mémoire pour Dame Anne-Rose Cabibel, veuve Calas, et pour ses enfans*

*sur le renvoi aux Requêtes de l'Hôtel au Souverain, ordonné par arrêt du Conseil du 4 juin 1764*(Paris: L. Cellot, 1765)を参照．エリ・ドゥ・ボーモンは，国王評議会の前でカラス家を代表した．この種の訴訟趣意書の公表にかんしては，Sarah Maza, *Private Lives and Public Affairs: The Causes Célèbres of Prerevolutionary France*(Berkeley: University of California Press, 1993), pp. 19–38 を参照．

(33) Alain Corbin, Jean-Jacques Courtine, and Georges Vigarello, eds., *Histoire du corps*, 3 vols.(Paris: Editions du Seuil, 2005–2006), vol. 1: *De la Renaissance aux Lumières*(2005), pp. 306–309〔鷲見洋一監訳『身体の歴史 I　16–18 世紀――ルネサンスから啓蒙時代まで』藤原書店，2010 年〕; *Crimes and Punishments*, pp. 58, 60〔前掲『犯罪と刑罰』〕.

(34) ブルゴーニュ高等法院は，1766 年以後「準備審問 question préparatoire」を命じることをやめた．そして死刑でのその使用は，18 世紀前半には全有罪宣告のうち 13–14.5% だったが，1770 年から 1789 年にかけては 5% 以下にまで低下した．とはいえ，予審の使用は，フランスでは変わらずにつづいたことはあきらかだった．Jacobson, "The Politics of Criminal Law Reform", pp. 36–47 を参照．

(35) *Crimes and Punishments*, pp. 60–61(強調は原文のもの)〔前掲『犯罪と刑罰』〕. Muyart de Vouglans, *Réfutation du Traité*, pp. 824–826.

(36) 1766 年のイタリア語決定版(ベッカリーア自身によって校訂された最後の版)にかんしては，Venturi, ed., *Cesare Beccaria*, pp. 30–31 を参照．そのパラグラフは，最初の英語の翻訳では，同じ場所，つまり第 11 章にでてくる．フランス語版の配列が踏襲されたことにかんしては，たとえば，*Dei delitti e delle pene. Edizione rivista, corretta, e disposta secondo l'ordine della traduzione francese approvato dall'autore*(London: Presso la Società dei Filosofi, 1774), p. 4 を参照．ルイジ・フィルポによると，この書はじっさい，リヴォルノのマルコ・コルテッリーニによって印刷された．Luigi Firpo, "Contributo alla bibliografia del Beccaria.(Le edizioni italiane settecentesche del *Dei delitti e delle pene*)", in *Atti del convegno internazionale su Cesare Beccaria*, pp. 329–453, esp. pp. 378–379 を参照．

(37) 拷問の司法手続き上の利用を明確に批判した最初のフランス語の著作は 1682 年にあらわれ，ディジョン高等法院の指導的な評定官オギュスタン・ニコラ Augustin Nicolas によって書かれた．彼の議論は，魔女裁判に

における拷問の使用に反対するものだった．Silverman, *Tortured Subjects*, p. 161 を参照．ベッカリーアのさまざまなイタリア語版にかんするもっとも決定的な研究は，Firpo, "Contributo alla bibliografia del Beccaria", pp. 329–453 にみられる．英語や他の言語への翻訳にかんしては，Marcello Maestro, *Cesare Beccaria and the Origins of Penal Reform*(Philadelphia: Temple University Press, 1973), p. 43 を参照．わたしは，英語版での彼の説明を，English Short Title Catalogue〔ESTC. ブリティッシュ・ライブラリが発行するオンライン目録〕で補った．*Crimes and Punishments*, p. iii〔前掲『犯罪と刑罰』〕.

(38) Venturi, ed., *Cesare Beccaria*, p. 496. この一節は，ランゲ Linguet の *Annales politiques et littéraires*, 5(1779)で公にされた．

(39) *Encylopédie ou Dictionnaire raisonné des sciences, des arts et des métiers*, 17 vols. (Paris, 1751–1780), vol. 13(1765), pp. 702–704; Jacobson, "The Politics of Criminal Law Reform", pp. 295–296.

(40) Jacobson, "The Politics of Criminal Law Reform", p. 316; Venturi, ed., *Cesare Beccaria*, p. 517; Joseph-Michel-Antoine Servan, *Discours sur le progrès des connoissances humaines en général, de la morale, et de la législation en particulier*(n.p., 1781), p. 99.

(41) わたしは，ブリソの刑法にかんする著作にかんしてロバート・ダーントンよりも好意的な見解をもっている．たとえば，Robert Darnton, *George Washington's False Teeth: An Unconventional Guide to the Eighteenth Century*(New York: W. W. Norton, 2003), esp. p. 165 を参照．ブリソの引用は，*Théorie des lois criminelles*, 2 vols.(Paris: J. P. Aillaud, 1836), vol. I, pp. 6–7 からのもの．

(42) 訴訟趣意書のレトリック戦略は，Maza, *Private Lives and Public Affairs* で深く分析されている．ブリソがもともとはベルンの論文コンテストのために書いた『刑法の理論』(1781年)を刊行したとき，デュパティは彼に手紙を書いて，「真実，そして真実とともに人間性を勝利させるための」彼らの共通の努力を称賛した．この手紙は，1836年版の *Théorie des lois criminelles*, vol. I, p. vi に収録された．[Charles-Marguerite Dupaty], *Mémoire justificatif pour trois hommes condamnés à la roue*(Paris: Philippe-Denys Pierres, 1786), p. 221.

(43) Dupaty, *Mémoire justificatif*, pp. 226, 240.「人間性 humanité」という語は，訴訟趣意書に何度も，最後の数ページではほとんどあらゆるパラグラフで

出てくる．

（44） Maza, *Private Lives and Public Affairs*, p. 253; Jacobson, "The Politics of Criminal Law Reform", pp. 360–361.

（45） Jourdan, ed., *Recueil général des anciennes lois françaises*, vol. 28, p. 528; Muyart de Vouglans, *Les Loix criminelles*, p. 796. 文書レヴェルでの主題の頻度のランク（1 が最高，1125 が最低）では，刑法が第三身分では 70.5，貴族身分では 27.5，聖職者身分では 337，司法手続きは第三身分では 34，貴族身分では 77.5，聖職者身分では 15，刑事訴追と刑罰が第三身分では 60.5，貴族身分では 76，聖職者身分では 171，刑事罰が第三身分では 41.5，貴族身分では 213.5，聖職者身分では 340 のランクをしめた．司法手続き上認められた 2 つの形式の拷問は，高いランクをしめることはほとんどなかった．なぜなら，「準備審問」はすでに決定的なかたちで除去されており，「予備審問」もまた一時的に廃止されていたからである．主題のランクの順序は，Gilbert Shapiro and John Markoff, *Revolutionary Demands: A Content Analysis of the Cahiers de Doléances of 1789*（Stanford: Stanford University Press, 1998), pp. 438–474 に由来する．

（46） Rush, *An Enquiry*, pp. 13, 6–7.

（47） Muyart de Vouglans, *Les Loix criminelles*, esp. pp. 37–38

（48） Antonio Damasio, *The Feeling of What Happens: Body and Emotion in the Making of Consciousness*（San Diego: Harcourt, 1999)〔田中三彦訳『無意識の脳　自己意識の脳——身体と情動と感情の神秘』講談社，2003 年〕; Id., *Looking for Spinoza: Joy, Sorrow, and the Feeling Brain*（San Diego: Harcourt, 2003)〔田中三彦訳『感じる脳——情動と感情の脳科学　よみがえるスピノザ』ダイヤモンド社，2005 年〕; Ann Thomson, "Materialistic Theories of Mind and Brain", in Wolfgang Lefèvre, ed., *Between Leibniz, Newton, and Kant: Philosophy and Science in the Eighteenth Century*（Dordrecht: Kluwer Academic Publishers, 2001), pp. 149–173.

（49） Jessica Riskin, *Science in the Age of Sensibility: The Sentimental Empiricists of the French Enlightenment*（Chicago: University of Chicago Press, 2002)．ボネの引用は p. 51 からのもの．Sterne, *A Sentimental Journey*, p. 117〔前掲『センチメンタル・ジャーニー』〕.

（50） Rush, *An Enquiry*, p. 7.

## 第3章

(1) 「宣言」の意味は，www.lib.uchicago.edu/efts/ARTFL/projects/dicos/ にある ARTFL の Dictionnaires d'autrefois を用いてたどることができる．1689年のイングランドの「権利の章典」の公式のタイトルは，「臣民の権利と自由を宣言し，国王の継承をさだめる法令 An Act Declaring the Rights and Liberties of the Subject and Settling the Succession of the Crown」であった．

(2) *Archives parlementaires de 1787 à 1860: Recueil complet des débats legislatifs et politiques des chambres françaises*, series 1, 99 vols.(Paris: Librarie administrative de P. Dupont, 1875–1913), vol. 8, p. 320.

(3) グロティウスと彼の論文『戦争と平和の法について *De iure belli ac pacis libri tres*』(1625年)〔一又正雄訳『戦争と平和の法』全3冊，巌松堂，1950–1951年〕の重要性については，Richard Tuck, *Natural Rights Theories: Their Origin and Development*(Cambridge: Cambridge University Press, 1979)を参照．また，Léon Ingber, "La Tradition de Grotius. Les Droits de l'homme et le droit naturel à l'époque contemporaine", *Cahiers de philosophie politique et juridique*, No. 11:"Des Théories du droit naturel"(Caen, 1988): 43–73 も参照．プーフェンドルフにかんしては，T. J. Hochstrasser, *Natural Law Theories in the Early Enlightenment*(Cambridge: Cambridge University Press, 2000)を参照．

(4) わたしは，ここでは自然法と生得の権利との相違に焦点を当てなかった．その理由の一部は，ビュルラマキのようなフランス語の著作においては，その相違がしばしばぼんやりしているからである．さらに，18世紀の政治的人物自身が，かならずしも両者の違いを明確にしなかった．ビュルラマキの1747年の論文は，すぐに *The Principles of Natural Law* として英語に翻訳され，それからドイツ語(1750年)，デンマーク語(1757年)，イタリア語(1780年)，そして最終的にスペイン語(1825年)に翻訳された．Bernard Gagnebin, *Burlamaqui et le droit naturel*(Geneva: Editions de la Fregate, 1944), p. 227 を参照．ガニュバンは，ビュルラマキはフランスでは相対的に影響力をもたなかったと主張しているが，しかし，『百科全書』に寄稿している著名な作家のひとり(ブシェ・ダルジス)は，自然法にかんする一項目の典拠として彼をもちいた．理性，人間性，そしてスコットランド哲学にかんするビュルラマキの見解にかんしては，J. J. Burlamaqui,

*Principes du droit naturel par J.J. Burlamaqui, Conseiller d'Etat, & ci-devant Professeur en droit naturel & civil à Genève*(Geneva: Barrillot et fils, 1747), pp. 1–2, 165 を参照.

(5) Jean Lévesque de Burigny, *Vie de Grotius, avec l'histoire de ses ouvrages, et des négoçiations auxquelles il fut employé*, 2 vols.(Paris: Debure l'aîné, 1752); T. Rutherforth, D.D. F.R.S., *Institutes of Natural Law Being the substance of a Course of Lectures on Grotius de Jure Belli et Paci, read in St. Johns College Cambridge*, 2 vols.(Cambridge: J. Bentham, 1754–1756). ラザフォースの講義は，ホーコンセンの指摘，つまり，義務を強調する自然法理論は個人が所持する自然権と調停することが(たとえグロティウスは両者に寄与したにしろ)きわめて困難であったという指摘を，完全に例証しているようにみえる．もうひとりのスイスの法学者エメル・ドゥ・ヴァテルも自然法について手広く執筆したが，しかし彼は，諸国民間の関係にもっと焦点を当てた．ヴァテルもまた，あらゆる人間の生得の自由と独立を強調した．「あらゆる人間が自然から自由と独立を獲得し，自分たちが同意しなければ，それらを失うことはない，ということが自然法ではしめされている」と．M. de Vattel, *Le Droit des gens ou principes de la loi naturelle appliqués à la conduite & aux affaires des nations & des souverains*, 2 vols.(Leyden: Aux Dépens de la compagnie, 1758), vol. I, p. 2 を参照.

(6) John Locke, *Two Treatises of Government*(Cambridge: Cambridge University Press, 1963), pp. 366–367〔加藤節訳『完訳　統治二論』岩波文庫，2010年〕; James Farr, "'So Vile and Miserable an Estate': The Problem of Slavery in Locke's Political Thought", *Political Theory*, vol. 14, no. 2(May 1986): 263–289, quote p. 263.

(7) William Blackstone, *Commentaries on the Laws of England*, 8th edn., 4 vols.(Oxford: Clarendon Press, 1778), vol. I, p. 129. 自然法の言説の影響は，ブラックストーンの論評にあきらかである．というのも彼は，第1巻の議論を「個人の絶対的権利」を考察することからはじめており，それによって彼は「純然たる自然状態において個々人の人格に属し，万人が社会の外にいようと内にいようと享受する資格をもつような権利」を意味していたからである(I: 123)．ダブリンで刊行された1766年版にもおなじ表現がみられる．イギリスのアメリカ植民地における権利の普遍的な観念と個別的な観

念の相互の影響にかんしては，膨大な文献が存在する．議論のとっかかりとして，Donald S. Lutz, “The Relative Influence of European Writers on Late Eighteenth-Century American Political Thought”, *American Political Science Review*, 78(1984): 189–197 を参照．

(8) James Otis, *The Rights of the British Colonies Asserted and Proved*(Boston: Edes & Gill, 1764), quotes pp. 28, 35.

(9) アメリカ人の〔イギリスとの〕闘争におけるビュルラマキの影響にかんしては，Ray Forrest Harvey, *Jean Jacques Burlamaqui: A Liberal Tradition in American Constitutionalism*(Chapel Hill: University of North Carolina Press, 1937), p. 116 を参照．プーフェンドルフ，グロティウス，ロックの引用にかんしては，Lutz, “The Relative Influence of European Writers”, esp. pp. 193–194 を，アメリカの図書館におけるビュルラマキの重要性にかんしては，David Lundberg and Henry F. May, “The Enlightened Reader in America”, *American Quarterly*, 28(1976): 262–293, esp. p. 275 を参照．ビュルラマキの引用は，Burlamaqui, *Principes du droit naturel*, p. 2 からのもの．

(10) 独立を宣言することへの欲求の高まりにかんしては，Pauline Maier, *American Scripture: Making the Declaration of Independence*(New York: Alfred A. Knopf, 1997), pp. 47–96 を参照．ヴァージニア州の宣言にかんしては，Kate Mason Rowland, *The Life of George Mason, 1725–1792*, 2 vols.(New York: G. P. Putnam's Sons, 1892), vol. I, pp. 438–441 を参照．

(11) 簡潔だがきわめて的確な議論として，Jack N. Rakove, *Declaring Rights: A Brief History with Documents*(Boston: Bedford Books, 1998), esp. pp. 32–38 を参照．

(12) わたしは，English Short Title Catalogue をもちいた英語のタイトルの初期調査にかんして，ジェニファー・ポピエル Jennifer Popiel に感謝している．わたしは「権利 rights」という用語の使用になんら区別をせず，当該時代にかかわる膨大な数の再版を排除しなかった．タイトルに「権利」を使用した数は，1760 年代から 1770 年代にかけて 2 倍に増加し(1760 年代の 51 から 1770 年代の 109 へ)，それから 1780 年代にはほぼ同じ数(95)にとどまった．[William Graham of Newcastle], *An Attempt to Prove, That every Species of Patronage is Foreign to the Nature of the Church; and, That any MODIFICATIONS, which either have been, or ever can be proposed, are*

*INSUFFICIENT to regain, and secure her in the Possession of the LIBERTY, where with CHRIST hath made her free. . . .*(Edinburgh: J. Gray & G. Alston, 1768), pp. 163, 167. ジェイムズ・トッド James Tod は，すでに 1753 年に，*The Natural Rights of Mankind Asserted: Or a Just and Faithful Narrative of the Illegal Procedure of the Presbytery of Edinburgh against Mr. James Tod Preacher of the Gospel. . . .*(Edinburgh, 1753)というタイトルのパンフレットを刊行していた. William Dodd, *Popery inconsistent with the Natural Rights of MEN in general, and of ENGLISHMEN in particular: A Sermon preached at Charlotte-Street Chapel* (London: W. Faden, 1768). ウィルクスにかんしては，たとえば，"To the Electors of Aylesbury(1764)", in *English Liberty: Being a Collection of Interesting Tracts, From the Year 1762 to 1769 containing the Private Correspondence, Public Letters, Speeches, and Addresses, of John Wilkes, Esq.*(London: T. Baldwin, n.d.), p. 125 を参照. ユニウスにかんしては，たとえば，Letter XII(May 30, 1769) and XIII(June 12, 1769), in *The Letters of Junius*, 2 vols.(Dublin: Thomas Ewing, 1772), pp. 69, 81 を参照.

(13) [Manasseh Dawes], *A Letter to Lord Chatham, concerning the present War of Great Britain against America; Reviewing Candidly and Impartially Its unhappy Cause and Consequence; and wherein The Doctrine of Sir William Blackstone as explained in his celebrated Commentaries on the Laws of England, is opposed to Ministerial Tyranny, and held up in favor of America. With some Thoughts on Government by a Gentleman of the Inner Temple*(London: G. Kearsley, n.d.; handwritten 1776), quotes pp. 17, 25. Richard Price, *Observations on The Nature of Civil Liberty, the Principles of Government, and the Justice and Policy of the War with America to which is added, An Appendix and Postscript, containing, A State of the National Debt, An Estimate of the Money drawn from the Public by the Taxes, and An Account of the National Income and Expenditure since the last War*, 9th edn.(London: Edward & Charles Dilly and Thomas Cadell, 1776), quote p. 7〔前掲『市民的自由』〕. プライスは，ジョン・ウィンスロプ John Winthrop への手紙で，自分の小冊子が 11 版目であると主張した. D. O. Thomas, *The Honest Mind: The Thought and Work of Richard Price*(Oxford: Clarendon Press, 1977), pp. 149–150 を参照. パンフレットの成功はたちどころにわかった. プライスは，1776 年 2 月 14 日のウィリアム・アダムズへの手紙で，パンフレットは 3

日前に出版され，その版1000部がすでにほぼ完売しました，と書いた．W. Bernard Peach and D. O. Thomas, eds., *The Correspondence of Richard Price*, 3 vols.（Durham, NC: Duke University Press, and Cardiff: University of Wales Press, 1983–1994), vol. I: July 1748–March 1778（1983), p. 243 を参照．完全な文献目録として，D. O. Thomas, John Stephens, and P. A. L. Jones, *A Bibliography of the Works of Richard Price*（Aldershot, Hants: Scolar Press, 1993), esp. pp. 54–80 を参照．J. D. van der Capellen, letter of December 14, 1777, in Peach and Thomas, eds., *The Correspondence of Richard Price*, vol. I, p. 262.

（14） *Civil Liberty Asserted, and the Rights of the Subject Defended, against The Anarchical Principles of the Reverend Dr. Price. In which his Sophistical Reasonings, Dangerous Tenets, and Principles of False Patriotism, contained in his Observations on Civil Liberty, &c. are Exposed and Refuted. In a Letter to a Gentleman in the Country. By a Friend to the Rights of the Constitution*（London: J. Wilkie, 1776), quotes pp. 38–39. プライスの論敵は，普遍的な権利の存在をかならずしも否定しなかった．ときとして彼らは，たんにイギリス議会やイギリスと植民地との関係にかんする彼特有の立場に反対しただけだった．たとえば，*The Honor of Parliament and the Justice of the Nation Vindicated. In a Reply to Dr. Price's Observations on the Nature of Civil Liberty*（London: W. Davis, 1776）は，一貫して好意的な意味で「人間の生得の権利 the natural rights of mankind」という語句をもちいている．同様に，*Experience preferable to Theory. An Answer to Dr. Price's Observations on the Nature of Civil Liberty, and the Justice and Policy of the War with America*（London: T. Payne, 1776）も，「人間性にもとづく権利 the rights of human nature」(p. 3)とか「人類の権利 the rights of humanity」(p. 5)に言及することになんら問題を感じていない．

（15） グロティウスにたいするフィルマーの長々とした論駁は，Filmer, "Reflections concerning the Original of Government" in his *The Free-holders Grand Inquest, Touching Our Sovereign Lord the King and his Parliament*（London, 1679）にみられる．彼は自分の立場をこう要約している．「わたしはここで，生得の自由や万物の共同体という理論にともなう絶望的な不都合をしめした．これらの，そしてさらに多くのばかげたことは，逆にわれわれが，アダムの生得の私的な支配をあらゆる政体と財産の基礎であると主張するなら，容易にとりのぞかれる」(p. 58)と．*Patriarcha: Or the Natural Power of*

*Kings*(London: R. Chiswel, et al., 1685), esp. pp.1–24.

(16) Charles Warren Everett, ed., *A Comment on the Commentaries: A Criticism of William Blackstone's Commentaries on the Laws of England by Jeremy Bentham* (Oxford: Clarendon Press, 1928), quotes pp. 37–38; "Nonsense upon Stilts, or Pandora's Box Opened, or The French Declaration of Rights prefixed to the Constitution of 1791 Laid Open and Exposed", reprinted in Philip Schofield, Catherine Pease-Watkin, and Cyprian Blamires, eds., *The Collected Works of Jeremy Bentham. Rights, Representation, and Reform: Nonsense upon Stilts and Other Writings on the French Revolution*(Oxford: Clarendon Press, 2002), pp. 319–375, quote p. 330. 1795 年に書かれたこのパンフレットは，1816 年(フランス語)と 1824 年(英語)まで刊行されなかった．

(17) デュ・ポンはまた，個人の相互の義務を強調した．以下を参照．Pierre du Pont de Nemours, *De l'Origine et des progrès d'une science nouvelle (1768)*, in Eugène Daire, ed., *Physiocrates. Quesnay, Dupont de Nemours, Mercier de la Rivière, l'Abbé Baudeau, Le Trosne*(Paris: Librarie de Guillaumin, 1846), pp. 335–366, quote p. 342.

(18) 「ほとんど忘れ去られてしまった」アメリカ独立宣言にかんしては，Maier, *American Scripture*, pp. 160–170 を参照．

(19) 「人間性」の過剰使用を批判するルソーの手紙は，R. A. Leigh, ed., *Correspondance complète de Jean Jacques Rousseau*, vol. 27, *Janvier 1769–Avril 1770* (Oxford: Voltaire Foundation, 1980), p. 15(1769 年 1 月 15 日付けのルソーからロラン・エモン・ドゥ・フランキエール Laurent Aymon de Franquières への手紙)にみられる．わたしは，この点にかんする調査をおこなってくれたメリッサ・ヴァーレット Melissa Verlet に感謝したい．ルソーのフランクリンにかんする知識とアメリカ人擁護にかんしては，1776 年 8 月 6 日付けのトマス・ベントレー Thomas Bentley による記述を参照．Leigh, ed., *Correspondance complète*, vol. 40, *Janvier 1775–Juillet 1778*, pp. 258–263(「……アメリカ人たちは，無名であるとか知られていないからといって，自分たちの自由を擁護する権利がより少ないということはない，と彼は言った」p. 259)．ルソーの訪問者によるこの記述以外に，1775 年から死にいたるまでのルソー自身の手紙のなかにアメリカの出来事にかんする言及はまったくない．

(20) Elise Marienstras and Naomi Wulf, "French Translations and Reception of the Declaration of Independence", *Journal of American History*, 85(1999): 1299–1324; Joyce Appleby, "America as a Model for the Radical French Reformers of 1789", *William and Mary Quarterly*, 3rd ser., vol. 28, no. 2(April 1971): 267–286.

(21) これらの語句の使用については，*Archives parlementaires*, 1: 711; 2: 57, 139, 348, 383; 3: 256, 348, 662, 666, 740; 4: 668; 5: 391, 545 を参照．*Archives parlementaires* の最初の 6 巻は，何千もの現存する陳情書の抜粋だけをおさめている．編者は，「一般」陳情書(全地方の貴族，聖職者，第三身分のそれ)の多くのものを収録し，予備段階の陳情書はほとんど収録しなかった．わたしは，これらの用語について調査してくれたスーザン・モフベリ Susan Mokhberi に感謝する．陳情書の内容分析の多くは，スキャナーでの読み込みや電子的探索が可能になる前にくわだてられた．そのため，それぞれの著者の特殊な関心や以前にも可能であったややぎこちない分析手段を反映している．Gilbert Shapiro and John Markoff, *Revolutionary Demands: A Content Analysis of the Cahiers de Doléances of 1789*(Stanford: Stanford University Press, 1998)を参照．

(22) *Archives parlementaires*, 2: 348; 5: 238. Beatrice Fry Hyslop, *French Nationalism in 1789 According to the General Cahiers*(New York: Columbia University Press, 1934), pp. 90–97. Stéphane Rials, *La Déclaration des droits de l'homme et du citoyen*(Paris: Hachette, 1989). Claude Courvoisier, "Les droits de l'homme dans les cahiers de doléances", in Gérard Chinéa, ed., *Les Droits de l'homme et la conquête des libertés: Des Lumières aux révolutions de 1848*(Grenoble: Presses Universitaires de Grenoble, 1988), pp. 44–49 は，やや失望させられる．

(23) *Archives parlementaires*, 8: 135, 217.

(24) Julian P. Boyd, ed., *The Papers of Thomas Jefferson*, 31 vols.(Princeton: Princeton University Press, 1950– ), vol. 15: *March 27, 1789, to November 30, 1789*(1958), pp. 266–269. さまざまな草案のタイトルについては，Antoine de Baecque, ed., *L'An I des droits de l'homme*(Paris: Presses du CNRS, 1988)を参照．ドゥ・ベックは，論議にかんする本質的な背景情報を提供している．

(25) ラボは，de Baecque, *L'An I*, p. 138 で引用されている．宣言の必要性にかんする見解の変化を説明することが困難であることにかんしては，Timothy Tackett, *Becoming a Revolutionary: The Deputies of the French National*

*Assembly and the Emergence of a Revolutionary Culture(1789–1790)*（Princeton: Princeton University Press, 1996), p. 183 を参照.

(26) 1789 年 8 月 1 日の国民議会の会合. *Archives parlementaires*, 8: 320 を参照.

(27) 4 つの宣言の必要性は，1789 年 7 月 9 日に憲法委員会によってなされた「総括」において言及されている. *Archives parlementaires*, 8: 217 を参照.

(28) D. O. Thomas, ed., *Richard Price: Political Writings*(Cambridge: Cambridge University Press, 1991), pp. 119, 195 で引用されている.

(29) 『人間の権利』の一節は，オランダのグローニンゲン大学のコンピュータ人文学部「植民地時代から近代までのアメリカ史にかんするハイパーテキスト Hypertext on American History from the colonial period until Modern Times」にみられる. http://odur.let.rug.nl/~usa/D/1776-1800/paine/ROM/rofmxx.htm を参照(2005 年 7 月 13 日閲覧). バークの一節は，www.bartleby.com/24/3/6.html(2006 年 4 月 7 日閲覧)に見いだすことができる.

(30) 英語のタイトルにかんしては，上記注(12)を参照. 1770 年代に「権利」をもちいている英語のタイトル数は 109 で，1760 年代よりもはるかに多かったが，しかしまだ 1790 年代のたった 4 分の 1 にすぎなかった. オランダ語のタイトルは，Short Title Catalog of the Netherlands〔STCN. オランダ国立図書館が発行するオンライン目録〕に見いだすことができる. ペインのドイツ語訳にかんしては，Hans Arnold, “Die Aufnahme von Thomas Paines Schriften in Deutschland”, *PMLA*, 74(1959): 365–386 を参照. ジェファソンの見解にかんしては，Matthew Schoenbachler, “Republicanism in the Age of Democratic Revolution: The Democratic-Republican Societies of the 1790s”, *Journal of the Early Republic*, 18(1998): 237–261 を参照. アメリカ合衆国におけるウルストンクラフトの衝撃にかんしては，Rosemarie Zagarri, “The Rights of Man and Woman in Post-Revolutionary America”, *William and Mary Quarterly*, 3rd ser., vol. 55, no. 2(April 1998): 203–230 を参照.

(31) 1789 年 9 月 10 日の議論については，*Archives parlementaires*, 8: 608 を，最終的な議論と文言にかんしては，*ibid.*, 9: 386–387, 392–396 を参照. 新しい刑法の制定をとりまく政治にかんする最良の説明は，Roberto Martucci, *La Costituente ed il problema penale in Francia, 1789–1791*(Milan: Giuffre, 1984)

にみられる．マルトゥッチは，「七人委員会」が「刑法委員会」になったことをしめしている．

(32) *Archives parlementaires*, 9: 394–396(最終的な法令); 9: 213–217(ボン・アルベール・ブリオワ・ドゥ・ボメ Bon Albert Briois de Beaumetz による委員会の報告). 最終的な法令の第 24 条は，9 月 29 日に委員会によって提示された最初の法令の第 23 条をやや修正したものだった．また，Edmond Seligman, *La Justice en France pendant la Révolution*, 2 vols.(Paris: Librairie Plon, 1913), vol. 1, pp. 197–204 を参照．委員会によってもちいられたことばは，啓蒙運動の「人道主義」がまさに議員たちの考えを動かしていたと主張するバリー・M. シャピロの立場を補強するものとなっている．Barry M. Shapiro, *Revolutionary Justice in Paris, 1789–1790*(Cambridge: Cambridge University Press, 1993)を参照．

(33) *Archives parlementaires*, 26: 319–332.

(34) *Ibid.*, 26: 323. 新聞はほとんどすべて，死刑の問題に集中していたが，いくつかの新聞は，焼きごての廃止に賛成の立場で言及した．死刑へのもっとも声高な反対者は，『パリの革命』の編集者ルイ・プリュドム Louis Prudhomme だった．*Révolutions de Paris*, 98(May 21–28, 1791), pp. 321–327; 99(May 28–June 4, 1791), pp. 365–470 を参照．プリュドムは，自分の見解の支えとしてベッカリーアを引用した．

(35) 刑法のテキストは，*Archives parlementaires*, 31: 326–339(1791 年 9 月 25 日の会合)に見いだすことができる．

(36) *Ibid.*, 26: 325.

(37) ロベスピエールは，ラクルテルがロベスピエールの論文にかんして公表した以下の論評においては賛成の立場で引用されている．“Sur le discours qui avait obtenu un second prix à l’Académie de Metz, par Maximilien Robespierre”, in Pierre-Louis Lacretelle, *Oeuvres*, 6 vols.(Paris: Bossange, 1823–1824), vol. III, pp. 315–334, quote p. 321. ラクルテル自身の論文にかんしては vol. III, pp. 205–314 を参照．また，Joseph I. Shulim, “The Youthful Robespierre and His Ambivalence Toward the Ancien Régime”, *Eighteenth-Century Studies*, 5(Spring 1972): 398–420 も参照．わたしは，Gene Ogle, “Policing Saint Domingue: Race, Violence, and Honor in an Old Regime Colony”, PhD diss., University of Pennsylvania, 2003 によって刑法制度における名誉の重要

性について注意を喚起された.

(38) アカデミー・フランセーズの辞典における名誉の定義は,ARTFL の http://artfl-project.uchicago.edu/content/dictionnaires-dautrefois で見いだすことができる.

(39) Sébastien-Roch-Nicolas Chamfort, *Maximes et pensées, anecdotes et caractères*, ed. Louis Ducros(1794; Paris: Larousse, 1928), p. 27; Eve Katz, "Chamfort", *Yale French Studies*, no. 40(1968): 32–46.

## 第 4 章

(1) *Archives parlementaires*, 10: 693–694, 754–757. 俳優にかんしては, Paul Friedland, *Political Actors: Representative Bodies and Theatricality in the Age of the French Revolution*(Ithaca, NY: Cornell University Press, 2002), esp. pp. 215–227 を参照.

(2) Joan R. Gundersen, "Independence, Citizenship, and the American Revolution", *Signs: Journal of Women in Culture and Society*, 13(1987): 63–64 で引用されている.

(3) 1789 年 7 月 20–21 日,シエイエスは憲法委員会を前にして「人間と市民の権利の承認と論理的説明」を読みあげた.これは,*Préliminaire de la constitution française*(Paris: Baudoin, 1789)として刊行された.

(4) デラウェアや他の一三植民地における投票権にかんしては,Patrick T. Conley and John P. Kaminski, eds., *The Bill of Rights and the States: The Colonial and Revolutionary Origins of American Liberties*(Madison, WI: Madison House, 1992), esp. p. 291 を参照.アダムズは Jacob Katz Cogan, "The Look Within: Property, Capacity, and Suffrage in Nineteenth-Century America", *Yale Law Journal*, 107(1997): 477 で引用されている.

(5) Antoine de Baecque, ed., *L'An I des droits de l'homme*(Paris: Presses du CNRS, 1988), p. 165(8 月 22 日), pp. 174–79(8 月 23 日); Timothy Tackett, *Becoming a Revolutionary: The Deputies of the French National Assembly and the Emergence of a Revolutionary Culture (1789–1790)*(Princeton: Princeton University Press, 1996), p. 184.

(6) *Archives parlementaires*, 10(Paris, 1878): 693–695.

(7) *Ibid.*: 780, 782. 法令における鍵となる表現は,「被選挙資格からある市

民を排除する動機は，憲法にもとづく法令に由来するもの以外によって提供されることはけっしてありえない」というものであった．プロテスタントにかんする決定への反応にかんしては，*Journal d'Adrien Duquesnoy, Député du tiers état de Bar-le-Duc sur l'Assemblée Constituante*, 2 vols.（Paris, 1894），vol. II, p. 208 を参照．また，Raymond Birn, "Religious Toleration and Freedom of Expression", in Dale Van Kley, ed., *The French Idea of Freedom: The Old Regime and the Declaration of the Rights of 1789*（Stanford: Stanford University Press, 1994），pp. 265–299 も参照．

（8） Tackett, *Becoming a Revolutionary*, pp. 262–263; *Archives parlementaires*, 10（Paris, 1878）: 757.

（9） Ronald Schechter, *Obstinate Hebrews: Representations of Jews in France,1715–1815*（Berkeley: University of California Press, 2003），pp. 18–34.

（10） David Feuerwerker, "Anatomie de 307 cahiers de doléances de 1789", *Annales: E.S.C.*, 20（1965）: 45–61.

（11） *Archives parlementaires*, 11（Paris, 1880）: 364.

（12） *Ibid.*: 364–365; 31（Paris, 1888）: 372.

（13） クレルモン゠トネールのことばは，1789年12月23日の演説からのもの．*Ibid.*, 10（Paris, 1878）: 754–757 を参照．批評家のなかには，クレルモン゠トネールの演説を，国民共同体内における民族的相違を許容することを拒絶する好例と考える人もいる．しかしもっと穏やかな解釈が妥当なように思われる．議員たちは，あらゆる市民は同一の法と制度のもとで生きるべきであり，それゆえ，市民のなかの一集団が別の法廷で裁判をうけることはありえないと考えたのだ．わたしは，「虚構のユダヤ人解放」と切り捨てるシェクターよりもあきらかに肯定的な見解をとっている．彼は，1791年9月27日の法令は「たんにユダヤ人にかんするさまざまな制約を廃止しただけだ」と強調している．それは「一握りのユダヤ人のみの地位」，つまり能動市民としての「もっとも厳格な条件を満たしたユダヤ人の地位」を変えただけなのだ，と．その法令によってユダヤ人がフランスの他のあらゆる市民と同等の権利を獲得したことは，たとえユダヤ人がこれと同等の権利を，メリーランド州では1826年まで，あるいはイギリスでは1858年まで獲得することがなかったとしても，彼にとっては明らかにそれほど意味のあることでないのである．Schechter, *Obstinate Hebrews*, p.

151 を参照.

(14) ユダヤ人の請願書にかんする議論にかんしては, 以下を参照. Schechter, *Obstinate Hebrews*, pp. 165–178, quote p. 166; *Pétition des juifs établis en France, adressée à l'Assemblée Nationale, le 28 janvier 1790, sur l'ajournement du 24 décembre 1789* (Paris: Praul, 1790), quotes pp. 5–6, 96–97.

(15) Stanley F. Chyet, "The Political Rights of Jews in the United States: 1776–1840", *American Jewish Archives*, 10(1958): 14–75. わたしは, この問題にかんするベス・ウェンガー Beth Wenger の手助けに感謝したい.

(16) アメリカ合衆国の事例にかんする有益な概観は, Cogan, "The Look Within" にみられる. また, David Skillen Bogen, "The Maryland Context of Dred Scott: The Decline in the Legal Status of Maryland Free Blacks, 1776–1810", *American Journal of Legal History*, 34(1990): 381–411 を参照.

(17) *Mémoire en faveur des gens de couleur ou sang-mêlés de St.-Domingue, et des autres Iles françoises de l'Amérique, adressé à l'Assemblée Nationale*, par M. Grégoire, curé d'Emberménil, Député de Lorraine (Paris, 1789).

(18) *Archives parlementaires*, 12(Paris, 1881): 71; David Geggus, "Racial Equality, Slavery, and Colonial Secession during the Constituent Assembly", *American Historical Review*, vol. 94, no. 5(December 1989): 1290–1308.

(19) *Motion faite par M. Vincent Ogé, jeune à l'assemblée des colons, habitants de S.-Domingue, à l'hôtel Massiac, Place des Victoires* (probably Paris, 1789).

(20) Laurent Dubois, *Avengers of the New World: The Story of the Haitian Revolution* (Cambridge, MA: Belknap Press of Harvard University Press, 2004), p. 102.

(21) *Archives parlementaires*, 40(Paris, 1893): 586, 590(Armand-Guy Kersaint, "Moyens proposés à l'Assemblée Nationale pour rétablir la paix et l'ordre dans les colonies").

(22) Dubois, *Avengers of the New World*, esp. p. 163; *Décret de la Convention Nationale, du 16 jour de pluviôse, an second de la République françasie, une et indivisible* (Paris: Imprimerie Nationale Exécutive du Louvre, Year II [1794]).

(23) Philip D. Curtin, "The Declaration of the Rights of Man in Saint-Domingue, 1788–1791", *Hispanic American Historical Review*, 30(1950): 157–175, quote p. 162. トゥサンにかんしては, Dubois, *Avengers of the New World*,

p. 176 を参照．デュボワは，人間の権利への奴隷の関心についてもっとも豊かな説明を提供している．

(24) ナポレオンのこころみの失敗にかんしては，Dubois, *Avengers* を参照．ワーズワースの詩「トゥサン゠ルヴェルチュールへ」(1803 年)は以下に見られる．E. de Selincourt, ed., *The Poetical Works of William Wordsworth*, 5 vols. (Oxford: Clarendon Press, 1940–1949), vol. 3, pp. 112–113. Laurent Dubois, *A Colony of Citizens: Revolution and Slave Emancipation in the French Caribbean, 1787–1804*(Chapel Hill: University of North Carolina Press, 2004), quote p. 421.

(25) 女性の排除の問題は，最近おおいに論じられてきた．たとえば，Anne Verjus, *Le Cens de la famille: Les femmes et le vote, 1789–1848*(Paris: Belin, 2002)によるこの議論へのきわめて示唆に富む介入を参照．

(26) *Réflexions sur l'esclavage des nègres*(Neufchâtel: Société typographique, 1781), pp. 97–99.

(27) 女性とユダヤ人への言及については，*Archives parlementaires*, 33(Paris, 1889): 363, 431–432 を参照．未亡人についての見解にかんしては，Tackett, *Becoming a Revolutionary*, p. 105 を参照．

(28) "Sur l'Admission des femmes au droit de cité", *Journal de la Société de 1789*, 5 (July 3, 1790): 1–12.

(29) コンドルセとオランプ・ドゥ・グージュの一節は，Lynn Hunt, ed., *The French Revolution and Human Rights: A Brief Documentary History*(Boston: Bedford / St.Martin's Press, 1996), pp. 119–121, 124–128 にみられる．ウルストンクラフトの反応と彼女の思想にかんする最良の説明については，Barbara Taylor, *Mary Wollstonecraft and the Feminist Imagination*(Cambridge: Cambridge University Press, 2003)を参照．

(30) ピエール・ギヨマール Pierre Guyomar の貢献は，*Archives parlementaires*, 63(Paris, 1903): 591–599 に見いだすことができる．憲法委員会のスポークスマンは，1793 年 4 月 29 日に女性の権利の問題をもちだし，その考えを支持するふたりの名前を挙げた――そのひとりがギヨマールだった――が，それはたんにその考えを拒絶するためのものだった(pp. 561–564).

(31) Lynn Hunt, *The Family Romance of the French Revolution*(Berkeley:

University of California Press, 1992), esp. p. 119.〔前掲『フランス革命と家族ロマンス』〕

(32) Rosemarie Zagarri, "The Rights of Man and Woman in Post-Revolutionary America", *William and Mary Quarterly*, 3rd ser., vol. 55, no. 2(April 1998): 203–230.

(33) Zagarri, "The Rights of Man and Woman"; Carla Hesse, *The Other Enlightenment: How French Women Became Modern*(Princeton: Princeton University Press, 2001); Suzanne Desan, *The Family on Trial in Revolutionary France*(Berkeley: University of California Press, 2004). また, Sarah Knott and Barbara Taylor, eds., *Women, Gender and Enlightenment*(New York: Palgrave / Macmillan, 2005)を参照.

(34) "Rapport sur un ouvrage du cit. Théremin, intitulé: De la condition des femmes dans une république. Par Constance D. T. Pipelet", *Le Mois*, vol. 5, no. 14, Year VIII(おそらくプレリアル〔草月〕): 228–243.

## 第5章

(1) マッツィーニは, Micheline R. Ishay, *The History of Human Rights: From Ancient Times to the Globalization Era*(Berkeley and London: University of California Press, 2004), p. 137〔横田洋三監訳『人権の歴史――古代からグローバリゼーションの時代まで』明石書店, 2008年〕で引用されている.

(2) J. B. Morrell, "Professors Robison and Playfair, and the 'Theophobia Gallica': Natural Philosophy, Religion and Politics in Edinburgh, 1789–1815", *Notes and Records of the Royal Society of London*, vol. 26, no. 1(June 1971): 43–63, quotes pp. 47–48.

(3) Louis de Bonald, *Législation primitive*(Paris: Le Clere, Year XI–1802), quote p. 184. また, Jeremy Jennings, "The Déclaration des droits de l'homme et du citoyen and Its Critics in France: Reaction and Idéologie", *Historical Journal*, vol. 35, no. 4.(December 1992): 839–859 を参照.

(4) 匪賊シンダーハンネス Schinderhannes と1790年代後半のラインラント地方における彼のフランス人・ユダヤ人攻撃にかんしては, T. C. W. Blanning, *The French Revolution in Germany: Occupation and Resistance in the Rhineland, 1792–1802*(Oxford: Clarendon Press, 1983), pp. 292–299 を参照.

(5) J. Christopher Herold, ed., *The Mind of Napoleon*(New York: Columbia University Press, 1955), p. 73.

(6) Laurent Dubois and John D. Garrigus, eds., *Slave Revolution in the Caribbean, 1789–1804: A Brief History with Documents*(Boston: Bedford / St. Martin's Press, 2006), quote p. 176.

(7) Germaine de Staël, *Considérations sur la Révolution Française*(1817; Paris: Charpentier, 1862), p. 152.〔井伊玄太郎訳『フランス革命文明論』全 3 冊，雄松堂，1993 年〕

(8) Simon Collier, "Nationality, Nationalism, and Supranationalism in the Writings of Simón Bolívar", *Hispanic American Historical Review*, vol. 63, no. 1 (February 1983): 37–64, quote p. 41.

(9) Hans Kohn, "Father Jahn's Nationalism", *Review of Politics*, vol. 11, no. 4 (October 1949): 419–432, quote p. 428.

(10) Thomas W. Laqueur, *Making Sex: Body and Gender from the Greeks to Freud* (Cambridge, MA: Harvard University Press, 1990).〔高井宏子・細谷等訳『セックスの発明——性差の観念史と解剖学のアポリア』工作舎，1998 年〕

(11) フランス革命期の〔女性にたいする〕見方については，Lynn Hunt, *The Family Romance of the French Revolution*(Berkeley: University of California Press, 1992), esp. pp. 119, 157〔前掲『フランス革命と家族ロマンス』〕で論じられている．

(12) ミルのテキストは，www.constitution.org/jsm/women.htm に見いだすことができる．ブランダイスにかんしては，Susan Moller Okin, *Women in Western Political Thought*(Princeton: Princeton University Press, 1979), esp. p. 256〔田林葉・重森臣広訳『政治思想のなかの女——その西洋的伝統』晃洋書房，2010 年〕を参照．

(13) キュヴィエおよび人種問題全般にかんしては，George W. Stocking, Jr., "French Anthropology in 1800", *Isis*, vol. 55, no. 2(June 1964): 134–150 を参照．

(14) Arthur de Gobineau, *Essai sur l'inégalité des races humaines*, 2nd edn.(Paris: Firmin-Didot, 1884), 2 vols., quote vol. I, p. 216; Michael D. Biddiss, *Father of Racist Ideology: The Social and Political Thought of Count Gobineau*(London: Weidenfeld & Nicolson, 1970), quote p. 113. また，アーリア人種の血統にも

とづく諸文明については，pp. 122–123 を参照.

(15) Michael D. Biddiss, "Prophecy and Pragmatism: Gobineau's Confrontation with Tocqueville", *The Historical Journal*, vol. 13, no. 4(December 1970): 611–633, quote p. 626.

(16) Herbert H. Odom, "Generalizations on Race in Nineteenth-Century Physical Anthropology", *Isis*, vol. 58, no. 1(Spring 1967): 4–18, quote p. 8. ゴビノーのアメリカでの翻訳にかんしては，Michelle M. Wright, "Nigger Peasants from France: Missing Translations of American Anxieties on Race and the Nation", *Callaloo*, vol. 22, no. 4(Autumn 1999): 831–852 を参照.

(17) Biddiss, "Prophecy and Pragmatism", p. 625.

(18) Jennifer Pitts, *A Turn to Empire: The Rise of Imperial Liberalism in Britain and France*(Princeton: Princeton University Press, 2005), p. 139; Patrick Brantlinger, "Victorians and Africans: The Genealogy of the Myth of the Dark Continent", *Critical Inquiry*, vol. 12, no. 1(Autumn 1985): 166–203(バートンからの引用は p. 179). また，Nancy Stepan, *The Idea of Race in Science: Great Britain, 1800–1960*(Hamden, CT: Archon Books, 1982); William H. Schneider, *An Empire for the Masses: The French Popular Image of Africa, 1870–1900*(Westport, CT: Greenwood Press, 1982)を参照.

(19) Paul A. Fortier, "Gobineau and German Racism", *Comparative Literature*, vol. 19, no. 4(Autumn 1967): 341–350. チェンバレンからの引用については，www.hschamberlain.net/grundlagen/division2_chapter5.html を参照.

(20) Robert C. Bowles, "The Reaction of Charles Fourier to the French Revolution", *French Historical Studies*, vol. 1, no. 3(Spring 1960): 348–356, quote p. 352.

(21) Aaron Noland, "Individualism in Jean Jaurès' Socialist Thought", *Journal of the History of Ideas*, vol. 22, no. 1(January–March 1961): 63–80, quote p. 75. ジョレスによる権利への頻繁な言及と人権宣言の賛美については，Jean Jaurès, *Etudes socialistes*(Paris: Ollendorff, 1902)を参照. これは，www.lib.uchicago.edu/efts/ARTFL/databases/TLF/ の Frantext で入手可能. ジョレスの主要な論敵ジュール・ゲード Jules Guesde は，以下で引用されている. Ignacio Walker, "Democratic Socialism in Comparative Perspective", *Comparative Politics*, vol. 23, no. 4(July 1991): 439–458, quote p. 441.

(22) Robert C. Tucker, *The Marx-Engels Reader*, 2nd edn.(New York: W. W. Norton, 1978), pp. 43–46.

(23) Vladimir Lenin, *The State and Revolution*(1918)〔宇高基輔訳『国家と革命』岩波文庫，1957 年〕を参照.

(24) Jan Herman Burgers, "The Road to San Francisco: The Revival of the Human Rights Idea in the Twentieth Century", *Human Rights Quarterly*, vol. 14, no. 4(November 1992): 447–477.

(25) 国際連合憲章の条項は，Ishay, *The History of Human Rights*, p. 216〔前掲『人権の歴史』〕で引用されている．世界人権宣言の歴史にかんする不可欠の基本文献は，Mary Ann Glendon, *A World Made New: Eleanor Roosevelt and the Universal Declaration of Human Rights*(New York: Random House, 2001).

(26) Douglas H. Maynard, "The World's Anti-Slavery Convention of 1840", *Mississippi Valley Historical Review*, vol. 47, no. 3(December 1960): 452–471.

(27) Michla Pomerance, "The United States and Self-Determination: Perspectives on the Wilsonian Conception", *American Journal of International Law*, vol. 70, no. 1(January 1976): 1–27, quote p. 2; Marika Sherwood, "'There Is No New Deal for the Blackman in San Francisco': African Attempts to Influence the Founding Conference of the United Nations, April–July, 1945", *International Journal of African Historical Studies*, vol. 29, no. 1(1996): 71–94; A. W. Brian Simpson, *Human Rights and the End of Empire: Britain and the Genesis of the European Convention*(London: Oxford University Press, 2001), esp. pp. 175–183.

(28) Manfred Spieker, "How the Eurocommunists Interpret Democracy", *Review of Politics*, vol. 42, no. 4(October 1980): 427–464; John Quigley, "Human Rights Study in Soviet Academia", *Human Rights Quarterly*, vol. 11, no. 3(August 1989): 452–458.

(29) Kenneth Cmiel, "The Recent History of Human Rights", *American Historical Review*, (February 2004), www.historycooperative.org/journals/ahr/109.1/cmiel.html(2006 年 4 月 3 日閲覧).

(30) Edward Peters, *Torture*(Philadelphia: University of Pennsylvania Press, 1985), p. 125.

(31) Christopher R. Browning, *Ordinary Men: Reserve Police Battalion 101 and the*

*Final Solution in Poland*(New York: HarperCollins, 1992).

(32) 仮想の事例は,『道徳感情論』第 3 部第 3 章でとりあげられている〔水田洋訳『道徳感情論』上,岩波文庫,2003 年,313 頁〕.

(33) Jerome J. Shestack, "The Philosophic Foundations of Human Rights", *Human Rights Quarterly*, vol. 20, no. 2(May 1998): 201–234, quote p. 206.

(34) Karen Halttunen, "Humanitarianism and the Pornography of Pain in Anglo-American Culture", *American Historical Review*, vol. 100, no. 2(April 1995): 303–334. サドにかんしては,Hunt, *The Family Romance*, esp. pp. 124–150〔前掲『フランス革命と家族ロマンス』〕を参照.

(35) Carolyn J. Dean, *The Fragility of Empathy After the Holocaust*(Ithaca, NY: Cornell University Press, 2004).